重庆工商大学学术著作出版基金项目，重庆工商大学金融学院经费资助

2019 年国家社科基金

"平衡效率和风险的金融科技与监管科技协同创新机制研究"

（19XYJ022）

平衡效率和风险的金融科技与监管科技协同创新机制研究

吕秀梅 等◎著

中国财经出版传媒集团

经济科学出版社
Economic Science Press

·北京·

图书在版编目（CIP）数据

平衡效率和风险的金融科技与监管科技协同创新机制
研究／吕秀梅等著． -- 北京 ： 经济科学出版社，2025.
1． -- ISBN 978 - 7 - 5218 - 6617 - 9

Ⅰ．F830

中国国家版本馆 CIP 数据核字第 2025RN4641 号

责任编辑：李　雪　袁　溦　高　波
责任校对：李　建
责任印制：邱　天

平衡效率和风险的金融科技与监管科技协同创新机制研究
PINGHENG XIAOLÜ HE FENGXIAN DE JINRONG KEJI YU
JIANGUAN KEJI XIETONG CHUANGXIN JIZHI YANJIU

吕秀梅　等著
经济科学出版社出版、发行　新华书店经销
社址：北京市海淀区阜成路甲 28 号　邮编：100142
总编部电话：010 - 88191217　发行部电话：010 - 88191522
网址：www. esp. com. cn
电子邮箱：esp@ esp. com. cn
天猫网店：经济科学出版社旗舰店
网址：http://jjkxcbs. tmall. com
固安华明印业有限公司印装
710 × 1000　16 开　20.25 印张　241000 字
2025 年 1 月第 1 版　2025 年 1 月第 1 次印刷
ISBN 978 - 7 - 5218 - 6617 - 9　定价：99.00 元
（图书出现印装问题，本社负责调换。电话：010 - 88191545）
（版权所有　侵权必究　打击盗版　举报热线：010 - 88191661
QQ：2242791300　营销中心电话：010 - 88191537
电子邮箱：dbts@ esp. com. cn）

前言

科学技术是第一生产力，但也是一把"双刃剑"。以现代数字技术为代表的新兴科技运用于金融服务，在提升金融服务效率的同时会加剧金融风险和加大监管难度，但通过监管科技与金融科技的协同创新，可以实现包容审视监管与守正高效创新水涨船高协同共进，取得金融效率提升与金融风险控制的高水平动态平衡。

研究内容：（1）运用金融创新理论审视国内外金融科技创新实践，洞察金融科技创新的底层技术依赖，全景展示金融科技创新场景，洞悉金融科技创新发展规律和发展态势。（2）实证考察金融科技创新对金融服务效率和金融风险的影响，为平衡金融科技创新效率与风险的金融科技与监管科技协同创新提供实证支持。（3）博弈分析平衡金融科技创新效率提升与风险控制的金融监管创新策略，为金融科技与监管科技协同创新确立应用导向。（4）行为分析金融科技与监管科技的技术孪生关系、金融机构与监管机构参与金融科技与监管科技协同创新的意愿，为机制设计金融科技与监管科技协同创新机制提供客观依据。（5）重点设计金融机构与监管机构开展金融科技与监管科技创新的组织形成机制、工作运行机制、利益调节机制、数据共享机制和网络治理机制等促进机制，为金融科技与监管科技创新协同创新平衡金融科技效率与风险提供机制保障。

主要观点：（1）金融科技并不是非"金融"即"科技"，而是"金融＋科技"的复合体，只有真正以金融和科技的特质来诠释金融科技，才算是找到了诠释金融科技的正确方式和方法。背离"金融"和"科技"双元素来谈论金融科技，纵然是再创新的模式、再新潮的概念都很难逃脱互联网金融的覆辙。尽管如此，金融服务实体经济的本质始终未变，无论是站在"金融"的角度，还是站在"科技"的角度，金融科技的意义都在于服务实体经济，回归产业、赋能产业。（2）金融科技通过金融创新效应、金融中介效应和金融深化效应全面提升金融服务效率，在鼓励金融科技创新提升金融服务效率的同时，也要对金融科技快速发展带来的新型风险和金融系统性风险保持足够的监管定力，注意防范金融科技风险跨机构传染产生的溢出效应对金融系统性风险的影响，统筹发展与安全，既管控技术创新带来的风险，又不过度附加安全措施影响创新提升金融服务效率，取得金融科技创新提升金融服务效率与影响金融风险的动态均衡。（3）在当前金融业务嵌套、跨界融合的混业经营趋势下，导入功能监管、行为监管和审慎监管构建嵌入监管科技的穿透式金融监管框架进行综合协调监管，是解决当前金融监管与创新的时滞错配、技术差距和覆盖漏洞等问题的有效途径，也是贯彻落实新时期"一行一局一会"格局国家金融监管体制改革的题中应有之义。（4）金融科技和监管科技是现代新兴科技分别在金融机构端和监管机构端的应用，它们具有技术孪生、互惠共生关系，相同的底层技术依赖决定它们需要协同创新，实现技术标准统一、接口对接和应用兼容，确保监管机构与金融机构数据行为同步，便于金融监管政策建模和未知风险预测，变有漏洞的滞后被动监管为全覆盖的同步主动监管，助力金融科技高质量守正创新。（5）金融科技与监管科技的协同创新本质上是拥有技术优势的金融从业机构及金融科技公司与拥有行政资源的金融监管机构的协同创新，金融从业机构（含金融科技公司）容易利用技术和信息优势逆向选择，金融监管机构缺乏"魔高一尺道高一丈"的商业激励，需要采取市场化方式设立一整套协同创新机制来促进监管科技与金融科技协同创新。（6）金融科技与监管科技协同创新网络是一种自组织，早期的金融监管机构介入只是为金融机构主导的合规科技创新注入影响力防止合规科技野蛮生长，但随着技术鸿沟导致信息不对称和金融监管机构套利，金融监管机构才从组织的局外人身份转为创新主体的主导者，使协同创新网络成为一种自组织。（7）创新主体的创新努力是提高协同创新产出水平的关键，特别是技术研发方的创新努力，能够提升监管科技协同创新产出水平，可通过提升创新研发方在协同创新中的地位，赋予独立的第三方科技公司或金融机构旗下的金融科技公司更多话语权，能够有效提升协同创新任何一方创新参与主体的协同创新努力水平。提高创新研发方分享协同创新的收益，创新努力程度薄弱方都会加快提升创新努力水平，缩小与努力水平高方的创新努力差距。在创新成果推广应用阶段，提高创新产出转化为市场利润的比例，成果应用方会有更大利益驱动努力，提高创新努力水平扩大技术创新成果的推广应用。（8）利益协调机制是"分好蛋糕"促进"做大蛋糕"的希克斯（Hicksim）改进。通过提取成员主体创新投入成本、创新协同能力、知识吸纳能力、技术溢出能力和风险抵御能力及创新环境等影响创新绩效主要因子，构建成员主体创新努力水平评估矩阵和利益调节系数矩阵，对 Shapley 值法进行改进，能更加公平合理地体现成员主体创新努力水平与创新绩效挂钩。（9）金融业是数据驱动的产业，金融数据的价值在于共享。金融数据缺乏共享会导致信息孤岛和信息垄断，但不当的数据共享会导致信息安全和隐私泄露。隐私计算是金融科技与监管科技协同创新理想的数据共享模式。要发挥隐私计算数据"可用而不可见"的优势建立协同创新数据共享机制。（10）把金融消费者引入监管科技与金融科技协同创新的治理体系中，促进监管格局由传统的"政府监管＋机构监管"向"政府监管＋机构自治＋金融消费者监督"的金融科技多元协同联动的社会共治拓展，建立能调动各方积极性的金融科技与监管科技协同创新网络治理结构，有利于打造包容审慎的创新试错容错机制，把握金融创新本质与风险实质，推动金融科技与监管科技朝着更惠民利企的金融服务、更精准有效的金融风控方向协同创新，实现守正创新与包容审慎激励相容。

创新之处：（1）研究视角和理论创新。本书基于国内外金融科技理论滞后于实践、监管滞后于市场的现实，研究通过金融科技与监管科技的协同创新平衡金融科技效率与风险，缩小监管科技与金融科技的技术代差，引导野蛮生长的金融科技创新在守住不发生系统性金融风险底线的前提下不断提高金融服务效率，持续有效地为传统金融"难普难惠"和"脱实向虚"问题的解决注入强劲动力，拓展金融科技创新研究视角和理论基础。（2）研究内容和思路拓展。本书不局限于单纯地研究金融科技如何实现创新，而是在系统梳理和全景展示金融科技创新发展的态势基础上，科学评估金融科技创新对金融服务效率和金融风险的影响，基于金融科技与监管科技的技术孪生关系，研究协同创新机制来促进金融科技与监管科技协同创新，通过金融科技与监管科技的协同创新平衡金融科技创新的效率与风险，研究内容和研究思路无论在深度和广度方面都有大尺度的拓展。

成果价值：（1）学术价值。本书开展平衡效率与风险的金融科技创新策略，构建植入监管科技的平衡监管框架以避免监管真空并给创新发展预留足够空间，拓展了金融科技与监管科技系统创新的理论基础；重点设计金融科技与监管科技协同创新的组织形成机制、工作运行机制、利益协调机制、数据共享机制、网络治理机制，为促进金融科技与监管科技协同创新提供了机制保障，深化了金融科技与监管科技创新研究。（2）应用价值。本书以"是否有利于提升服务实体经济效率和普惠水平、是否有利于提高金融风险管控能力、是否有利于加强金融消费者保护"标准对金融科技与监管科技的协同创新开展对策研究，研究内容与国家新一轮金融监管体制改革推行机构监管和功能监管、宏观审慎和微观审慎、审慎监管和行为监管要求心灵契合。

本专著由重庆工商大学吕秀梅教授、邵腾伟教授，一起负责专著大纲的确定，并对全书作了逐字逐句的修改。本书各章节分工如下：第1、2、3、5、8章由吕秀梅教授撰写，第6、7章由邵腾伟教授撰写，第4章由吕秀梅教授和硕士研究生熊笑笑、张儒共同完成。

作者

2024 年 12 月

目 录

第1章

导　　论

在金融科技时代，金融创新要更加守正高效、金融服务要更加惠民利企，需要监管科技与金融科技协同创新，以科技规范科技创新，实现更加包容审慎的金融监管和更加精准有效的金融风控。本书专题研究金融科技与监管科技协同创新，首章主要概览性介绍研究选题、研究综述、研究目标、研究内容、研究思路、研究方法、主要创新和研究价值。

1.1　研究背景与问题提出

研究背景和问题提出旨在回答"为什么要研究这个问题"，为研究内容的圈定、研究目标的确立、研究价值的诉求提供依据，确立本书的问题导向。

1.1.1　研究背景分析

随着金融创新与技术变革融合演进，金融已全面进入科技时代。

金融与科技相互融合、螺旋迭代的趋势越发明显，金融新产品和新业态大量涌现，由最初解决金融服务渠道单一问题向优化金融产品、提升产品价值和交易效率、精准风险定价、高效投资决策等尖端金融领域创新，金融与技术之间的界限变得日益模糊，金融科技创新以更快的速度、更短的结算周期、更优质的服务和更精准的客户获取提升现有金融业现代化水平。

金融进入科技时代，风险也进入"科技时代"。金融如何创新，风险就会如何"创新"。在金融科技时代，传统金融风险传导的时空限制被打破，金融业务更加虚拟、边界逐渐模糊，风险规模和传播速度呈指数级增长，给风险防控带来新挑战。金融科技风险是技术应用带来的风险，金融科技风险防范还得主要依靠技术解决。在此背景下，以科技规范科技创新的监管科技应运而生。近年来，国内外金融监管部门纷纷加强了监管科技的研究和应用。

我国政府从更广阔的视野和更高的站位谋划监管科技与金融科技的协调发展。党的十九大报告提出"健全金融监管体系，守住不发生系统性风险的底线"。党的二十大报告更加注重深化金融体制改革和扩大金融制度型开放，对我国金融工作开展提出了更高水平、更现代化的要求。十四届全国人大一次会议将我国金融监管格局由"一委一行两会"优化调整为"一行一局一会"，为金融科技时代理顺机构监管和功能监管、宏观审慎和微观审慎、审慎监管和行为监管防范系统性金融风险提供了组织保障。

1.1.2 研究问题提出

金融科技（FinTech）和监管科技（RegTech）分别是金融服务

（finance industry）和金融监管（finance regulation）与 ABCDI 技术（即人工智能 artificial intelligence、大数据 big data、区块链 block chain、云计算 cloud computing、物联网 internet of things）等新兴科技的深度融合应用。监管科技还可进一步细分为金融机构开展合规管理的合规科技（CompTech）和金融监管部门开展金融监管的狭义监管科技（SupTech）。科学技术是一把"双刃剑"，应用得当能够给金融发展注入新动力，应用失当容易引发新的金融风险。新技术应用不仅能够优化产品形态、服务渠道、经营模式和业务流程，推动技术创新成果助力金融降低服务成本、增强普惠能力、提升服务效率，赋能金融业高质量发展，还能打造多层次、立体化的风控体系，筑牢金融科技创新风险"防火墙"。与此同时，部分国家采取"一刀切"的严监管措施，导致金融科技创新能力受到束缚、金融市场活力难以释放。因此，如何平衡金融科技创新的效率提升与风险滋生之间的矛盾，如何实现金融科技创新与监管之间水涨船高的相互适宜，是当前我国金融科技发展迫切需要解决的问题。

从发展时序上看，先是金融科技异军突起，以更快速度、更短结算周期、更优质服务和更精准客户识别提升金融服务效率，但同时也导致金融风险以更强隐蔽性、传染性和破坏性创新，滋生金融数据保护和隐私泄露、无牌照经营监管套利、诱导过度金融消费、网络效应形成垄断和不公平竞争等新型金融风险，倒逼监管部门"以科技规范科技"发展监管科技。但是，作为政府序列的金融监管部门，无论在体制机制还是研发投入、技术人才上，与作为监管对象的金融机构、金融科技公司相比都有很大劣势。我国金融监管部门一直有较浓的行政色彩，体制机制不够灵活，不能根据需求变化快速迭代建立监管科技建设体系和质量保障体系，开展监管科技创新的资金投入只能依靠有限的财政预算，不能像一般金融机构那样可以通过资本市场融资筹集，必然要降低运维和应急处理服务等级。监管科技研发与应用人才匮乏，缺乏现代技术人才，且流向金融机构的流失率高。这些因素决定了监管部门的监管科技研发需要寻求金融机构的支持。但金融机构独自开发监管科技也存在很多问题。金融机构的逐利行为会导致有些金融机构会以开发监管科技之名进行监管套利，降低金融监管的有效性甚至脱离监管。当金融机构大范围应用科技手段开展金融业务，而金融监管机构并不了解这些业务背后的技术，必然加深监管机构与金融机构间的信息不对称，加剧监管滞后，不利于建立公平有序的竞争环境，最终影响金融业的长远利益。正因如此，决定了监管科技创新需由金融机构与金融监管部门合作开发，通过协同作用，共同分担成本，共同分享创新带来的"收益"。事实上，由于监管科技与金融科技的技术路线趋同，都是人工智能、大数据、区块链、云计算、物联网等新兴技术的集成创新应用，决定了监管科技和金融科技必须协同创新，不然彼此各搞一套，可能出现技术标准不统一，接口不对接，应用不兼容。因此，很有必要研究监管科技与金融科技的协同创新问题，确保监管科技与金融科技创新能够水涨船高相互看齐。

从创新主体上看，金融科技与监管科技的协同创新主体大致包括金融监管部门、金融机构和金融科技公司。其中，金融机构既是金融科技和监管科技的合规科技的应用主体，也是监管科技与金融科技协同创新的技术供给主体；金融科技公司是协同创新的技术供给主体，一些金融科技公司还参与新金融平台运营成为金融科技服务应用主体；金融监管部门一般为狭义监管的金融技术应用主体。考虑到绝大多数科技公司是金融机构独资、合资或控股、参股设立，与金融机构高度关联；少数游离于金融机构之外的科技公司因体量小，与金融机构的合作缺乏话语权。因此，可将金融科技公司归并到金融机构上，从而把金融科技与监管科技的协同创新穿透为金融机构与监管部门的协同创新。由于金融机构和监管部门是两类性质差异很大的创新主体，他们的利益诉求差异较大，协同创新不会自动轻易实现，客观上需要建立一套完备的促进机制来推动，这套机制涉及沟通协调机制、组织管理机制、需求评审机制、数据收集机制、数据共享机制、数据挖掘机制、成果回哺机制、结果评价机制、应用考核机制、技术共享机制、技术创新机制、外部合作机制、安全保密机制、人才保障机制等方面，由此构成金融科技与监管科技协同创新机制系统。

1.2　研究进展与文献综述

　　梳理国内外关于金融科技创新效率提升与风险控制、金融科技与监管科技协同创新相关研究文献，既为研究平衡效率和风险的金融科技和监管科技协同创新机制提供理论借鉴，又为本书拓展剩余研究空间提供依据。

1.2.1　金融科技效率与风险研究进展

　　（1）金融科技效率研究进展。

　　一是影响金融服务效率。较早有学者对效率（Sherman and Gold，1985）和金融效率进行研究（Berger et al. ，1997），而金融科技创新效率研究相对较晚，菲利普（Philip，2015）通过随机前沿方法（SFA）模型，董俊峰（2017）通过 DEA – Tobit 模型均证实金融创新能显著提升金融服务效率。金融科技能极大改变金融信息的供给格局（丁娜等，2020），可通过大数据收集、分析和评估降低信息成本并提高信息的正确性，扩大金融服务的包容性（李建军和姜世超，2021），优化金融资源优化配置方式（薛熠和张昕智，2022），从而减少信息不对称风险、降低金融服务成本、增加利润和流动性并促进金融稳定（费方域，2018），还因不受地域限制提升了融资效率和覆盖范围（李文红和蒋则沈，2017），更好地践行普惠金融（Gabor and Brooks，2017）。

二是影响金融机构效率。普遍认为，金融科技能提升金融机构效率。金融机构发展金融科技能促进技术进步（李俊青等，2022），还能提升对小微企业的服务效率并降低其融资成本（Ali，2016），提高金融机构经营效率（李琴和裴平，2021）。伊西克和哈桑（Isik and Hassan，2002）借助数据包络分析（DEA）模型将银行效率分解为技术效率和规模效率。蔡岑等（2023）侧重于金融科技创新模式，认为它是金融机构效率提升的关键因素，并且大型金融机构通过"引领式"创新能非常显著促进其服务小微企业，也能显著提升风险管理能力和经营绩效，而中小金融机构需要通过"合作式"创新促发展提效率。孙中会和逯苗苗（2022）认为人工智能、大数据、云计算等技术的应用能提升金融机构数字化转型中的成本效率，且规模越小、盈利结构越多样、对大客户的依存度越低则金融机构越能在数字化转型中提升效率。刘方等（2022）认为金融科技能够催生出很多新的金融服务模式，从而能够显著提高信贷配置效率，对上市银行或股份制银行的提升效果非常明显。李琴和裴平（2021）采用DEA模型测算商业银行的成本效率和收入效率，认为银行系金融科技发展有利于提高商业银行的成本效率和收入效率，并且主要通过资金成本、固定资产投入的减少以及增加利息收入和中间业务收入四方面来提高金融机构经营效率。刘程（2021）认为金融科技的发展有助于改善信贷资金配置效率。蒋海等（2023）认为人工智能、区块链等通过助推金融机构数字化转型，最终显著降低金融机构管理成本并提高其运营效率，并抑制其风险承担水平。李明贤和李琦斓（2022）利用 39 家农村商业银行的数据，发现金融科技发展对农村商业银行效率有显著正向影响，并且对规模小的农商行和位于长三角、京津冀、珠三角地区的农商行正向影响更加显著。

三是影响企业投资效率。普遍认为，金融科技能提升企业融资效率，只是各文献侧重点不同。苏帆和许超（2022）认为金融科技显著提升企业投资效率，体现在金融科技缓解企业融资约束、激励企业提升内控水平和减少寻租行为与资金配置扭曲方面。郭景先和鲁营（2022）认为企业数字化转型对金融科技提升企业创新效率有调节效应。邵学峰和胡明（2022）认为金融科技具有资源效应和治理效应，通过"融资约束与财务费用率""负债杠杆及风险稳定"这些中介变量提升企业投资效率。苏帆和许超（2022）认为金融科技可能通过融资支持功能促进投资不足企业扩大投资，也可能通过治理约束功能抑制企业过度投资行为，最终达到企业投资效率的显著提升。董竹和蔡宜霖（2021）认为，金融科技在助推实体经济发展的过程中是通过提高企业投资效率实现的。诸竹君等（2024）将创新效率纳入异质性企业理论框架，认为金融科技能显著提升制造业创新数量和创新质量。

四是影响实体经济效率。金融科技不仅继承了金融基本功能，还拓展了传统金融产品类型和应用场景（杨力等，2022），规范金融交易规则，为实体经济带来更大融资便利。金融科技通过创新交易方式改变居民消费习惯，促进消费升级，拉动实体经济增长。金融科技通过数字普惠提高中小微企业和"三农"金融可得性（黄卓和王萍萍，

2022）。金融科技通过数字风控提高金融机构的风险管控能力，遴选和拓展优质客户来源，改善融资环境，降低信贷风险，精准风险匹配，降低实体企业融资成本（黄锐等，2020）。金融科技通过技术手段提高金融交易流程透明度，加快金融信息流动速度，缓解金融借贷机构与商业银行间的信息不对称（顾海峰和卞雨晨，2020），通过完善信用评估模型和信用风险体系有效减少由于不对称引发的各种风险，提高风险识别和监控效率。金融科技降低融资成本纾解实体企业的融资约束，通过将储蓄转化为投资促进实体经济发展（董竹和蔡宜霖，2021）。金融科技助推金融资产管理脱虚向实为实体经济高质量发展创造客观现实条件（薛莹和胡坚，2020）。金融科技不仅对实体经济高质量发展有直接促进作用，还可通过赋能商业银行金融创新和效率提升促进企业技术创新、产业转型升级（谭中明等，2022）。金融科技可拓展实体经济融资渠道，使社会融资规模与实体经济产值的比重不断上升，促进实体经济发展（李海奇和张晶，2022）。王修华和周蓉（2024）研究认为，金融科技通过"金融结构—金融功能—金融效率"（structure-function-efficiency，SFE）系统框架助推金融强国建设，并最终促进实体经济高质量发展。周雷等（2024）研究表明，金融科技作为数字技术与金融业态融合创新的产物，对提升金融服务效率、支持实体经济高质量发展具有重要意义。

（2）金融科技风险研究进展。

一是金融科技风险的成因。周昌发（2011）、黄国平和孔欣欣（2009）、曹齐芳和孔英（2021）从金融科技发展保障机制角度提出制度系统性差、层级较低、法律不完善是导致金融科技引发金融风险的重要原因。郭晔等（2022）、高昊宇等（2022）认为金融科技风险是金融市场参与主体过度依赖或非正确使用金融科技产生、通过金融机构间联动性诱发的系统性风险。何剑等（2021）、郭丽虹和朱柯达（2021）认为金融科技风险是金融服务下沉到长尾客户纾解小微企业和"三农"融资困难长期累积货币流动与资产泡沫造成的。王正位等（2022）、王义中等（2022）认为金融科技风险是金融机构在应用金融科技时受到金融基础设施、底层数据规则、金融运行机制、金融数据使用不当的影响产生的违约风险、交易风险、操作风险和流动性风险等金融风险。与之不同的是，有大量文献认为金融科技能抑制风险，比如：徐寿福和张云（2024）认为，金融科技能够有效抑制企业过度负债，从而减少违约风险；马文婷等（2024）研究表明，若商业银行提升金融科技发展水平，能够显著降低企业债务违约风险；王仁曾等（2024）研究发现，大型科技公司的金融科技让社会大众更容易获得理财产品，因此银行存在业务减少，从而提升了商业银行的信用风险承担水平。但是，程炼（2024）认为，金融科技发展能够抑制系统性风险并不意味着金融科技运用更广泛的金融体系的总体风险水平更低。

二是金融科技风险的溢出。一方面，金融科技改变商业银行运营模式和机构融资方式，通过影响银行资本配置率、紧缩高利率货币政策（曾海舰和林灵，2022）、增加银行融资成本（王亚君，2016）、冲击银行贷款渠道（Meyer et al.，2007）等形式增加银行资金流动性风险，通过业务线上化隐藏商业银行信用风险（蔡红兵等，2021），通过数字化抑制中小银行风险承担水平（蒋海等，2023）。另一方面，金融科技通过去中介化、泛金融化、全智能化模糊非银行金融机构业务边界，嵌套种类繁多金融创新产品，加重信用信息不对称，造成监管真空和监管套利，增加金融风险复杂性和不可控性（徐璐等，2022），容易引发系统性金融风险。此外，金融科技拓展了金融服务群体，改善"显性"信息不对称的同时也为中小企业隐藏不利于企业信息提供了便利，容易滋生逆向选择和道德风险等长尾风险（韩莉等，2021），提高了监管难度和监管成本，增加了金融机构的市场风险（张晓燕等，2023）。

三是风险溢出效应的测算。关于金融风险传染路径有两种主流研究思路：一种是通过网络关联角度分析主体之间的传染路径，通过对高频、时效数据的处理，先使用格兰杰（Granger）检验（Billio et al.，2012）、广义方差分解（宫晓莉和熊熊，2020）、套索（LASSO）分位数回归（Hautsch et al.，2015）以及广义动态因子模型（GDFM）（宫晓莉等，2020）等方法对数据进行构建关联网络，并采用网络方法测度金融机构关联性和系统性风险溢出水平；另一种是通过变分模态分解（VMD）信号分解方式将数据分解为高频和低频的模态数据来研究不同时间段之间的传染机制（Dragomiretskiy and Zosso，2014），建立 AR – GJR – GARCH 模型及边缘分布模型（刘红忠和何文忠，2012）验证分布结构，利用连接（Copula）函数估计风险传染中长期和短期之间的关系（周佰成等，2022）。并且，风险还可能在金融部门之间或是金融部门与其他市场之间传染（戴志锋等，2022）。风险外溢测算方法包括：恩斯特德和谭高德（Engsted and Tanggaard，2001）、郑挺国等（2021）利用时变参数 VaR 模型探究金融系统风险外溢的动态效应；吉拉德和埃尔根（Girardi and Ergün，2013）、周孝华和陈九升（2016）、张伟平和曹廷求（2022）等在传统风险价值（VaR）的基础之上提出 CoVaR 方法和 ΔCoVaR 方法测算金融风险溢出值；刘向丽等（2012）、比利奥和卡波林（Billio and Caporin，2010）、阿塞和布鲁加尔（Asai and Brugal，2013）、谢赤等（2021）、黄友珀等（2015）等考察市场交易波动性和风险溢出效应、探究金融机构长期均衡关系提出的动态广义自回归条件异方差（GRACH）模型；蔡光辉等（2021）、苑莹等（2020）、林娟等（2023）、赵林海和陈名智（2021）等为避免 CoVaR 模型布局可加性而无法衡量整个尾部风险的缺陷，结合极值理论和新动态混合函数提出 Copula 方法刻画金融机构间复杂关联关系。

四是金融科技对风险的影响。在金融科技的作用下，传统银行、保险、证券、信托的业务界限日益模糊，特别是一些新金融平台或金融控股公司在同一平台下提供理财、信贷、保险等各类金融服务，显著增加了金融风险的隐蔽性、传染性、系统性和破坏性（Simpson and Evans，2005）。技术驱动金融创新本身就可能带来风险（徐璐等，2022），并且金融科技风险缓积急释、加杠杆及风险传染性极易诱发系统性风险（韩俊华，2022），大数据蕴藏的私有制和技术异化也会放大金融风险。卡瓦萨利斯和斯蒂伯（Kavassalis and Stieber，2018）研究发现金融科技降低了风险的一致性却增加了使大部分金融中介遭受同样总体冲击的系统性风险。王道平等（2022）认为微观银行金融科技水平提升会增加银行风险承担倾向、加深银行间关联程度，显著放大系统性风险。

（3）金融效率与风险平衡研究进展。

陈菊花等（2023）研究认为企业投资效率在金融生态环境与股权违约风险之间起到中介作用。方明月和张雨潇（2023）认为僵尸企业的风险承担行为降低了资本配置效率，加剧了资源错配。吴世农等（2023）研究表明企业投资效率的下降显著地增大其股价崩盘风险，且相对于税收优惠和财政补贴少的企业，其投资效率对股价崩盘风险的负向影响更显著。王旭霞和王珊珊（2022）通过面板回归模型探究风险态度为调节变量时，认为越偏好风险高的理财产品以期获得更高的投资收益的家庭，其参与金融市场投资的效率更高。刘芳等

（2022）认为不管是家庭股市参与相对效率还是绝对效率，与风险偏好程度之间存在着显著的正相关关系。吴晓求（2018）认为金融监管的核心目标是平衡效率与风险。李苍舒等（2018）认为金融科技的高速变化导致平衡效率与风险成了金融监管的最大困难。李敏（2017）指出金融科技的监管是平衡效率与风险矛盾的一大利器。徐忠（2017）研究发现可通过发展监管科技和更新监管理念实现金融效率提升与金融风险控制的动态平衡。

1.2.2　金融科技与监管科技研究进展

（1）金融科技创新研究进展。

创新最早由熊彼特（Schumpeter，1983）提出，并逐渐被应用于金融领域（Tufano，2002）。金融科技创新通常指人工智能、区块链、云计算和大数据等现代数字技术在现代金融业中的广泛应用（Buchak et al.，2018），也有学者强调金融科技背后的技术属性，认为金融科技创新是金融技术部门通过 IT 技术为企业或组织提高金融产品和服务的质量（Bradbury et al.，2019），是互联网金融的深化，其业务范围除了继续缩短金融服务渠道，还包括数字投资和融资、运营和风险管理、支付和基础设施、数据安全和货币化等（巴曙松，2022）。从宏观视角看，当前正在经历第四次工业革命，整个社会的金融科技正引领金融行业集成创新（陈雨露，2021），可能通过市场挤出效应的外部机制促进金融机构竞争（孟娜娜和蔺鹏，2021），还可能由于互联网理财等模式创新让金融机构选择更高风险的资产来弥补负债端成本上升所造成的损失（邱晗等，2018），从而引发系统性风险。从微观视角看，金融机构自身发展金融科技，能拓展金融机构业务成长空间（李建军和姜世超，2021），提升经营效率（汪莉等，2021），但可能因为风险溢出效应引发系统性风险（杨子晖等，2018）。部分研究认为金融科技创新可能会让风险更加复杂，它通过金融脱媒渠道（顾海峰和卞雨晨，2022），强化银行的风险承担倾向（刘孟飞，2021），最终推高银行系统性风险。还有研究认为金融科技创新能缓解银行业竞争压力，降低传统贷款模式下的收益损失（邱晗等，2018），推动银行走向线上化、场景化和智能化（张烨宁和王硕，2021），减少信息不对称并提升银行风控能力（余静文和吴滨阳，2021），同时还能通过新兴技术甄别金融科技潜在风险（俞勇，2019），影响金融行为的事前、事中和事后，降低银行风险承担（陈敏和高传君，2022），从而降低银行系统性风险。

（2）监管科技创新研究进展。

监管科技有广义监管科技（RegTech）和狭义监管科技（SupTech）之分，广义监管科技包括新技术服务于金融机构合规化管理的合规科技（CompTech）和监管部门数字化监管的狭义监管科技（SupTech）。早期的监管科技创新是指金融机构"通过创新技术的应用以更加高效的方式满足监管合规要求"的"合规科技"（RegTech）。随着监管部门开始通过创新技术应用提升监管效能（Laeven，2015），巴塞尔银行监管委员会（BCBS）把监管部门通过技术应用改进监管流程的"监管科技"（SupTech）纳入监管科技创新领域。监管科技创新场景更为丰富，包括合规科技、风险管理、预防欺诈、交易监控等（杨东，2018），数字化、智能化正成为监管科技创新的主要方向。金融科技拓宽了金融服务边界，提高了金融服务效率，促进了普惠金融发展，但也同时加剧了金融风险的隐蔽性、传染性、复杂性和破坏性，让监管部门强烈意识到需要"以科技规范科技"发展监管科技，降低监管中的信息不对称，提升监管效率和监管能力，及时了解金融风险和问题，更好地观察金融机构的合规情况，更好地防范系统性金融风险（李杰等，2022）。随着金融监管的逐步收紧，金融机构合规成本增加，加大合规科技投入可降低合规成本，提高合规效率。由此可见，合规与监管科技创新是金融机构和监管部门应对金融科技风险的必然要求。

（3）金融科技与监管科技协同创新机制研究进展。

一是金融科技与监管科技创新的风险治理。朱迪奇（Giudici，2018）认为面对金融科技潜在的风险，应积极开发一个以技术驱动的风险监管框架，以减少被监管部门和监管部门之间的监管及合规障碍；孙国峰（2017）认为监管科技可分为两大分支，监管端的监管科技和合规端的合规科技；何海锋等（2017）认为监管科技在监管端主要有两大用途，分别是数据收集和数据分析，监管科技有望实现金融业务全链条监管；陶峰和万轩宁（2019）认为监管科技在合规端的应用主要体现在合规分析与报告、反洗钱交易监测等方面；贝克等（Becker et al.，2020）通过文献梳理研究，发现合规科技在实践中应用要多于监管端的监管科技，两者发展上并不同步，未来应加强交流合作；图尔基等（Turki et al.，2020）深入调查巴林银行，发现该银行采取监管科技技术能有效打击洗钱行为，并降低人工审查成本；穆甘仪等（Muganyi et al.，2022）通过实证研究发现监管科技能够显著改善金融发展成果，尽管监管科技存在许多优点，但作为一门新兴监管技术，目前仍存在许多不确定性，乔治（Giorgio，2019）与帕潘托尼乌（Papantoniou，2022）均认为，监管科技底层技术与金融科技相同，因此仍存在数据风险、法律风险、网络风险、算法歧视等问题。还有一些学者关注了合规与监管科技对金融科技创新的影响。张萍和张相文（2020）认为，基于社会福利性，金融创新与金融监管主体上存在社会性，金融监管在一定程度上遏制住了违规创新，并推动合规创新发展；许文彬等（2019）通过构建金融市场均衡模型，借助动力学演化知识，分析三种监管策略下金融创新的发展情况；张红伟等（2020）以监管沙盒视角切入，将地方政府分为发达与不发达两类，通过动态演化博弈，发现两者之间存在较高的依存性；徐和包（Xu and Bao, 2022）讨论了金融机构科技创新力度与监管部门监管强度之间的关系；屈淑娟（2017）认为地方政府应该积极参与到金融监管中来；刘伟等（2017）研究发现在对互联网金融平台创新行为进行监管时，固定惩罚机制效果不及动态惩罚机制，提高惩罚上限能降低互联网金融平台不自律行为；马亚明和胡春阳（2021）以极值理论模型为切入点，对目前我国非银行金融机构的极端风险概率进行了测算，发现伴随强监管政策的落实，该类机构极端风险概率显著降低；周茜和陈收（2022）认为在对金融科技创新监管的过程中，应重视公众媒体的作用，促使媒体发挥舆论正向引导力量；胡滨（2022）认为金融监管就是金融机构与监管部门之间的隐性契约。

二是金融科技与监管科技协同创新。协同创新（collaborative innovation）是指由外部人员组成的网络小组形成集体愿景，借助网络交流思想、信息及知识，合作实现共同的创新目标，分纵向协同和横向协同两个维度。朱立龙等（2021）通过界定协同治理机制下主体策略选择行为得出金融业务风险协同治理受政府、业务部门及金融消费者共同作用。李成等（2009）认为金融业务风险的协同治理应当以金融消费者权益为核心，重视消费者主体所受到的社会和环境影响。王致远（2022）从互联网金融消费者权益保护存在的问题及现状出发分析了金融消费者维权行为对于金融业务风险的影响。郁培丽等（2021）基于信息不对称提出颠覆性技术创新出现侵犯消费者权益应当通过维权行为来降低产业技术创新的风险。申晨和李仁真（2021）从社会生产目的和个体自由层面阐释金融科技活动须以金融消费者为中心，而维权成本及收益直接影响维权行为。帕玛（Pama，2021）通过对金融消费者维权成本以及获得收益的效用研究表明金融消费者的损失在金融业务风险较高时会显著增加。杨杨和冯素玲（2020）运用协同治理理论和网络理论设计了金融科技风险的协同治理体系，并用"结构—过程—关系"范式分析了治理体系构成要素及要素关联。何枫等（2022）运用 2015～2020 年中国 285 个地级市数据从理论和实证两个维度探究金融科技风险治理协同性的影响因素，指出强化政府监管与金融机构的双向联动能有效发挥金融科技的"协调引导"效应。刘潭等（2022）通过政府监管部门和金融组织的演化博弈模型，得出上级监管部门的罚金对下级政府监管部门和金融业务机构的演化博弈行为存在影响，推导出发展金融科技与维护金融稳定两难困境下的策略选择。张萍和张相文（2020）分析了金融市场的治理格局呈现金融机构与金融监管分立式治理的特征，指出应当构建监督与监管协同的金融风险治理机制。张冰洁等（2021）从互联网治理模式演变的视角对多元协同治理参与者进行识别，从影子银行风险传导渠道及监管角度对治理参与者分类，运用协同理论分析了参与者的治理作用与影响力，得出在协助治理系统与监督治理系统中金融消费者与政府监管部门的重要性。

1.2.3　文献评述

梳理已有研究文献可以看出：在金融科技效率与风险方面，学界从金融科技影响金融服务效率、金融机构效率、企业投资效率和服务实体经济效率等方面研究了金融科技创新的效率问题；从金融科技风险的成因、溢出效应、风险测算、风险影响等方面研究了金融科技创新的风险问题；从一般意义上对平衡金融创新带来效率提升与风险增加问题提出一些真知灼见，虽然不是专门针对金融科技创新的，但对探索研究金融科技创新的效率提升与风险控制有一定启发意义。在金融科技与监管科技创新方面，学界从金融科技的技术依赖、创新形式、应用场景、发展演进、主要成就及存在问题等方面研究金融科技创新问题；从监管科技的基本概率、业务边界、应用场景和演进过程等方面研究了监管科技创新问题；从一般意义上研究金融与监管的关系和协同治理问题，专门研究金融科技与监管科技协同创新的文献不多。

既有研究为本书提供了有益参考，但金融科技和监管科技作为近年才兴起的新事物，存在很多新情况和新问题需要进一步推进研究。首先是金融科技创新的效率与风险平衡问题。已有研究对金融科技是如何提升服务效率的，又是如何在金融机构间溢出并最终影响系统性风险的研究还相当薄弱，已有文献很少同时涉及效率和风险，并且更少文献是关于金融科技的，基本没有文献涉及该如何在效率和风险之间寻求平衡。尽管有些研究注意到金融科技创新在效率提升的同时会滋生新的金融风险，但只是粗略的定性分析，需以量化测算金融科技创新的效率与风险为基础开展平衡监管策略研究，来掌握平衡监管的力度和时效从而精准施策提供决策依据。其次是金融科技与监管科技的协同创新问题。已有少许文献定性分析了监管科技与金融科技创新协同的必要性，但缺乏对监管科技与金融科技创新的对立统一规律认识，进一步的研究是要基于金融科技与监管科技的具有技术孪生、互惠共生、相互依存、"相互补台一起精彩、相互拆台一起下台"的利益关联关系，坚持技术的问题尽量用技术解决，用科技规范科技创新，用金融科技与监管科技的协同创新来平衡金融科技创新的效率与风险。最后是促进协同创新的协同机制问题。已有文献在这方面的研究就更少了，进一的研究需要运用协同创新原理，在经验借鉴的基础上，把金融从业机构的技术和信息优势与金融监管机构的组织资源优势结合起来，克服金融从业机构在协同创新中的逆向选择机会主义倾向、监管机构缺乏"魔高一尺，道高一丈"的商业激励问题，设计金融从业机构（金融科技）与金融监管机构（监管科技）协同创新的促进机制，为金融科技与监管科技的协同创新提供机制保障。

1.3 研究目标和研究思路

1.3.1 研究目标

本书总体目标是在监管科技与金融科技"猫与老鼠"的博弈中寻求两者的协同创新，以金融科技的技术来提升监管科技的水平，以监管科技的创新来保障金融科技沿着正确的方向守正创新。具体研究目标包括：一是把握金融科技创新一般规律，为平衡效率与风险的监管科技与金融科技协同创新提供实践支撑；二是量化研究金融科技创新的效率与风险，为平衡效率与风险的监管科技与金融科技协同创新提实证支持；三是运用演化博弈和合作博弈寻求兼顾金融效率提升与风险控制的金融监管科技监管金融科技的平衡监管政策组合；四是从技术孪生视角探讨金融科技与监管科技协同创新的实现路径；五是运用机制设计原理重点设计金融科技与金融科技协同创新的组织形成机制、工作运行机制、利益协调机制、数据共享机制等协同机制，为金融科技与监管科技协同创新提供机制保障。

1.3.2　研究思路

本书遵循"问题→理论→实证→对策→应用"技术路线，在理论与实践的相互印证中为平衡效率与风险的监管科技与金融科技协同创新提供科学依据和决策支撑（见图 1 – 1）。

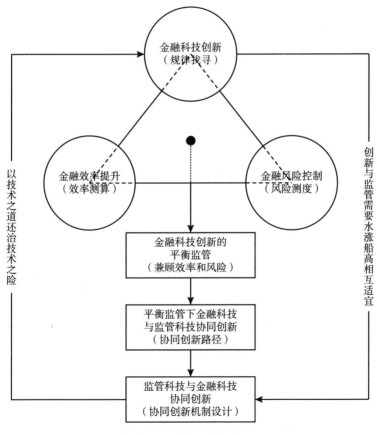

图 1 – 1　本书的基本思路

1.4 研究内容及研究方法

1.4.1 研究内容

本书针对我国金融监管技术水平过分落后于金融科技创新导致监管漏洞、时滞错配和金融风险加大等突出问题，研究监管科技与金融科技的协同创新机制，以金融科技的技术来提升监管科技的现代化水平，通过监管科技与金融科技的协同创新确保金融科技在风险可控的前提下朝着提升金融服务效率的方向可持续健康发展，同时解决金融监管部门独自开发应用监管科技提升监管水平的动力不足和能力不够问题。

研究内容由八个章节构成。第 1 章，导论，介绍本书的总体情况；第 2 章，技术驱动下的金融科技创新发展态势分析，系统梳理和全景展示金融科技创新发展态势；第 3 章，金融科技创新对金融服务效率的影响，实证检验金融科技从哪些方面以及多大程度提升金融服务效率；第 4 章，金融科技创新对金融风险的影响，实证检验金融科技风险的溢出效应和对系统金融风险的影响；第 5 章，平衡效率与风险的金融科技创新监管策略分析，探讨兼顾金融服务效率提升与风险控制要求的金融科技创新的监管策略选择；第 6 章，金融科技与监管科技协同创新的技术孪生分析，从金融科技与监管科技相近的底层技术依赖角度分析它们的协同创新的策略选择；第 7 章，金融科技与监管科技协同创新的协同机制设计，重点探讨了金融科技与监管科技协同创新的组织形成机制、工作运行机制、数据共享机制、利益协调机制等内容；第 8 章，研究结论和政策建议，总结本书的主要结论、政策启示和研究展望。

1.4.2　研究方法

本书综合运用多种研究方法，通过理论与实证相结合形成对研究的问题有理有据、深入完整的理解，确保对平衡效率和风险的金融科技与监管科技协同创新机制设计在理论上可信、在实践上可行。

（1）调查研究法：通过横断历史元进行文献查阅，采用 chatGPT 进行数据挖掘，查阅统计年鉴进行数据收集，到金融从业机构、金融监管机构、金融科技公司进行问卷调查、走访或座谈，多渠道获取数据进行交叉验证，为本书提供充足的数据支撑和案例来源。

（2）系统分析法：从历史和现实、纵向和横向、技术依赖与应用场景等多个视角和维度系统梳理金融科技创新的全球概览和国内实践，把握金融科技创新发展动向和基本规律，为平衡效率和风险的金融科技与监管科技协同创新提供实践支持。

（3）运筹优选法：构建金融科技与监管科技的市场需求函数和成本收益函数求解金融机构和监管机构的协同创新参与约束和最优创新策略选择。构建激励约束函数洞悉创新主体加入协同创新网络的行为动机和协同创新网络吸纳创新主体加入的决策依据。

（4）博弈分析法：运用动态演化博弈分析平衡金融科技创新效率与风险的金融平衡监管策略选择，运用群体演化博弈分析金融机构和监管机构参与协同创新的意愿。

（5）数理模型法：通过变分模态分解法构建 AR（1）– GJR – GARCH 模型和 GAS Copula 模型揭示金融科技风险跨机构传染机理。构建微分方程模型仿真模拟金融科技与监管科技的互补共生关系及剧场效应。改进 Shapley 构建金融科技与监管科技协同创新的利益调节机制。

（6）计量分析法：运用计量经济学方法对金融科技创新通过金融创新效应、金融中介效应和金融深化效应提升金融服务效率进行稳定性、内生性和异质性检验，对金融科技风险溢出效应的风险值进行测度，并从宏微观视角对系统性金融风险的影响进行实证检验。

（7）案例分析法：对国内外金融科技创新的全景展示抑或设计金融科技与监管科技协同创新的有关机制，本书都运用了大量案例进行应用展示或观点佐证，以减少单纯运用理论阐释的空洞、晦涩感。这些案例既有从实践中来的真实标杆，也有理想化的仿真或示例。

（8）理论分析法：综合运用西尔柏（Silber）的约束诱导型金融创新理论、凯恩（Kane）的规避型金融创新理论、希克斯（Hicks）和尼汉斯（Niehans）的交易成本创新理论和金融深化理论进行逻辑分析和机理分析，为数理建模、博弈分析、实证分析、案例分析、机制分析提供理论依据或理论假设。

（9）质性研究法：采用实地调查和案例分析相结合进行理论创新，一方面能够弥补依据统计数据开展实证研究可能存在的缺陷，另一方面也可以进一步摸清金融科技的风险形成机理和金融科技创新与监管科技创新各参与主体的行为特点。

1.5　主要创新及研究特色

1.5.1　主要创新

本书将运用机制设计原理为金融科技与监管科技协同创新平衡金

融科技创新效率和风险进行协同机制设计，在研究视角、研究方法和研究思路等方面有一定创新。

（1）研究视角和理论创新。本书基于国内外金融科技理论滞后于实践、监管滞后于市场的现实，研究通过金融科技与监管科技的协同创新平衡金融科技效率与风险，缩小监管科技与金融科技的技术代差，引导野蛮生长的金融科技创新在守住不发生系统性金融风险底线的前提下不断提高金融服务的效率，持续有效地为传统金融"难普难惠"和"脱实向虚"问题的解决注入强劲动力，拓展了金融科技创新研究视角和理论基础。

（2）研究内容和思路拓展。本书不局限于单纯地研究金融科技如何实现创新，而是在系统梳理和全景展示金融科技创新发展的态势基础上，科学评估金融科技创新对金融服务效率和金融风险的影响，基于金融科技与监管科技的技术孪生关系，研究协同创新机制来促进金融科技与监管科技协同创新，通过金融科技与监管科技的协同创新平衡金融科技创新的效率与风险，研究内容和研究思路无论在深度和广度方面都有大尺度的拓展。

1.5.2　研究特色

本书研究特色体现在重难点问题选择与研究安排、多种研究方法的综合运用与交叉验证等方面。

（1）聚焦研究重点和难点。本书的重点是如何通过金融科技与监管科技协同创新平衡金融科技创新的效率和风险、设计什么样的协同机制能推进金融科技与监管科技的协同创新，也是本书的难点所在。对于前者，本书通过把握国内外金融科技创新态势，实证分析金融科技创新对金融服务效率和系统性风险的影响，确立协同创新策略；对于后者，本书重点研究了金融科技与监管科技协同创新的组织形成机制、工作运行机制、利益协调机制、数据共享机制，做到重难点问题集中火力研究攻克。

（2）研究方法的综合应用。本书的问题导向鲜明，在研究方上既采用传统实证研究方法检验新命题，又综合运用调查研究法、系统分析法、运筹优选法、博弈分析法、数理模型法、计量分析法、案例分析法、理论分析法和质性研究法等多种研究方法破解新难题，根据研究问题灵活选用研究方法，力求对每一个具体研究问题先从理论上分析透彻，再进行实证检验，做到有理有据，使设计的问题解决方案在理论上可信和实践上可行。

1.6 主要观点和研究价值

1.6.1 主要观点

本书融入了以下一些新观点。

（1）鉴于目前业界和学界对金融科技和监管科技没有统一的定义，随着新技术在金融领域的广泛应用，原有一些关于金融科技和监管科技的内容划分已不合时宜，本书从应用需求出发把凡是金融从业机构端的科技应用统称为金融科技（包括合规科技），只把金融监管机构端的科技应用称为监管科技（不包括合规科技）。考虑到大型金融机构都有自己的金融科技公司或通过资本与其他金融科技公司成为利益共同体，本书把金融科技公司参与创新行为并入金融从业机构，把金融科技与监管科技的创新主体简化为金融从业机构和金融监管机构。

（2）在鼓励金融科技创新提升金融服务效率的同时，也要对金融科技快速发展带来的新型风险和金融系统性风险保持足够的监管定力，统筹发展与安全，既管控技术创新带来的风险，又不过度附加安全措施影响创新效率，取得金融科技创新对金融服务效率的提升与对金融风险的影响动态平衡。

（3）在当前金融业务嵌套、跨界融合的混业经营趋势下，导入功能监管、行为监管和审慎监管构建嵌入监管科技的穿透式金融监管框架进行综合协调监管是解决当前金融监管与创新的时滞错配、技术差距和覆盖漏洞的有效途径，也是贯彻落实新时期"一行一局一会"格局国家金融监管体制改革的题中应有之义。

（4）金融科技和监管科技是现代新兴科技分别在金融机构端和监管端的应用，它们具有技术孪生关系，相同的底层技术依赖决定它们需要协同创新，以便技术标准统一、接口对接和应用兼容，实现监管机构与金融机构数据行为同步，便于金融监管政策建模和未知风险预测，变有漏洞的滞后被动监管为全覆盖的同步主动监管，助力金融科技高质量守正创新。

（5）金融科技与监管科技的协同创新本质上是拥有技术优势的金融从业机构及金融科技公司与拥有行政资源的金融监管机构的协同创新，金融机构及金融科技公司容易利用技术和信息优势逆向选择，监管机构缺乏"魔高一尺道高一丈"的商业激励，可采取市场化的方式设立一整套协同创新机制来促进监管科技与金融科技协同创新。

（6）金融科技与监管科技的协同创新机制的关键是要兼顾金融监

管机构、从业机构及金融科技公司的利益诉求，提高它们协同创新的意愿，激励它们协同创新的努力水平，所以这套机制系统应当包括沟通协同机制、组织形成机制、工作运行机制、利益协调机制、数据共享机制、技术创新机制、需求评审机制、成果评价机制和安全保密机制等方面。

1.6.2　研究价值

在我国金融科技理论研究落后于实践探索、监管滞后于创新的背景下，本书探讨金融科技与监管科技协同创新机制，通过监管科技与金融科技的水涨船高来平衡金融科技创新的效率和风险，促进金融科技可持续健康发展。本书的理论价值和应用价值如下。

（1）理论价值。本书系统梳理和全景展示国内外金融科技创新态势，实证分析金融科技创新对金融服务效率提升和系统性风险影响，开展平衡效率与风险的金融科技创新政策组合设计，构建植入监管科技的平衡监管框架以避免监管真空并给创新发展预留足够空间，拓展了金融科技与监管科技协同创新的理论基础；从监管科技与金融科技的技术孪生关系出发研究了金融机构与金融监管机构参与协同创新的策略，重点设计了金融科技与监管科技协同创新的组织形成机制、工作运行机制、利益协调机制、数据共享机制，为促进金融科技与监管科技协同创新提供了机制保障，深化了金融科技与监管科技创新研究。

（2）应用价值。本书以"是否有利于提升服务实体经济效率和普惠水平、是否有利于提高金融风险管控能力、是否有利于加强金融消费者保护"标准对金融科技与监管科技的协同创新开展对策研究，研究内容与党的二十大提出更高水平、更现代化深化金融体制改革和扩大金融制度型开放，与党的十四届全国人大一次会议将我国金融监管格局由"一委一行两会"优化调整为"一行一局一会"融合机构监管和功能监管、宏观审慎和微观审慎、审慎监管和行为监管适应金融科技时代防范系统性金融风险的需要心理契合。研究成果可为后续行业交流、学术研究和创新实践提供有益参考，并期待能对我国金融科技与监管科技高水平协同创新产生实质性促进作用。

第2章

技术驱动下的金融科技创新实践进展

运用金融创新理论审视国内外金融科技创新实践，洞察金融科技创新的底层技术依赖，全景展示金融科技创新场景及成果应用，把握金融科技创新发展动向和基本规律，为平衡效率和风险的金融科技与监管科技协同创新提供实践支持。

2.1 金融科技创新的理论基础

2.1.1 约束诱导型金融创新理论

约束诱导型金融创新理论主要由西尔柏（1983）提出，强调了在金融领域中创新活动的受限性和约束性。该理论认为，金融机构本身面临着内外部约束，而这些约束会影响金融机构追求利润最大化，所以金融机构为减轻这些约束而进行创新。具体对于金融机构而言，外部约束可能来源于政府管制、法律法规等，内部约束来源于金融机构自身，可能是技术水平、市场结构、信息不对称等，也可能是关于流动性要求、资本充足率等的一些管理制度。虽然这些约束让金融机构能稳健经营，但也可能导致金融机构成本增加、效率降低。因此，金融机构可能通过金融创新来减轻这些约束，进而开展业务模式创新、产品创新、服务创新等。

根据西尔柏（1983）的理论，金融科技创新作为一种特定类型的金融创新，同样受到这些约束的影响，可能涉及应用新兴技术（如人工智能、大数据、区块链等）来改变传统金融服务的方式和模式。西尔柏的约束诱导型金融创新理论在金融科技领域的创新主要体现在如下方面。一是法律和监管约束。金融科技创新必须遵守法律和监管机构的规定，所以在发展过程中创新使用科技来更好满足监管法律和规则，即合规科技创新。并且，由于金融科技创新常常涉及新型业务模式和跨界操作，法律和监管的适应性和灵活性对于促进创新至关重要，因此为了推动金融科技创新，监管部门需要与技术发展同步，并制定相关政策和规则。二是市场结构约束。金融科技创新需要适应金融市场的结构和机制。传统金融市场存在一定的壁垒和利益格局，可能对新兴科技公司和创新型企业产生限制，因此金融科技公司和金融机构通过金融科技创新调整市场结构，进而降低准入门槛，鼓励竞争，打破垄断，并吸引更多机构进行金融科技创新。三是技术水平约束。金融科技创新依赖于前沿技术的应用和发展，技术水平的不断发展会不断扩大金融科技创新的范围和深度。为了推动金融科技创新，需要不断提升技术水平，加大对科技研发的投入，培养相关人才，促进技术与金融的融合。四是信息不对称约束。金融科技创新能更好地解决信息不对称问题，有利于信息的传递和共享，减少信息壁垒和不对称。

2.1.2 规避型金融创新理论

凯恩（1981）的规避型金融创新理论是关于金融创新的一种理论框架，主要强调外部环境对金融创新的影响，因此强调金融机构可以通过创新来规避外部的监管和市场约束，从而寻求利益最大化的行为。该理论认为，金融机构在面临监管压力和市场竞争时，会通过创造新的金融产品、业务模式和交易结构等方式来规避外部约束，从而获取额外的利润和风险。具体而言，一方面，政府制定的如资本要求、利率上限等金融管制措施，可能会限制金融机构的运营灵活性和盈利能力，这要求金融机构通过创新的方式来减少管制带来的负面影响；另一方面，市场中客户的金融需求在不断变化，金融机构需要不断创新来满足这些需求，因此金融机构会通过创新金融产品和服务来提升自身的竞争力并增加对客户的吸引力。

将凯恩（1981）的规避型金融创新理论应用于金融科技创新体现在三个方面。一是规避监管约束。金融科技创新可以通过运用新兴技术和创新模式来规避传统金融监管的限制。例如，利用区块链技术和智能合约，金融科技公司可以创建去中心化的金融平台，绕过传统金融中介机构，从而减少监管的限制。然而，这种规避行为也带来了监管的挑战，监管机构需要积极跟进科技创新的发展，制定相关规章和政策来保护投资者权益和市场稳定。二是规避市场竞争约束。金融科技创新可以通过提供更高效、更便捷的金融服务来规避传统金融市场的竞争压力。例如，移动支付和数字货币等金融科技创新带来了更快速、更方便的交易方式，吸引了大量用户和资金流入。这种规避行为可能使传统金融机构面临竞争压力，需要加快创新步伐，提高服务质量和效率，以应对市场竞争的挑战。三是规避风险约束。金融科技创新可以通过应用风险管理技术和模型来规避风险约束。例如，利用大数据分析和人工智能技术，金融科技公司可以更准确地评估风险，提供个性化的风险管理方案。然而，金融科技创新也可能带来新的风险，如数据安全、隐私保护和市场风险等。监管机构需要密切关注金融科技创新的风险，并制定相应的监管措施来规避潜在风险。

2.1.3　交易成本创新理论

交易成本创新理论是由威廉姆逊（Williamson，1991）提出的，他在这一理论中强调了交易成本对经济组织和市场结构的影响，以及如何通过创新来降低这些成本。该理论认为，交易成本是指进行交易所需的各种费用和努力，包括信息的搜索和处理成本、协商和执行成本、执行合同成本、监督成本、机会成本等，如何通过组织结构、技术和市场机制的创新来减少交易过程中产生的各种成本。比如，在金融市场中，通过创新发展电子交易平台，可以显著降低佣金、机会成本等；在建设项目的管理中，通过改进项目管理流程或采用新技术，都能有效减少信息处理和协调成本；企业内部组织生产活动可以比市场交易耗费更少交易成本；通过技术创新网络可以优化合作机制，还可以实现资源共享，从而减少合作伙伴之间的交易成本。

将威廉姆逊（1991）的交易成本创新理论应用于金融科技创新体现在如下方面。一是降低信息搜索和处理成本。金融科技创新通过利用大数据和智能算法，可以提供更便捷更准确的信息搜索和处理工具。例如，金融科技公司可以通过智能投顾平台提供个性化的投资建议，帮助投资者更好地理解和管理风险；金融机构可以加入基于供应链金融的区块链平台，作为具有记账权的节点获取中小微企业的交易数据信息，从而为其提供金融服务。这样的创新有助于降低个体和机构在金融市场中获取信息所需的成本，提高交易效率。二是加强合同执行和监督能力。金融科技创新可以利用区块链技术和智能合约来加强合同执行和监督能力，区块链技术提供了去中心化的可信交易记录，确保交易的透明度和不可篡改性，智能合约可以自动执行合同条件从而减少人为的操作和潜在的违约风险。这样的创新有助于降低交易成本，增强交易的可靠性和效率。三是提供便捷的支付和清算服务。金融科技创新可以通过提供便捷的支付和清算服务来降低交易成本。例如，移动支付和数字货币技术使得支付过程更加快捷和安全，避免了传统金融机构的中介环节和费用。这种创新有助于减少支付和清算的时间和成本，促进交易的迅速完成。四是优化交易流程和效率。金融科技创新可以通过自动化和优化交易流程来提高交易效率。例如，使用机器学习算法和自动化交易系统可以提高交易的速度和准确性，减少人为错误和交易成本。这种创新有助于提高交易的效率和流动性，为市场参与者带来更好的交易体验。

2.1.4　金融深化理论

金融深化理论是一种关于金融发展的理论框架，最初由罗纳德·I. 麦金农（Ronald I. McKinnon）和爱德华·S. 肖（Edward S. Shaw）提出，强调金融体系的发展和完善对经济增长和发展的积极影响，因此主要探讨金融机构的发展如何影响经济增长和发展中国家的经济表现。该理论认为，金融深化指的是金融体系的发展和扩张，包括在规模、范围和效率上的扩展和改进，比如金融机构数量的增加和多样化、金融产品的创新和完善、金融服务的覆盖范围、金融市场的发展和健全等方面。

将金融深化理论应用于金融科技创新体现在如下方面。一是促进金融包容性。金融科技创新可以通过提供便捷、低成本的金融服务来促进金融包容性。例如，移动支付和数字金融技术可以使金融服务覆盖到传统金融机构难以触达的地区和人群。这种创新有助于改善金融服务的普惠性，推动经济中底层和农村地区的金融融入，促进经济的包容性增长。二是优化资源配置。金融科技创新可以通过提供更精确的风险评估和定价机制来优化资源的配置。例如，利用大数据分析和人工智能技术，金融科技公司可以更准确地评估借贷风险，为借款人提供个性化的利率和额度。这种创新有助于提高金融资源的配置效率，降低信息不对称的影响，推动经济的有效资源配置。三是促进创新和创业。金融科技创新可以为创新型企业和创业者提供更便捷的融资渠道和风险投资机会。例如，众筹平台通过互联网连接资金提供者和项目方，提供了一种新型的融资模式。这种创新有助于降低创业者的融资难度，鼓励创新和创业活动，推动经济的创新发展。四是强化金融监管和风险管理。金融科技创新可以提供更强大的风险管理工具和监管手段。例如，利用大数据分析和监测技术，监管机构可以更好地监控金融市场的风险和潜在风险，及时采取相应的监管措施。

2.2　金融科技创新的整体概览

2.2.1　全球金融科技发展状况

（1）投融资整体趋于保守。

从图 2 - 1 可以看出，近些年全球金融科技投资整体呈现上升趋势，且上升幅度非常明显。2019 年新冠疫情暴发，各国经济多多少少都呈现下滑的态势，但全球金融科技投资却出现较大幅度的上涨，同比增长 48.37%，只是交易宗数略有下滑，这是因为在 2019 年出现了超大型并购交易，比如富达国家信息服务公司（FIS）以 425 亿美元对 Worldpay 进行的收购，创下了支付行业的并购纪录[①]。2020 年，金融科技交易活动受到新冠疫情的影响，新的交易活动几乎停顿，所以该年的交易价值大幅下降，交易宗数与 2019 年相比略微持平。到2021 年，无论是交易价值还是交易宗数，又出现了大幅上升，涨幅分别达 68% 和 51%，这可能源于部分国家在 2021 年陆续放开新冠疫情管制。

图 2 − 1   全球金融科技投资状况

资料来源：毕马威会计师事务所（KMPG）。

---

① 资料来源：毕马威会计师事务所。

　　根据毕马威数据（见图 2 - 2），2018～2021 年无论是交易价值还是交易宗数，在经过一段时间的平稳变化后，都有一定程度的增加。新冠疫情显著地加快了数字化转型趋势。世界各地对数字平台、数字银行、无接触支付及其他金融科技相关服务的热切需求促使大部分金融服务企业的数字化转型发展，也加速了这些企业的融资需求，所以从 2020 年第四季度开始，全球金融科技融资价值和宗数都出现了较大幅度的增加。根据零壹财经数据（见图 2 - 3），2022 年全球金融科技股权融资共有 2442 笔，同比减少 21.8%；公开披露的融资金融为 4506 亿元，同比减少 42.2%。由于毕马威数据与零壹财经数据统计口径不同，所以两者 2021 年数据不一致。

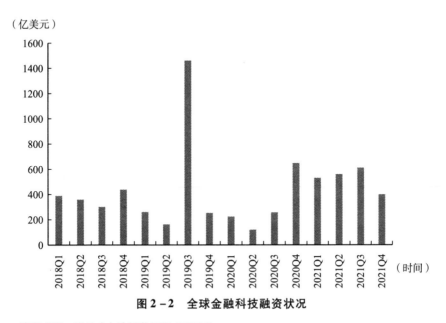

（亿美元）

图 2 - 2　全球金融科技融资状况

资料来源：毕马威会计师事务所（KMPG）。

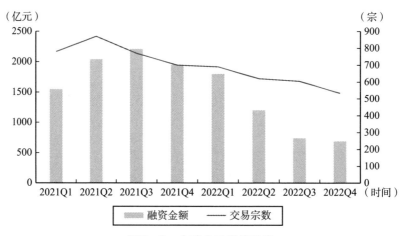

（亿元）
（宗）

图 2-3　全球金融科技融资

资料来源：零壹财经。

从区域来看，根据清华五道口金融科技研究院的数据，全球各地区的投融资热度不同。以 2024 年上半年为例，美洲地区、欧洲地区和亚太地区的投融资次数分别为 224 次、95 次和 121 次，投融资金额分别为 208 亿美元、66 亿美元和 38 亿美元，共占全球总投融资金额的 91%（见图 2-4）。并且，历史数据表明，美洲地区、欧洲地区和亚太地区近些年都一直处于热门投融资地区。

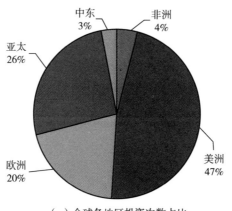

（a）全球各地区投资次数占比

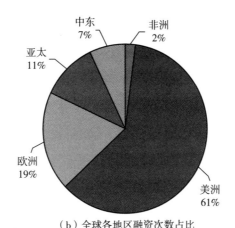

（b）全球各地区融资次数占比

图 2 - 4　2024 年上半年全球各地区投融资事件次数占比情况

资料来源：清华五道口金融科技研究院《全球金融科技投融资趋势报告（2024 年上半年）》。

　　从行业来看，投融资相对较火热的行业是银行与信贷、支付、数据与信息服务领域（见图 2 - 5）。根据清华五道口金融科技研究院的数据，在 2024 年上半年，银行与信贷、支付领域的融资事件分别是 119 次和 62 次，投融资金额分别为 8.32 亿美元和 3.41 亿美元。虽然就融资事件而言，数据与信息服务领域最多，共有 100 次，但是融资金额都不大。与数据与信息服务领域的数据相比，证券与资管领域的投融资事件数量更少，但投融资金额更多，达到 6.26 亿美元，保险领域投融资金额达到 4.96 亿美元。

　　从并购角度看，与 2021 年相比，无论是公开披露的并购金额还是并购数量，都有显著增加（见图 2 - 6）。2022 年，共有 303 家金融科技公司被并购或合并，同比增长 22.2%；公开披露的全球金融科技公司并购金额约为 2600 亿元，同比增长 107.3%。

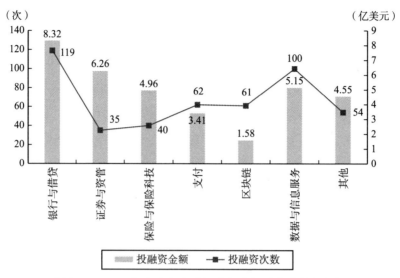

图 2 - 5 2024 年上半年全球细分行业投融资次数与金额

资料来源：清华五道口金融科技研究院《全球金融科技投融资趋势报告（2024 年上半年)》。

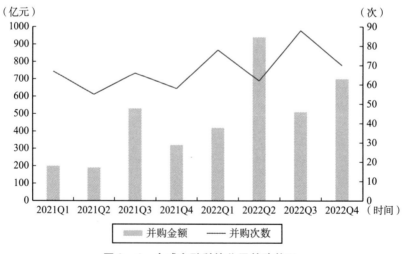

图 2 - 6 全球金融科技公司并购状况

资料来源：零壹财经《全球金融科技投融资报告（2022）》。

（2）区域金融科技发展各有不同。

美洲投资活跃，发展火热。近些年，美洲的金融科技投资非常活跃，投资额度和交易宗数一直居高不下。根据毕马威《风投脉搏：2021 年第四季度全球风投趋势分析报告》，以 2021 年为例，成交 2660 宗交易共创下 1050 亿美元投资额度的新纪录，风险投资额达到 650 亿美元，私募也创下 58 亿美元的新高。比较而言，美洲金融科技投资主要还是集中在支付和数字银行领域。传统金融机构致力于扩大自身金融服务种类，以此提升盈利能力并占据更多客户价值链份额，因而越来越多金融机构利用风险投资和并购来进行数字化转型，实现自身业务的数字化和智能化。美洲金融科技投资的另一重要领域是加密货币，包括加密货币交易所、加密货币交易企业以及为其提供合规或网络安全服务的科技公司。

亚太地区投资活动强劲，市场持续升温。根据毕马威发布的《2021 年下半年金融科技动向》，以 2021 年为例，亚太地区金融科技投资交易量破纪录，达到 275 亿美元，几乎是 2020 年的两倍；交易量将近翻了一番，破纪录地达到 1165 宗，其中贝宝（PayPal）花费 27 亿美元收购日本平台 Paidy "先买后付"。在亚太地区，嵌入式金融模式增长速度较快，特别是东南亚的一些银行，不断尝试提升嵌入式金融服务、数字货币和供应链金融服务的能力。同时，亚太地区的很多银行和服务提供商等也非常关注 BaaS 解决方案。另外，越来越多的金融科技公司致力于将自身打造为集支付、贷款、保险等相关金融服务于一身的数据公司，而不是单一的金融科技公司。

拉丁美洲开拓新客群，金融科技快速增长。近些年，拉丁美洲的金融科技增长幅度也比较大。根据毕马威《2021 年下半年金融科技动向》的数据，以 2021 年为例，其金融科技投资共 120 宗，投资额达到 50 亿美元，同比增长分别达 150% 和 46%，增长幅度惊人。究其原因，新冠疫情的影响占据较大比重，因为疫情封城期间约有 1080 万拉丁美洲民众纷纷尝试进行线上购物，逐渐变成一种时尚的方式，而数字银行产品也在激增。并且，监管是推动金融科技发展的另一重要原因。根据国际货币基金组织（IMF）发布的《拉丁美洲及加勒比地区的金融科技和普惠金融》，由于近四成居民没有银行账户，因此拉丁美洲中央银行和监管部门都决定在该市场提高金融普惠性，监管相对宽松。一些金融科技公司也在践行普惠金融，试图为那些应届毕业生、职场的年轻人、临时工、没有信用记录等无法从传统金融获取服务的人群提供金融服务，比如为他们提供支付服务。因此，目前的金融服务主要集中在支付和数字银行领域，后期可能出现在资产管理领域。

非洲市场金融科技涌入，发展势头迅猛。受新冠疫情影响，2020 年，非洲的交易数字出现了短时间的下滑，但很多外国投资者又涌入非洲市场，在 2021 年创下金融科技投资新纪录。根据研究机构博里特和博锐基（Briter and Bridges）发布的《2021 年非洲投资市场回顾：Fintech 一骑绝尘》数据，2021 年非洲市场获得的交易记录是 153 笔，投资金额达到 16 亿美元，相比 2020 年增长了整整一倍，交易数字也增长 50%。这些投资主要集中在尼日利亚、肯尼亚和南非，同时埃及等其他国家也出现过大宗交易。究其原因，智能手机在非洲大陆的普及推广是金融科技服务快速增长的主要因素。手机越来越便宜，越来越多用户使用移动应用和工具，感受到服务的快捷性和便利性，带动着更多人群尝试使用智能手机获取金融服务。就服务内容看，主要为支付和汇款业务，这是因为受新冠疫情影响，很多津巴布韦侨民无法携带大量现金回国，手机汇款越来越流行。另外，没有刷卡机的企业也可以通过手机收款，无疑增加了金融需求。

（3）各国监管力度增加，跨国合作加强。

第一，从监管内容看，很多国家近些年都陆续推出了主权数字货币，非主权数字货币发展也非常迅速，所以很多国家特别关注数字加密资产的价值和风险，整体保持谨慎态度；并且很多国家和地区都在加强对数字隐私和金融消费者的保护，同时跨境数据的流通逐步被纳入重点监管范围。第二，从监管对象看，为促进市场公平竞争、防止垄断，各国主要是针对大型金融科技公司和大型科技公司的金融合作进行监管，且监管趋严。第三，从合作角度看，主要在于金融科技的跨境监管合作和信息共享方面，也有共同合作反恐反洗钱监管。

（4）全球关注底层技术创新应用。

目前，世界各国的金融科技都处于快速发展阶段，而发展的重点还是在于各种底层技术的创新应用。就底层技术而言，早期主要指大数据、人工智能、云计算、区块链、物联网等技术，后又涉及元宇宙和量子科技等新技术，其创新应用主要体现在如下几个方面：第一，各国的商业银行多种手段并举，继续加速进行数字化转型；第二，合作加强，体现在各国大型的互联网科技公司与金融科技公司开展多种合作，跨国跨境的数字货币实验室合作也在加强，银行等金融机构与科技公司展开合作；第三，金融科技被广泛运用于绿色金融等领域的很多实践场景，气候变化被纳入金融风险影响范围；第四，各国科技巨头开始布局元宇宙，进行量子科技创新，只是各国监管部门态度不一，存在支持和严防死守的两极分化；第五，以数据为关键生产要素的数字金融逐渐成为经济增长的新动能，同时还能为就业提供新空间，而数据资产本身价值也在不断翻倍。

2.2.2 我国金融科技发展历程

目前，金融科技已涵盖金融业务各个流程，包括资产获取、资产生成、资金对接和场景深入。金融科技生态圈以大数据、区块链、人工智能、云计算等技术为基石，以金融业务为载体，变革金融的核心环节，提高金融业务效率。

按照金融科技发展的历史阶段，大致可以分为三个阶段（见图2-7）：第一阶段是金融科技 1.0 时代（1980~1990 年），即电子化阶段。典型标志是金融机构利用信息技术实现业务电子化，通过内设独立的互联网技术（IT）机构来提高其运营效率，降低业务成本，出现银行的信贷系统、清算系统等。第二阶段是金融科技 2.0 时代（1991~2010 年），即数字化阶段。典型标志是移动互联网的应用，创新金融产品与流程，改变服务方式，出现移动支付、互联网保险等。基于金融逻辑和技术手段，叠加移动互联网，中国金融科技呈现爆发式增长。该阶段实质上是运营渠道的变革，是互联网金融时代。第三阶段是金融科技 3.0 时代（2011 年至今），即智能化阶段。大数据、云计算、人工智能、区块链等新技术与金融深度融合释放产能（李展和叶蜀君，2019），在信息采集、投资决策、风控等方面带来传统金融的变革，出现大数据征信、智能投顾、供应链金融等。该阶段里金融服务进一步面向中低收入人群和中小微企业，进一步提升金融效率。金融机构运用人工智能技术用机器模拟人的体力劳动和脑力劳动，特别是脑力劳动，对金融服务实施决策与控制。

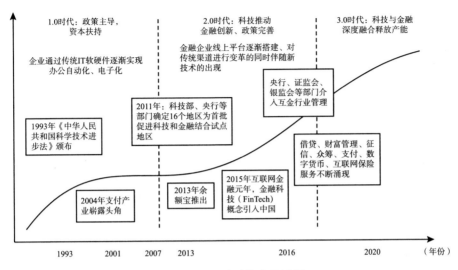

图 2 - 7　金融科技发展历程

资料来源：CB insights，平安证券研究所。

2.2.3　我国金融科技发展状况

（1）政策为金融科技健康发展提供保障。

只有在机制健全、运行正常的金融体制机制下，新技术的应用才能沿着正常、高效的路径发展，才能产生积极、正面的效果。因此，可以借助政策手段对准入门槛、业务范围、资本问题等关键点提出规范性要求，让金融科技守住"不发生系统性风险"的底线，健康有序地发展，并引导金融科技更好地服务实体经济，助推金融普惠性（李建军和姜世超，2021）。

2016 年 8 月，国务院发布《"十三五"国家科技创新规划》，规划中明确提出促进科技金融产品和服务创新，使得金融科技产业正式成为国家政策引导方向。自 2017 年 5 月央行成立金融科技委员会以来，国家相关部门陆续颁发一系列金融科技政策条文（见表 2 - 1），为金融科技健康发展保驾护航。

表 2 - 1　　　　　　　　近年金融科技相关政策

时间	发文部门	文件名称	主要内容
2022.8	科技部等六部门	《关于加快场景创新以人工智能高水平应用促进经济高质量发展的指导意见》	鼓励银行、保险等金融机构研发面向中小企业场景创新的金融产品，为中小企业推动场景项目建设提供资金支持
2022.1	中国人民银行	《金融科技发展规划（2022—2025 年)》	提出新时期金融科技发展指导意见，明确了金融数字化转型的总体思路、发展目标、重点任务和实施保障，涉及新型数字基础设施、金融服务智慧再造、数字化经营新功能、审慎监管等内容
2022.1	原中国银行保险监督管理委员会（以下简称"中国银保监会"）	《银行业保险业数字化转型的指导意见》	到 2025 年，银行业保险业数字化转型取得明显成效；提供个性化、差异化、定制化产品和服务，金融服务质量和效率显著提高
2022.1	原中国银保监会、中国人民银行	《关于假期新市民金融服务工作的通知》	针对新市民在创业、就业、住房、教育等重点领域的金融需求，按照市场化法治化原则，加强产品和服务创新，完善金融服务，高质量扩大金融供给，提升金融服务的均等性和便利度
2021.7	中国人民银行	《关于深入开展中小微企业金融服务能力提升工程的通知》	进一步提升银行的中小微企业金融服务能力，强化"敢贷、愿贷、能贷、会贷"长效机制建设，推动金融在新发展阶段更好服务实体经济
2021.3	第十三届全国人民代表大会财政经济委员会	《中华人民共和国国民经济和社会发展第十四个五年规划和 2035 年远景目标纲要》	坚持创新驱动发展，全面塑造发展新优势；加快发展现代产业体系，巩固壮大实体经济根基；形成强大国内市场，构建新发展格局；加快数字化发展，建设数字中国；全面深化改革；构建高水平社会主义市场经济体制等

续表

时间	发文部门	文件名称	主要内容
2021.2	中国银保监会	《关于进一步规范商业银行互联网贷款业务的通知》	落实风险控制要求、加强出资比例管理、强化合作机构集中度管理、实施总量控制和限额管理、严控跨地域经营
2021.1	中国人民银行	《非银行支付机构条例（征求意见稿）》	严控非银行支付机构的设立、准入；完善非银行支付机构业务规则；加强非银行支付机构的监管
2021.1	中国人民银行	《非银行支付机构客户备付金存管办法》	"严监管"与"强服务"统一；优化特定业务账户管理规定；规范合规合作备付金
2020.11	深圳市金融监督管理局	《扶持金融科技发展若干措施（征求意见稿）》	吸引金融科技公司在深聚集发展、扶持金融科技重点项目、推动金融科技关键技术攻关、营造良好的金融科技发展环境、加大金融科技人才培养和引进力度等方面给出具体扶持措施
2020.8	中国证券监督管理委员会	《证券公司租用第三方网络平台开展证券业务活动管理规定（试行）》［征求意见稿］	规定第三方机构的服务范围，要求第三方互联网平台审慎合作、业务独立
2020.5	中国银保监会、中国人民银行	《网络小额贷款业务管理暂行办法（征求意见稿）》	针对网络小额贷款业务的业务准入、业务范围和基本规则进行明确说明
2019.8	央行	《金融科技（FinTech）发展规划（2019—2021年）》	明确指出金融科技是金融高质量发展"新引擎"，并对未来3年的金融科技工作作出顶层设计
2019.3	中央全面深化改革委员会	《关于促进人工智能和实体经济深度融合的指导意见》	着重强调市场导向与产业应用，打造智能经济形态

资料来源：相关政策整理所得。

　　党的二十大报告指出，"必须坚持科技是第一生产力、人才是第一资源、创新是第一动力，深入实施科教兴国战略、人才强国战略、创新驱动发展战略，开辟发展新领域新赛道，不断塑造发展新动能新优势"。并且，2019～2023 年，"金融科技"连续 5 年被写入政府工作报告中，内容丰富，要求具体（见表 2 - 2），可见金融科技早已上升到国家战略高度。另外，"十四五"规划指出要稳妥发展金融科技，加快金融机构数字化转型。

表 2 - 2　　　　　　　　政府工作报告中"金融科技"相关表述

年份	要求
2023	引导金融机构增加信贷投放，降低融资成本，新发放企业贷款平均利率降至有统计以来最低水平，对受疫情影响严重的中小微企业、个体工商户和餐饮、旅游、货运等实施阶段性贷款延还本付息，对普惠小微贷款阶段性减息；平稳化解高风险中小金融机构风险，大型金融机构健康发展，金融体系稳健运行，守住了不发生系统性风险的底线
2022	疏通货币政策传导机制，引导资金更多流向重点领域和薄弱环节，扩大普惠金融覆盖面。推动金融机构降低实际贷款利率、减少收费，让广大市场主体切身感受到融资便利度提升、综合融资成本实实在在下降；做好经济金融领域风险防范和处置工作；加强金融对实体经济的有效支持；加强和改进金融监管；提升科技创新能力促进创业投资发展，创新科技金融产品和服务，提升科技中介服务专业化水平
2021	强化金融控股公司和金融科技监管，确保在审慎监管下金融创新；强调金融机构要促进科技创新与实体经济深度融合，发挥创新驱动发展作用；提升科技创新能力，强化国家战略科技力量，推进国家实验室建设，完善科技项目和创新基地布局
2020	完善考核激励机制，鼓励银行增加小微企业贷款，利用金融科技和大数据为其精准服务、降本增效；提高科技创新支撑能力
2019	防范化解重大风险要强化底线思维，坚持结构性去杠杆，防范金融市场异常波动，稳妥处理地方政府债务风险，防控输入性风险；创新和加强农村金融服务；加快发展绿色金融；加强金融风险监测预警和化解处置；深入实施创新驱动发展战略，创新能力和效率进一步提升；大力优化创新生态，调动各类创新主体积极性。深化科技管理体制改革，推进关键核心技术攻关，加强重大科技基础设施、科技创新中心等建设；提升科技支撑能力

资料来源：历年政府工作报告整理所得。

（2）市场规模持续增加。

在我国政策积极推动下，金融科技整体稳步健康发展。金融行业对技术的投入不断加大，金融科技整体市场规模在逐年不断增长，传统金融机构也陆续进行金融科技创新。由图 2－8 可知，近些年，我国金融科技的市场规模逐年增加，到 2022 年已经达到 5423 亿元。

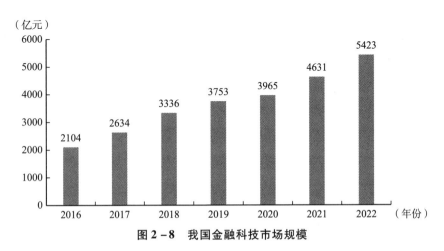

图 2－8　我国金融科技市场规模

资料来源：华经产业研究院。

（3）我国金融科技投融资。

从投融资金额来看，金融科技融资金额快速增长，新兴技术产业规模稳步增长，金融科技公司发展前景好。由图 2－9 可知，2014～2018年，金融科技投融资快速增长，2018 年中国金融科技投融资金额达到最高，为 1581.11 亿元。这主要是因为中国金融科技领域在 2018 年迎来快速发展，商业银行纷纷开始建立科技子公司，发力数字化、智能化，金融科技公司同时发力大力发展金融科技。2019 年出现降温，2020 年受到新冠疫情的影响以及金融行业内监管规范政策频出，投融资金额降低，但到 2021 年上半年出现反弹，投融资规模为 224.8 亿元。

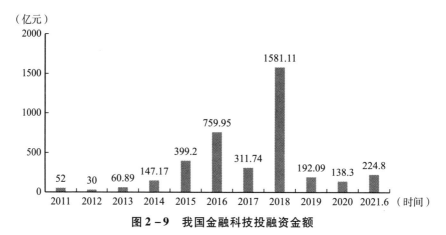

图 2 - 9　我国金融科技投融资金额

资料来源：《中国金融科技行业发展现状研究与投资前景预测报告》。

从行业投融资事件数量来看，与投融资金额趋势相似，2014～2018 年是金融科技投融资的高速发展期，2019 年出现降温（见图 2 - 10）。2020 年受新冠疫情影响以及行业内监管规范政策频出，投融资事件数量进一步下降，2021 年开始出现反弹，2016 年投融资事件数量最多，为 378 次。

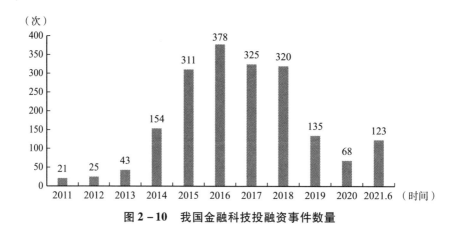

图 2 - 10　我国金融科技投融资事件数量

资料来源：《中国金融科技行业发展现状研究与投资前景预测报告》。

2.3　金融科技创新的技术依赖

2.3.1　人工智能技术

人工智能（artificial intelligence，AI），是由人研究制造出来的机器具有人的智能，能够具备人类的推理、规划、感知、交流等能力。从底层技术到技术应用，人工智能的技术逻辑层次包括基础层、技术层和应用层（见图 2 – 11）。

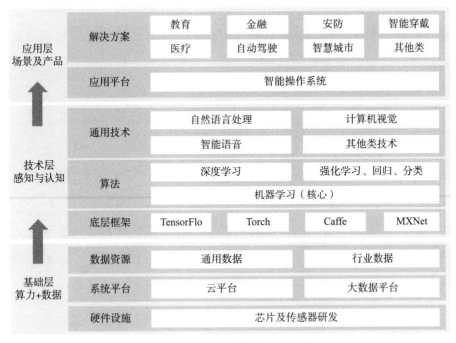

图 2 – 11　人工智能的技术逻辑

资料来源：相关资料整理所得。

　　按照人类借助计算机实现人类智慧并完成任务的难易程度，人工智能可以被划分为三个层次：计算智能、感知智能和认知智能。计算智能体现在机器的两大超级能力上，一是超级大的存储能力，二是超级快的计算能力。人工智能要发展，需要存储海量数据，也需要强大的计算能力，所以人们开发神经网络等算法，建设各类超级计算机，最终借助机器实现了海量数据的存储和处理。当计算智能发展到一定程度，感知智能和认知智能才逐步发展起来，所以计算智能是人工智能的基础。感知智能体现在机器能够像人和动物一样"看到""听到""触摸到"甚至"闻到"外面的世界，从而机器可以从外界获取信息，进而与环境互动，并对环境做出对应的反应。感知智能是人工智能非常关键的领域，是机器能够在部分应用领域进行深度学习的基础。认知智能体现在系统或机器能够像人类大脑一样，进行理解、分析、判断、推理，作出决策，并采取行动，从而解决问题或实现自我修正等。认知智能主要包括语言理解、联想推理、机器学习等，是人工智能的顶层技术。

　　人工智能中公认的五大核心技术是生物特征识别（biometric identification technology，BIT）、机器学习（machine learning，ML）、自然语言处理（natural language processing，NLP）、计算机视觉（computational vision，CV）和知识图谱（knowledge graph，KG）（见表2－3）。生物特征识别是一种利用个体特有的生理特征或行为特征来验证个人身份的方法，生理特征主要包括指纹、虹膜、指纹、掌纹、人脸、脱氧核糖核酸（DNA）等不会轻易改变的身体特征，行为特征主要包括步态、击键等个人行为相关的特征，被广泛应用于金融交易验证、移动设备解锁、犯罪侦查等领域。机器学习是人工智能的一个核心分支，通过算法和模型的设计让计算机系统在无明确编程的情况下也能够从数据中学习模式和规律，进而利用学习到的知识进行预测、决策或执行任务。自然语言处理是让机器能够处理人类日常使用的语言（这类语言与计算机编程语言和符号逻辑等构造出来的语言不同），从而机器能够理解、解释自然语言并与人类进行交互。计算机视觉是让机器能够"看见"并"理解"视觉信息，进而能够对数字图像或视频进行识别、分类、定位和理解场景中的对象、行为和环境，获取并处理相关信息，从而进行决策或执行任务。知识图谱是通过图形化的方式将实体、概念、事件和相互之间的关系和属性组织起来，形成一个庞大且语义丰富的数据库，让机器能够以人类理解的方式处理信息、完成问答、进行推荐或语义搜索等。

表 2 - 3 主要人工智能技术

生物特征识别	机器学习	自然语言处理	计算机视觉	知识图谱
指纹识别	强化学习	语音识别	图像分类	信息抽取
人脸识别	监督学习	文字识别	对象检测	知识表示
声纹识别	无监督学习	语义识别	语义分割	知识融合
虹膜识别	半监督学习	智能识别	实例分割	知识推理
静脉识别	卷积神经网络	信息抽取	特征提取	—

资料来源：相关资料整理所得。

人工智能技术在金融领域发挥了重要作用，解决了金融行业面临的很多问题和条件，让金融服务更高效、更精准、更个性化。具体而言，借助机器学习和深度学习对交易记录、市场动态、客户信息等大量数据进行分析，能提取出有价值的信息用于决策制定，还能预判市场走势，监测信贷风险，预估投资回报，从而帮助金融机构和投资者做出明智决策；AI能自动执行重复性任务，比如执行交易、生成报告等，显著减少人力成本，提升效率和准确度；利用大数据和机器学习能让金融机构为客户定制化投资建议、贷款组合和保险方案，进而为客户提供个性化金融产品和服务；AI可以帮助金融机构遵守法规要求，自动监测交易以防止洗钱等非法金融活动，从而降低金融机构的合规风险；AI创新不断，催生了智能投顾、数字支付、智能保险等新型的金融产品和服务，可满足不断变化的市场需求；AI通过自动化和优化业务流程降低了金融机构运营成本，提高了金融机构盈利能力。因此，人工智能的核心技术已经成为金融发展非常重要的驱动力，正风驰电掣般地改变着金融行业的运作方式，赋能金融的多个场景（见表2-4）。

表2-4　　　　　　　　　　人工智能金融场景应用

应用场景	功能体现	具体应用
智能风控	全面提升风险控制的精准度和效率	通过分析金融属性数据和大量非金融属性数据来评估贷款的企业或个人信用状况和违约风险，实现信贷评估；使用机器学习算法识别可疑交易模式，可预防信用卡欺诈和保险诈骗，实现欺诈监测；通过AI实时监控市场动向，识别潜在的风险因素，实现市场风险分析
智能支付	以生物识别技术为载体，提供多元化消费场景解决方案	利用人脸识别、指纹识别、虹膜识别、声纹识别、静脉识别等技术，可实现快速支付，减少欺诈交易，提高支付安全性；还能利用消费者支付行为来预测未来的支付趋势，实现支付的预测分析
智能理赔	简化处理流程，带来运用效能的极大提升，减少查勘定损人员工作量，减少运营成本，提升用户满意度	利用自然语言处理技术来理解理赔中的文本信息，并实现对事故描述、损失金额等关键信息的自动提取；利用机器学习分析历史理赔案例，识别模式和趋势，预测未来理赔可能性，从而帮助保险公司精准风险评估；利用计算机视觉从用户上传照片和视频中识别受损程度并评估维修成本；利用构建的保险领域知识图谱让系统更好地理解和关联理赔相关信息

应用场景	功能体现	具体应用
智能客服	通过知识管理体系提供高效交互体验	利用语音识别和自然语言处理技术，通过聊天机器人或虚拟助手为客户提供 7×24 小时的客户服务，解答常见问题，满足客户需求；基于客户的历史交易信息和行为模式，AI 系统为客户推荐个性化金融产品和服务，实现个性化推荐
智能营销	改变传统营销模式，提供个性化营销服务	利用历史数据，借助机器学习算法分析客户行为、偏好等，为客户推荐相关产品和服务，提高转化率，实现营销个性化；利用历史数据和市场趋势预判消费者未来行为，进行营销策略规划；利用自动化工具处理发送邮件、欢迎新订阅用户等常规任务，实现营销自动化
智能投研	克服传统投研模式弊端，快速处理数据并提高分析效率	应用自然语言处理技术于新闻报道、社交媒体动态、公司公告、研究报告等大量非结构化文本数据中，进行理解和处理，并提取关键信息，还可以用于检测市场情况、舆论变化和预测市场走势；机器学习和深度学习可用于构建预测模型进而识别市场趋势，判断股票价格和收益率，可以对历史交易数据进行分析并挖掘潜在交易策略，还可以对异常进行检测识别欺诈行为；计算机视觉可用于分析图表、图形和视觉数据，识别趋势并察觉异样
智能投顾	降低个人理财交易成本，并全面提升客户体验	机器学习可用于构建预测模型，分析历史市场数据并判断趋势和未来表现，还可以根据市场变化和投资组合表现动态调整投资策略；利用深度学习特别是神经网络模型处理复制数据集以找出数据中的隐藏模式，还可以在大规模数据中集中寻找相关性以优化投资组合；利用自然语言处理来分析新闻、公司报告等非结构化文本以了解市场情绪和事件影响，还可以解读政策生命、经济报告等以预测市场反应

资料来源：相关资料整理所得。

2.3.2　区块链技术

区块链（block chain）是按照时间顺序将数据区块顺序相连而形成的链式数据结构，并通过密码学技术保证数据不可篡改和不可伪造的分布式账本。具体而言，数据会以区块的形式被保存下来，区块按照时间先后顺序生成；区块链是将一个一个的区块"串联"起来，像一根链条，有始无终不断延长；每个区块包括块头和块身，块头用于连接前一个区块，为区块链的完整性提供保证，块身记录自身创建过程中所有经过验证的价值转移；新产生的区块会添加到区块链的尾部，形成链接；一个区块就是一份包含一段时间内全部交易的账单，为避免账单顺序错乱和恶意篡改，账单（区块）和账单（区块）之间通过哈希（Hash）值来连接。

区块链的关键技术有分布式网络、共识机制、加密技术、哈希算法和智能合约等（见表2－5）。分布式网络本质上是动态的点对点网络，通过技术不仅能实现分布式记账中存储去中心化，还能实现分布式记账中记账行为的去中心化。通过分布式网络，每个参与到区块链网络的节点都可以发送或者请求服务，还可以与其他节点共享信息或交换信息，因此每一个节点账本记录的数据信息都是真实且完整的。共识机制是在一个互不信任的市场中，每个节点出于自身利益最大化目的而自发遵守协议中的规则，判断数据信息记录的真实性并最终记录真实信息，从而确保各个不同节点信息记录的一致性。加密技术是使用数学或物理手段对数据信息的传输和存储进行保护，以防信息泄露，从而解决信息的安全性问题。比如，通过非对称加密技术中的私钥加密公钥解密可辨别数字签名的真伪，防止身份仿冒；将数据加密技术运用于数据传输中，如果运用数据加密技术的对方使用的是同一个解密钥匙且对方不泄密，可保证信息的完整性和传输的安全性。哈希算法能将收到的明文转化成一段固定长度的输出散列。如果明文发生变化，输出散列就会发生显著变化，所以区块链中信息一旦被篡改便很容易被发现，从而保证区块链上数据信息的不可篡改性。智能合约用于确保合同的执行，简化交易流程，减少支付结算出错率，提升金融效率。

表 2 – 5　　　　　　　　　　　　区块链关键技术

名称	含义	主要环节	作用
分布式网络	分布式网络是指区块链系统由多台计算机（节点）组成，没有中心服务器，每个节点都存储着完整的账本副本	每个新交易被广播到网络中的所有节点，经过验证后交易会被打包成区块并添加到链上。这种去中心化的设计使得系统更加稳定，单个节点的故障不会影响整个系统的运行	能显著提升系统的容错能力和安全性，有效减少对中心化节点等单一控制节点的依赖性，增强了数据的透明度和可靠性
共识机制	共识机制是区块链中用于达成交易确认一致性的算法，确保所有节点对交易状态有一致的认识	主要有工作量证明（proof of work，PoW）、权益证明（proof of stake，PoS）、委托权益证明（delegated proof of stake，DPoS）等。PoW 需要节点解决复杂的数学难题以获得记账权，而 PoS 则根据节点持有的代币数量和时间来决定记账权	防止双花攻击和 51% 攻击，保证了网络的稳定性和交易的最终确定性
加密技术	加密技术包括公钥加密和私钥加密，用于保护数据的隐私和完整性；还包括私钥加密和公钥解密，即数字签名	用户拥有一个公钥和一个私钥，公钥可以公开，用于接收资金等，而私钥必须保密，用于签名交易；交易数据通过非对称加密技术进行加密和解密	保证了账户的安全，只有持有私钥的人才能发起有效的交易，同时也保护了交易信息在未授权时不被访问
哈希算法	哈希算法是一种将任意长度的数据转换为固定长度输出的加密函数，具有计算方便、单向性和抗碰撞性等特点	除创世区块外，每个区块包含前一区块的哈希值，形成链状结构。一旦数据被哈希算法作用生成哈希值，即使原始数据只是稍作改变，哈希值也会完全不同	能有效确保数据的完整性和不可篡改性，任何尝试修改历史交易的行为都会导致哈希值的变化，并且破坏链的连续性，从而容易被检测出
智能合约	智能合约是一种自动执行合同条款的程序代码，当特定条件满足时，智能合约会自动执行相应的操作	智能合约编写在区块链平台上，如以太坊，使用 Solidity 等编程语言。合约代码在区块链上运行，由网络上的节点共同执行	实现了交易的自动化和协议的自动化执行，降低了中介费用，提高了效率，并且还提供了透明可信的执行环境

资料来源：相关资料整理所得。

区块链不是颠覆式技术，而是集成了智能合约、分布式记账、哈希算法等多种技术的集成创新。集成创新后不仅建立起低成本的信任机制，还能有效解决部分的金融痛点（见表2-6）。区块链网络中上链的信息都是公开透明的，所有参与者均可以获得相关交易信息，能有效降低信息不对称；上链信息真实可靠不可篡改，这种全新的信任机制极大降低了各机构耗费人力、物力、财力去确认信息真实性时所耗费的成本，从而降低了金融服务价格；智能合约简化了交易流程，不仅可以减少支付结算的出错率，还能有效且明显提升金融效率。

表2-6　　　　　区块链技术助力解决传统金融痛点

	传统金融痛点	区块链技术改进
成本高	一是中介费用，传统交易需要通过银行等中介机构参与，需要对这些中介机构支付一定的服务费	区块链的分布式网络去中心化，任意两个节点可以直接交易，无须中介服务，从而降低了中介费用
	二是合规和监管成本，金融机构必须遵循复杂的法规要求，比如反洗钱（AML）、了解你的客户（KYC）等，监管部门需要时刻监督管理金融市场金融机构，因此带来高额的合规成本和监管成本	区块链上的数据信息共享且不可篡改，因此金融机构和监管部门可实时利用链上数据进行合规管理和监督，减少搜集数据等合规和监管成本
	三是法律合同的执行和管理成本，可能会产生大量费用	利用智能合约可以预先将合约条件（如支付条款，私密性，扣押令等）写入区块链系统，只要合约条件触达就可以自动执行命令，最大限度减少恶意和意外状况，最大限度地减少使用信任式中间媒介的成本，还能降低欺诈损失及交易成本
	四是清算结算成本，传统金融中清算结算需要数天时间，涉及多个参与方，每个环节都会产生费用	利用区块链技术可以实现"支付即结算"，极大简化了支付过程中的中间环节，因此极大地降低了中间环节的成本
	五是保存和审计成本，金融机构会维护大量交易记录，定期接受审计，产生高昂成本	凡是上链信息都是真实可靠的、不可篡改的、永久性的，因此可以直接利用链上数据信息，显著降低了保存和审计成本

续表

传统金融痛点		区块链技术改进
效率低	一是中间环节多，在传统金融体系中许多交易都需要经过银行、清算所、经纪人等层层审核和处理，交易时间过长	区块链去中心化特性决定了区块链平台中任意两个节点可以直接进行交互，无须中间机构参与，因此简化了中间环节，提高了效率
	二是确认耗时长，尤其在跨境支付和证券交易中，需要经过几个工作日才能确认交易和最终结算	区块链的分布式网络可以实现"交易即结算"，极大地缩短了中间环节确认时需要的时间，因此交易效率非常高
	三是数据冗余和错误，因为数据需要在不同机构之间进行复制和核对，可能导致数据冗余和潜在的数据不一致甚至是错误	区块链的分布式账本能确保所有参与节点都拥有相同的、最新的交易记录，减少数据冗余和错误
	四是合约执行效率低下，因为需要人工介入甚至是法律支持才能执行合约	将智能合约应用于区块链系统，预设自动执行的触发条件，条件一旦触达将自动执行，无须人为干预，极大提升了合约执行效率
	五是传统金融交易通常需要银行、清算中心等多个中介机构，不仅交易时间长而且审批流程烦琐可能导致交易延迟	区块链的分布式网络可实现点对点交易，极大地简化了中间环节，因此交易速度快，交易效率高
不安全	一是中心化节点易被攻击，中心机构承担所有的记账和清算职能，中心系统遭受攻击将造成整个系统瘫痪，一旦被攻击可能造成数据信息泄露，信息被篡改	区块链系统中对单个节点的攻击无法实现对整个网络的控制或破坏，攻击方需要掌握51%以上的节点，因此节点越多整个网络越安全；区块链中数据分散存储在网络各节点，每个交易都需要经过加密和多个节点确认，数据更安全，抗篡改能力更强
	二是身份盗窃，因为传统金融交易中身份验证过程可能被伪造和滥用	区块链上可以通过私钥加密公钥解密验证客户数字身份，还可以利用智能合约技术验证交易方身份，减少身份盗窃风险
信息不对称	传统金融体系中信息通常由少数机构控制，因此普遍存在信息透明度低的问题。信息不对称通常存在于买方和卖方之间、借款人和贷款人之间、企业和投资者之间等。信息不对称可能导致欺诈行为的发生，也容易导致相互之间的不信任	区块链的分布式账本技术让交易记录公开透明，极大降低了信息不对称；通过技术手段直接对交易本身进行验证，能够更加高效、更加彻底地解决信息不对称问题；凡是上链信息都真实可靠，即使信息有误也可以经过51%节点认可后进行修正，因此链上信息可信；分布式网络的共识机制是一种客观信任，是基于对共同制定的客观规则的信任

资料来源：相关资料整理所得。

目前，区块链的关键技术相互协作，能构建起一个安全、透明且高效的分布式账本系统，适用于数字货币、供应链金融、资产管理、资产证券化等多个金融场景（见表2-7），已经成为金融提质增效重要的助推器。

表2-7   区块链金融场景应用

场景	科技赋能体现
数字货币	区块链技术对比特币这类去中心化的数字货币来说尤为重要。区块链是一个分布式数据库，记录了所有交易。这些记录被分组成区块，区块与区块之间通过哈希算法顺序相连，确保所有交易透明却不被篡改；去中心化意味着网络由各参与节点组成，共同验证交易并维护账本的完整性，既减少了对传统金融机构的依赖性，又增加了系统的安全性和稳定性；所有交易都必须通过网络中多个节点验证，并通过共识机制完成，这些机制用于保障交易的合法性，且合法交易将被添加到区块链中；每笔交易都经过加密，且每个区块都有唯一哈希值，当有人试图篡改交易记录时，哈希值变化导致整个链条的完整性被破坏，很容易被监测到，从而保障系统的安全性；虽然交易公开，但参与者都是使用加密地址进行交易，且地址不会关联个人身份，从而保护了客户隐私
支付	借助区块链技术，支付系统的交易结算流程将极大被简化，实现"交易即结算"。区块链技术让数字货币实现高效的交易结算，利用区块链数据的可追溯性和可编程性还可实现穿透式监管；区块链技术让数字票据成为可拆分的数字资产，有效提升票据的运转效率和流动性，增加透明性，避免"一票多卖"等问题；区块链技术让信用证高效流转，实时读取信息，实时验证验押，降低信用证在途时间。将区块链技术应用于跨境支付，可实现付款方和收款方之间直接的资金流通，减少中间环节，极大降低成本提高效率
供应链金融	区块链的去中心化和不可篡改等特性能有效解决供应链上交易数据信息的真实性问题，为银行和企业提供可信赖的营商环境；分布式账本让数据信息公开透明且可追溯，因此银行和企业能直接查询供应链条上的信息，监管部门能利用信息进行有效监管；智能合约能在交易被确认后马上触发执行条件，实现债权所有权的转移，避免一物多卖，也可以为资金供给方提供良好的回款保障；中小企业通过区块链平台更容易获取供应链融资，因为银行和其他金融机构可以实时查看交易记录，降低风险评估的成本
贸易融资	贸易融资的最大痛点是贸易的真实性问题，而基于区块链技术的贸易融资平台对贸易融资的流程数据进行链上处理，还将物流、仓储等相关信息都融入系统，平台信息已经形成一个完整闭环。而链上信息真实可靠，因此利用链上信息可极大提高业务处理的效率，降低传统中心化物理数据库投入大量人工录入等成本，还有利于进行供应链管理，真正实现金融机构服务实体经济

续表

场景	科技赋能体现
保险	保险公司将数据信息存储在区块链平台中，则区块链数据信息共享可极大减少信息不对称问题，增加消费者对保险公司的信任度；链上数据真实可靠能极大解决相互之间的信任问题便于交易达成，智能合约加持还能显著提高运营效率；链上信息可被监管机构监测分析提高监管有效性，可被金融机构用于开展业务降低经营成本；分析链上数据信息可减少欺诈行为；链上信息与大数据等技术结合更便于保险公司查询保险产品
资产管理	区块链可以自动化监测交易报告，自动化进行反洗钱检查，这样既减少资产管理公司的人力成本和时间成本，又降低了公司的合规风险；区块链技术对资产所有权进行记录，记录的链上数据信息具有可追溯性，便于资产跟踪；链上数据信息在分布式网络中共享能提高资产转移的透明度和效率
资产证券化	区块链可以简化资产证券化过程中的文件管理，简化交易流程，减少中介成本，提高资产流动性；智能合约能自动执行资产证券化合同中的条款，确保合同义务得到履行，降低违约风险
反洗钱监控	区块链的公开账本可以提供所有交易的透明记录，便于监管机构监控潜在的洗钱活动；通过智能合约可以设置规则以自动检测可疑交易模式，及时预警

资料来源：相关资料整理所得。

2.3.3 云计算技术

云计算（cloud computing）是一种能够利用网络"云"将庞大的计算处理程序拆分成多个小程序，然后借助多个由服务器组成的系统来分析那众多小程序并返回计算结果。很多计算资源，如网络、服务器、存储、应用和服务等，云计算都可以提供，只用按需付费，就可以便利地获得，并显著提升系统的可用性。云计算属于分布式计算，可将巨大数据程序分解成无数个小程序，并通过多部服务器组成的系统分别处理后返回结果。

从服务层次看，云计算可分为基础设施即服务（infrastructure as a service，IaaS）、平台即服务（platform as a service，PaaS）、软件即服务（software as a service，SaaS）三类（见表 2 - 8）。IaaS 为需要硬件资源的用户提供硬件基础设施部署服务，需要使用者上传数据、程序代码和配置环境才能使用。PaaS 为程序开发者提供应用程序部署与管理服务，使用者需要上传数据和程序代码方能使用。SaaS 为企业和需要软件应用的用户提供基于互联网应用程序的服务。

表 2 - 8　　　　　　　　　IaaS、PaaS、SaaS 分解

项目	IaaS（基础设施即服务）	PaaS（平台即服务）	SaaS（软件即服务）
含义	最基本的计算资源，用户可以根据需要选择和配置这些基本资源	提供了一个完整的开发和部署环境，开发者可以在此基础上开放、运行和管理应用程序，无须关心底层基础设施	提供完全托管的应用程序，用户可以通过互联网访问这些应用程序，无须安装和维护软件
特点	最底级别的云服务，用户拥有最大的灵活性和控制权，但也需要承担更多的管理责任，应用难度高	在 Iaas 的基础上增加了开发平台和服务，降低了开发者的门槛，使得开发和部署应用程序更简单，应用难度中等	提供最高级别的云服务，用户只需要使用应用程序即可，无须关心底层技术和基础设施，应用难度低
客户管理	访问设备、安全与整合、应用程序、运行环境、数据库	访问设备、安全与整合、应用程序	访问设备、安全与整合
供应商管理	虚拟服务器、服务器硬件、存储、网络	应用程序、数据库、虚拟服务器、服务器硬件、存储、网络	应用程序、运行环境、数据库、虚拟服务器、服务器硬件、存储、网络
用途	适用于需要高度定制化环境的企业，如搭建和管理自己的应用程序、测试和开发环境等	适用于开发者和中小企业，可以快速开发和部署应用程序，无须从头构建基础设施	适用于各种规模的企业和个人用户，用于日常业务操作，如办公套件、客户关系管理（CRM）、财务管理等

续表

项目	IaaS（基础设施即服务）	PaaS（平台即服务）	SaaS（软件即服务）
优势	一是高度灵活，可以根据需要快速扩展或缩减资源；二是成本效益，按需付费，无须大量的前期投资；三是用户可以完全控制操作系统、存储和网络配置	一是加速了应用程序的开发周期；二是提供集成的开发工具和服务，比如版本控制、数据库管理和部署工具；三是减少了管理底层基础设施的负担	一是无须安装和维护软件，可降低 IT 支持的成本；二是提供按需付费的模式，用户只需为使用的服务付费；三是容易扩展，可以轻松增加或减少用户数量
典型案例	Amazon Web Services EC2	Microsoft Azure	Salesforce CRM
适用对象	对于需要高度定制化环境的大企业而言，IaaS 是最佳选择	对于寻求快速开发和部署解决方案的中小企业，PaaS 非常适合	对于大多数最终用户而言，提供简单易用应用程序和服务的 SaaS 最适合

资料来源：相关资料整理所得。

　　云技术的关键技术包括虚拟化技术、分布式系统、多租户技术、大规模数据管理技术和并行编程模型。虚拟化技术是指通过虚拟化手段将系统中各种异构的硬件资源转换成为统一的虚拟资源池，形成云计算基础设施。该技术相当于分离了操作系统与硬件设备，使得在同一台计算机上可以运行多台逻辑计算机，各逻辑计算机之间相互独立、同时运行，从而提高计算机硬件设备的工作效率。虚拟化技术既可以将一台性能强大的服务器虚拟成多个独立的小服务器，也可以将多个服务器虚拟成一个强大的服务器，这两个方向使云计算具有良好的扩展性。分布式系统将云端数据分别存储到数据中心不同节点，突破了集中式存储存在的存储瓶颈，相当于通过存储空间共享让各用户能够按需获得存储空间。有些应用需要非常大的计算能力才能完成，如果采用集中式计算，需耗费相当长的时间，而分布式计算能够将该任务分成很多小任务，分配给多个节点进行处理，从而提高计算效率。多租户技术既能保证开发者开发出的服务能同时提供给多个用户使用从而降低了服务的维护成本，也能保证数据在多租户隔离机制下不被泄露或被冒名访问从而保障数据安全，从而实现云计算用户在平台享受计算资源时用户数据信息是相互隔离的。大规模数据管理技术可以实现对云端海量数据的管理。谷歌（Google）的 BT（BigTable）数据管理技术是比较典型的大数据管理技术。BT 是一个大型的数据库，对数据进行处理后形成大型表格存储大规模的结构化数据。BT 采用列存储的方式对数据读取过程进行优化，提高数据读取效率，方便存储数据的管理。并行编程模型能帮助云计算处理大数据量的计算问题，同时提高计算的容错性。典型例子是谷歌开发的 MapReduce，其运行时先将任务分配给多个计算节点分别计算，然后形成最终结果。若某个节点出现错误，该节点会被自动屏蔽于系统外等待修复，其计算任务会被转移到其他节点上继续执行，从而使整个计算任务顺利完成。

云计算的关键技术应用于金融领域，在解决传统金融行业痛点方面发挥了重要作用，最终助力金融体制增效（见表 2 - 9）。

表 2 - 9　　　　　　　　云计算助力解决传统金融痛点

传统金融痛点		云计算技术助力解决痛点
成本高	一是传统金融体系通常需要耗费大量资金于硬件和软件方面，初期资本支出费用高	云计算的按需付费模式降低了初期投资成本，企业可以根据业务需要灵活地调整资源，还能有效地避免资源的浪费；云计算平台支持弹性伸缩，可以根据业务需求快速增加或减少计算资源，从而有效避免资源的闲置和成本的浪费
	二是传统金融机构在 IT 运行维护方面需要投入大量的人力成本和资金成本	
	三是为满足业务需求可能需要存储大量计算资源，所以资源闲置和浪费的成本较高	

	传统金融痛点	云计算技术助力解决痛点
效率低	一是传统金融中很多运维工作都是由人去完成，效率相对低下	通过自动化工具和管理服务，极大地减少了人工运维的工作量，实现了自动化运维，让系统更可靠更稳定
	二是传统金融存在资源闲置和浪费，资源利用率低	云计算提供了弹性计算资源，可根据业务需求灵活调整资源，有效减少了资源的浪费和闲置
客户体验差	传统金融主要提供标准化产品和服务，所以客户体验差	通过分析客户数据，金融机构能够提供更加个性化的金融产品和服务，从而有效提升了客户的满意度和忠诚度
数据处理能力弱	传统金融主要基于金融属性数据进行分析，数据维度和来源单一，很难获取更多有用信息	云计算平台提供强大的计算能力和海量存储资源，让金融机构能够处理和分析海量数据，比如交易记录、客户的行为数据、市场的趋势等，因此能更好地了解客户需求，更好地进行市场变化预测，更好地优化风险管理

资料来源：相关资料整理所得。

目前，云计算在电子支付、金融风险控制和大数据服务等方面发挥着至关重要的作用（见表 2 - 10）。电子支付方面，当前电子支付已经覆盖线上线下众多场景，支付频率也大幅提升，支付次数的爆炸性增加对支付系统提出了更高的要求，云计算技术完美契合当前电子支付业务发展所带来的海量业务与数据的弹性计算需求。金融风险控制方面，基于 ABCDI 等技术的风险控制方法具有覆盖面广、维度丰富、实时性强等特点，能够整合金融活动复杂信息，帮助金融企业建立事前预防、事中预警、事后分析行动的全面化风险控制。云计算是与大数据、人工智能相辅相成、相伴相生的技术，为金融风控提供底层动力引擎。大数据服务方面，云计算能满足大数据服务对 IT 基础架构的高要求，也能满足数据快速处理的需求，是目前支撑大数据技术的最佳解决方案。在实际应用中，云计算为大数据提供基础平台，依托云计算平台提供的并行计算能力、分布式架构、云存储等能力构建的大数据平台运行，可以对海量数据进行收集、存储、挖掘，并实现数据可视化，最终发挥了数据的最大作用。随着云计算技术的不断发展，该技术将继续为金融行业带来更多创新和价值，让金融行业提质增效。

表 2 – 10　　　　　　　　　　云计算助力金融提质增效

助力方向	具体表现
电子支付	一是云计算能提升支付的处理能力。一方面，借助云计算的强大计算能力和弹性资源，可以助力批量化处理大量并发交易，从而确保支付系统的高可用性和快速响应；另一方面，通过云计算技术，支付处理可以被轻松扩展，从而能有效应对高峰节段的高流量问题。二是云计算也能提升支付安全性。云计算平台都会采用多层安全防护措施，比如数据加密，身份验证，访问控制等，从而能确保支付数据的安全性；并且，利用云计算的灾难恢复和备份功能，能够有效提升支付系统的容灾能力。三是云计算技术能提升支付便捷性。由于云计算技术能提供跨平台和跨设备的服务，因此支付系统可以在多种设备上无缝运行；并且，借助应用程序编程（application program interface，API）接口，第三方应用可以轻松接入支付系统，从而提高支付的便捷性，提升用户体验
金融风险控制	第一，云计算技术助力大数据分析以控制金融风险。云计算技术具有强大的数据处理能力，可以对海量数据进行分析和处理，这里的数据可以包括金融属性的数据，也包括非金融属性的数据，既可以是结构化数据，也可以是非结构化和半结构化数据，因此交易数据、客户的行为数据等都可以被分析，从而能很好地评估风险和预测风险；同时，云计算技术结合机器学习算法，还能有效提升金融机构的风险控制能力，让金融机构能更加准确地评估信用风险、市场风险、操作风险等多种金融风险。第二，云计算技术助力对金融风险实时监测。云计算技术支持实时数据处理，因此可以实时监测市场动向，实时监测交易活动，从而能及时发现异常行为，有效减少欺诈风险等多种风险；并且，实时分析还能够对市场变化做出快速响应，从而能及时调整风险管理策略。第三，云计算技术实现金融分析的自动化预警。云计算技术能自动执行风险监测，自动进行风险预警，因此能大幅减少人工干预，既能有效提高效率降低人工成本，又能有效减少操作风险；另外，通过设置阈值和规则，系统就会自动触发预警机制，从而快速提醒相关人员采取措施

助力方向	具体表现
大数据服务	一是云计算技术能帮助进行数据集成和管理。云技术平台可以提供统一的数据管理和集成服务，并且支持多种数据源的整合，助力金融机构进行综合分析；而且，云计算的存储服务可以安全地存储海量数据，还能确保数据的完整性和一致性。二是云计算技术本身能提供高级分析工具。云计算能够提供机器学习框架、数据挖掘工具等多种数据分析工具和服务，利用这些工具和服务就可以帮助完成各种高级分析任务，还能帮助金融机构深度挖掘数据棒找出模式和趋势，从而实现决策制定。三是云计算技术能助力数据安全与合规。云计算平台必须遵守非常严格的安全标准和合规要求，因此能确保敏感数据的安全性；通过加密技术、访问控制和审计功能，还可以避免数据由于没有授权而被访问导致的信息泄露等问题

资料来源：相关资料整理所得。

2.3.4　大数据技术

大数据（big data，mega data）指的是数据量非常庞大，无法通过传统流程或工具分析处理，而采用新手段新技术处理后能及时识别和获取数据中的信息价值。一般而言，大数据具有 5V 特征，这是大数据的基本属性，是设计和实施大数据解决方案时需要考虑的关键因素，也是与传统数据很重要的区别。体量大（volume）说明数据量非常庞大，通常会以太字节（Terabyte，TB）、拍字节（Petabyte，PB）甚至艾字节（Exabyte，EB）作为大数据存储单位，采集、存储和分析过程中的数据量都巨大。高速度（velocity）体现数据的时效性。一方面，是指数据的产生速度快，且随着物联网、社交媒体和移动互联网等技术的发展，数据的生成速度越来越快，需要实时或近乎实时地对数据快速收集、处理和分析；另一方面，是指数据的增长速度非常快，这要求对数据的处理也要非常快。多样性（variety）是指数据类型多样［涵盖关系型数据库中的结构化数据，如可扩展标记语言

(extensible markup language，XML) 文件等半结构化数据，以及文本、音频、视频、图像、各种信号等非结构化数据]、来源多样 [企业自有网站数据、内部销售时点信息（POS）系统数据、官方微博微信数据、客服中心数据、线下零售网点数据等]、内容多样（包括客户姓名、电话等基本信息，性别、婚姻状况等人口统计信息，收入、教育、职业等社会信息，以及购买渠道、商品偏好等行为信息）。有价值（value）是指利用大数据特有的专业技术处理有意义的大数据并发现数据中的价值，是大数据的战略意义所在。虽然大数据的数据量很大，但是有价值的信息可能相对较少，即价值密度低，需要通过机器学习等高级分析方法来提取有用信息。高质量（veracity）是指数据的质量要高，会对数据有真实性、准确性、可靠性、一致性等要求，因为对利用数据进而做出正确决策来说数据的高质量至关重要。

大数据技术是指如何高效地采集、存储大量数据，然后通过数据分析与挖掘技术从中提炼有效信息，服务乃至驱动生产生活。大数据技术综合了信息科学中的统计学、数据库、数据挖掘、信息检索、模式识别、自然语言处理等领域中与采集、处理、分析数据相关的方式和方法。大数据的战略意义并不在于掌握的数据信息数量上多么庞大，而在于利用大数据特有的专业技术处理有意义的大数据后能发现数据中的价值，因为大数据产业中盈利的关键在于对数据的挖掘及加工能力，通过此可实现数据的增值。具体看来，从获得大数据到分析出大数据的价值，大致需要经历三个环节（见图 2 - 12）。

大数据金融需要将数据从金融行业、网络平台、社交媒体、公共部门等地方汇集起来，形成大规模的结构化数据、半结构化数据和非结构化数据。对这些数据进行实时分析和深度挖掘，不仅能为金融机构和金融科技公提供全方位的客户信息，还能带来那些原本由于信息

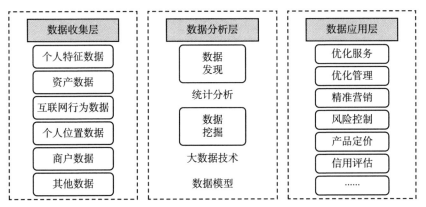

图 2-12 从数据到价值的简化环节

资料来源：相关资料整理所得。

不对称而存在的金融业态、金融模式、金融产品的创新改变。根据这些信息，金融机构和金融科技公司客户能针对客户个性化的金融需求而进行差异化的金融产品设计和金融产品创新，不仅能实现精准营销，提高客户体验，还能更好地控制金融风险。传统金融机构在提供金融服务的时候，也会通过信用评级机构得到借款人的信息和数据，并且金融监管部门、金融统计部门都会整合金融行业数据，进行统计并发布结果。但是，这些数据的应用都是以传统的统计方法为基础，不是大数据金融的体现。大数据金融是要将与金融参与者相关的信息尽量多地采集并形成数据库，不仅局限于传统金融机构的交易数据，还包括支付信息、电商平台交易信息、政府机构的公共信息等。并且，由于数据量大，对数据的处理并非传统统计方法能够驾驭的，而是采用以云计算为基础的大数据处理，分析相关关系而不是因果关系。大数据改变了传统金融数据存在的数据来源单一、数量有限、数据滞后等缺点，能为金融机构和金融服务机构提供决策依据。金融行业作为金融供给方，会为客户提供金融需求服务，这些交易信息会在金融机构或金融服务平台上留下数据痕迹，该交易数据连同产业链数据、社交类数据、电商类数据等，一起形成大数据并上浮为云。

目前，大数据技术被广泛应用于大数据征信、精准营销、风险控制、决策制定和金融创新等（见表 2 - 11）。

表 2 - 11　　　　　　　　　大数据助力金融提质增效

助力方向	具体表现
大数据征信	大数据征信是大数据最主要的应用。数据并不能改变风险，但是可以量化风险，因此大数据征信备受关注。征信是体现金融普惠特性非常重要的基础设施。信息不对称会带来金融风险，让投资者在贷前很难识别借款人的风险类型，贷后出现道德风险，而传统的担保、抵押物、风险保证金等方法对低收入人群和中小微企业等普惠金融对象不太适合，因为他们缺乏信用记录和抵押物，而人工调查成本太高。征信可减少信息不对称，信用分和信用报告反映借款人的还款能力和还款意愿，贷前就可掌握借款人的信用状况，信用分和信用报告又类似于一种隐性抵押物，为贷后还款提供一定保障。因此，征信的存在极大地扩大了金融服务的覆盖人群，充分体现金融普惠性。在大数据征信中，多维度的非结构化行为数据极大地拓宽了征信的应用范围，而非仅仅限于金融领域。对个人征信而言，征信机构通常有个人信用分、信用报告和反欺诈产品等类型的产品。信用分能直观有效地反映出个人信用，比如芝麻信用分、考拉信用分等；信用报告更加全面具体，而我国人民银行的个人信用报告最具权威性；反欺诈产品可验证个人身份，还可测评潜在的欺诈风险，如腾讯旗下就有人脸识别核实身份，还能测评欺诈风险
精准营销	第一，数据收集阶段，可以通过多个渠道收集数据，比如从社交媒体、网站访问记录、移动应用、CRM 系统等多个渠道收集数据，还可以利用第一方数据，整合第二方和第三方数据，一起形成数据集。第二，通过对用户的兴趣爱好、购买历史、地理位置、在线行为等信息进行分析，详细地构建用户画像，并使用机器学习算法等识别用户的消费习惯、偏好变化和潜在需求，完成行为模式识别。第三，根据用户画像将目标客户受众分为不同的群体，为精准化定向营销做准备，并根据每个用户的特点推送直接相关的产品和服务信息，实现个性化推荐。第四，利用自动化工具，通过预设一些关键要素，如预设触发事件，预设促销信息、生日祝福等多种内容模板，预设发送频率等，实现电子邮件发送、短信和通知推送等营销活动的自动化处理，通过实时监控并反馈用户的互动情况，从而实现营销策略的动态调整。第五，进行 A/B 测试，即对不同版本的营销内容进行比对，从而确定哪种更有效果；进行绩效分析，即通过跟踪关键的绩效指标，比如点击率、转化率、客户留存率等，来评估营销活动的效果；进行迭代优化，即根据分析结果不断调整策略，优化营销活动以达到更好的效果。第六，进行路径整合，可以识别同一用户在不同设备上的行为，确保营销信息的一致性，实现跨设备追踪，并且确保线上线下多个渠道的营销活动互相配合，形成统一的品牌体验，实现跨渠道营销。最终，通过收集、分析和充分利用大规模的客户信息，企业可以更有效地了解其目标市场，提高营销活动的相关性和吸引力，从而增加销售机会和销售收入，提升客户忠诚度，并最终实现更高的投资回报

助力方向	具体表现
风险控制	大数据技术在金融风险控制中非常重要，可以帮助金融机构更好地理解和管理金融风险。目前，大数据应用于金融风险控制，主要体现在如下几个方面。一是用于客户信用评估。利用大数据技术可以从多种渠道和途径获取客户的数据信息，既包括传统信贷记录、支付数据等金融属性数据，又包括社交媒体活动、网上行为数据等非金融属性数据，客户数据信息更全面、更具体、更客观，再结合机器学习模型等技术，能够更准确地评估客户的信用登记和违约风险。二是用于进行欺诈监测。通过分析大规模的交易数据，容易识别出异常交易模式，还容易发现潜在的欺诈行为。若结合大数据分析技术对实时数据信息进行及时分析和处理，还能在欺诈行为发生后快速采取措施。三是管理市场分析。利用大数据技术可以实时监测全球金融市场动态，比如汇率波动、股票价格变化等，从而能更好地评估市场风险。并且，还可以利用新闻媒体、社交媒体上的信息进行舆情分析，掌握市场未来动向。四是进行操作风险管理。这主要是借助企业内部的运营数据，特别是出现的交易错误、系统故障等数据信息，借助大数据技术来分析并识别出潜在的操作风险点，从而实施预防措施以减少未来类似问题的发生。五是进行合规性监控。金融机构都会有多种合规性要求，比如反洗钱、了解你的客户等，通过监控海量的交易数据可以及早判断是否符合监管要求，并提早采取措施控制合规风险，并且通过生成的自动化报告可以简化金融机构向监管机构提交合规文件的过程。六是管理流动性风险。利用大数据技术来分析资金流入和流出情况以及市场条件的变化，可以有效预测可能出现的流动性紧缩问题，及时进行流动性管理
决策制定	通过大数据技术，一是可以实现信息的及时反馈。利用实时数据流，企业可以即时了解到决策的效果，以便于快速调整相应策略。比如，企业可以分析跟踪促销活动，实时分析销售数据，查看促销效果，便可以快速调整促销策略以获得更佳促销效果。二是可以实现自动化决策，这需要借助机器学习算法等，自动处理常规的决策，这样不仅能大幅提高决策准确度，减少为人错误，还能有效提高决策效率，提升决策速度。三是可以帮助跨部门协作。因为各个部门数据共享，大数据平台就可以整合这些数据，这不仅有利于跨职能部门的团队之间协作分工，还能确保各团队是基于相同数据集工作，从而保证决策的一致性和连贯性。具体的决策制定主要体现在两方面。一方面，便于进行消费者行为分析，通过分析大量的社交媒体数据、购买记录、在线互动等信息，企业可以深入了解消费者的偏好、需求和行为模式。据此，可利用大数据分析工具预测市场趋势和消费者需求的变化，帮助企业制定更符合市场动态的战略决策。另一方面，便于进行运营优化。比如，在供应链管理中，大数据分析可以提高供应链的透明度和效率，通过预测需求、优化库存水平、减少浪费等方式降低成本。再比如，在生产环节，通过对生产流程中的数据进行分析，企业可以识别瓶颈、提高产能利用率，并实施精益制造原则，从而提高生产效率
金融创新	主要指服务创新和产品创新两方面。服务创新方面，通过大数据分析，金融机构可以对客户更好地进行用户画像，从而能更好地理解客户的需求，据此可以创新性地提供更加个性化的金融服务，客户体验会更好。金融跨机构还可以利用大数据创新开发数字化的客户服务渠道，利用大数据技术创新发展智能投顾、虚拟助理等，从而有效提高客户满意度。产品创新方面，利用大数据和高级分析技术，金融机构可以创新开发出更多金融产品，如定制化的保险产品、风险适应型的投资方案等，还可以通过数据挖掘发现市场需求的新机会，比如结合健康数据提供个性化保险方案

资料来源：相关资料整理所得。

2.3.5 物联网技术

物联网（internet of things，IoT），就是将物与物相连接的互联网。通俗地讲，世界上的万事万物，小到钥匙、手表，大到冰箱、汽车、楼房等，只要在这些物品上嵌入微型传感设备，就能实现人与物、物与物之间自动的对话和信息交流，实现物物之间的智能化识别与管理。物联网的核心是覆盖万事万物的互联互通，使得人类和物理世界进行自动的"对话交流"，从而提高生产效率，为商业社会乃至人类社会的发展带来新的洞见。

物联网的关键技术涉及其系统架构和应用层次。物联网可以实现万物互联，"让物进行思考"和"对话"的功能实现相互之间信息的传递，因此对"物"进行全面感知后，可以将数据信息进行安全传输，然后进行智能化分析和处理。要想感知，需要凭借传感器、视频识别、二维码等技术手段从物体上采集和获取信息。可靠传输，即通过各种不同的通信协议如无线网络（Wi-Fi）、紫蜂（Zigbee）、蓝牙等，充当物联网中的信息传输载体。智能处理，即在上层应用上实现对信息的分析决策和处理，这也是实现智能化识别和管理的关键步骤。因此，物联网的技术层次可分为三层：感知层、网络层和应用层。

感知层属于物联网中三层结构的最底层，主要是利用无线射频识别（radio frequency identification，RFID）技术标签和读写器、二维码、传感器、摄像头、全球定位系统（GPS）和识别器等传感器件，从而对物体进行识别，并通过对应感应器件的传输网络来采集相关数据信息，从而解决数据获取问题。网络层依托于互联网、专用网、移动通信网等各种网络支撑技术，将感知层采集和获取的信息接入网络，从而解决数据传输问题。网络层涉及的关键技术是网络与通信技术，包括接入与网组，通信与频管。应用层对信息进行决策和控制，实现智能化识别、定位、跟踪、监控和管理的实际应用效果，是人们能最终体验到的物联网技术效果的层面，也是发展物联网要实现的基本目标。

物联网技术应用有三点好处。一是提高效率降低成本。物联网实现人与物之间、物与物之间的自动信息交互和沟通，减少了信息传输和分析处理的中间环节，提高了生产效率。物联网也将降低设备维护等方面的成本。二是提高顾客服务体验。利用物联网对货物进行跟踪，实现产品在使用过程中的自动的信息反馈，将极大地促进产品和服务改进，提升顾客的体验。三是促进产业创新。在消费领域和工业领域，物联网的应用不仅促进了现有产业的创新和升级，同时也催生出新的产业，通过产业创新提高全社会的产出，实现价值创造。物联网在智能工农业、物流零售等经济发展建设，市政管理、节能环保等公共事务管理方面，以及在医疗健康、家居建筑等公共服务领域的应用，将催生和带动设计制造、软件、网络通信、服务等方面的产业创新。

据中国国际发展知识中心 2022 年 6 月 20 日发布的《全球发展报告》显示，互联网连接着全球约 47.3 亿人，显然物联网连接的各种设备和物体数量远远超过这一数字。伴随着第五代移动通信技术（5G）网络的运用，物联网及其应用可能会有更大的变化。物联网在金融领域多方面都有应用。比如，供应链金融经常要控制上游企业的生产进程，如果在这些企业的设备上装一些传感器，借助传感器数据就能知道这些公司是不是在正常运营。再比如，在银行做贷款时，抵押品五花八门，有车也有库存里的存货。一些银行针对比较大型的存货装一些传感器，就知道这个存货还在不在。

目前，物联网应用较多的就是保险行业和银行领域。一方面，保险公司借助物联网技术进行健康管理，即在确定受保人的健康管理目标之后，保险公司为其制定个性化的健康管理方案。并且，对受保人的日常活动和健康状况等相关数据进行分析后，保险公司据此评估投保风险并调整保险价格。目前，比较常用的健康管理设备是可穿戴智能终端，该智能终端上的多种传感器可以对受保人的状态进行实时监测，自动收集相关数据，从而可以提前预判并极大地降低了风险评估成本。比如，寿险巨头之一的约翰·汉考克（John Hancock）公司为人寿保单持有人免费提供 Fitbit 智能手环，通过手环获取客户健康数据。牙科保险公司宾牙科（Beam Dental）售卖智能牙刷，通过智能牙刷的蓝牙装置获取客户刷牙的时间、频率，更换牙刷头次数等，以此了解客户的牙齿健康状况。另一方面，基于物联网的车险创新商业模式—基于驾驶行为的保险（ussage based insurance，UBI）得到了蓬勃发展。UBI 定价模式下，车险的定价会以车辆上安装的车载自动诊断系统（on board diagnostics，OBD）装置所收集的车辆行驶的过程数据（车辆维护状态、行驶路线及距离）、驾驶行为为依据进行。具体的定价方式会依每部车的评估不同而异。此外，依靠车联网技术，可实现事故的即时通知，更准确地进行责任评估，提升了保险公司的反欺诈能力，使理赔管理流程的效率得到大幅提升，同时理赔管理的相应成本得以高效控制。

很多银行也尝试了物联网的应用。2017 年 6 月，中国工商银行正式上线自主研发的"工银物联网金融服务平台"。第一，在对某企业原酒融资进行风险管理时，使用物联网技术对融资抵押物进行射频识别（RFID）封签报警、融资抵押物变化报警，并监管融资抵押物周边环境，并自动收集这些报警信息和监管信息，同时还可以通过手机、电脑对融资抵押物进行远程监控。第二，在受理某小生产企业融资申请后，收集融资企业的开工状况、车间人员密度、水电表数据等具体信息，为信贷审批、尽职调查和贷后预警提供了客观翔实的信息。物联网金融破解小微企业信用评估的难题，进一步助推普惠金融发展，服务实体经济。第三，为了银行金库能实现智能化管理，运用 RFID 等电子标签、容器货架等智能设备，实现对工作人员的身份认证，对存储物的物联网技术定位，并借助新型货架对实物查找、流转等过程全面智能化管理，提高了库房的存储能力，提升了管理效率。

2.4　金融科技创新的集成表现

从业务角度看，技术应用于金融科技，促进了金融业务的集成创新，实现了"存贷汇"的全面升级，而"存贷汇"分别对应资管业务、信贷业务和支付业务。从管理角度看，技术应用于金融科技，促进了金融管理的集成创新，实现了运维监管的效能提升，而运维监管主要包括金融机构运营管理、风险管理以及金融科技的智能监管。

2.4.1　资管科技

资管科技是将科技应用于资产管理业务，即金融机构受投资者委托代为投资和管理其财产时利用科技手段从而提供更好的金融服务。

从资管科技业务图谱来看，资管产业生态系统包括上游投资者、中游资管机构和科技公司、下游资管产品。具体到资管机构，商业银行、银行理财子公司、保险公司、信托机构、基金公司、私募公司、券商和期货公司均参与资管业务且各有优劣，并且他们提供的资管产品也千差万别。

科技助力资管科技提质增效源于四大核心技术：知识图谱、自然语言处理、机器学习和深度学习。知识图谱能识别出实体并构建关系，即从公司年报公告、媒体报道、研究报告、图像视频等海量非结构化数据中自动化提取相关信息；自然语言处理用于资管人员提问时智能问答系统能明白其意图，也用于资管人员搜索引擎获取信息；机器学习用于识别历史机制并对投资组合分配不同资产；深度学习既能拓宽资管人员研究视野又能促进投资策略生成。资管科技集成创新后主要应用于智能投顾、量化投资、智能投研和财富管理（见表 2 - 12）。

表 2 - 12   资管科技的创新表现

创新方向	基本原理	科技赋能	关键环节
智能投顾	利用云计算、大数据和人工智能技术，通过现代投资组合理论等投资方法，结合投资者的风险偏好、财务状况和收益目标，构建投资模型，在线自动为客户提供投资组合、管理咨询等财富管理服务	低费用、低门槛、投资广、易操作、个性化定制、透明度高	获取客户预期收益目标、偏好、财务等数据；通过算法和投资模型为客户量身定制个性化投资方案
量化投资	传统的人为主观判断被先进的数学模型取代，借助计算机从海量历史数据中筛选能带来超额收益的大概率事件以制定投资决策	纪律性强、取胜概率高、效率更高、风险更小	输入行情、财务等数据；确定选股、择时、仓位等策略；输出买入卖出信号、费用、收益等信息

创新方向	基本原理	科技赋能	关键环节
智能投研	以金融市场数据分析为基础，利用人工智能、区块链、云计算和大数据等技术，在深度理解金融业务模式后对数据、事件和结论等数据信息进行自动化实时分析处理，赋能决策、交易和风控等多个环节，为基金经理等提供投资决策参考，以提升其工作效率和分析能力	降低投研成本，提升投研效率，还能提高分析精准度，排除潜在风险	搜集信息和提取知识；对数据逻辑推理、演算并提炼观点；将研究结果用报告等形式呈现
财富管理	贯穿于客户整个生命周期，从财富创造、保有到传承，通过金融与非金融规划，构建个人、家庭与企业的系统性安排，实现财富创造与再创造的良性循环	可大幅降低服务成本，提高服务效率，扩大服务覆盖面，加快金融行业转型	前端负责售前、售中、售后等销售环节；中端负责产品投资和研究；后端负责产品、账户、运维等管理工作

资料来源：相关资料整理所得。

2.4.2　信贷科技

信贷科技是科技与信贷业务结合的产物，是科技在信贷业务中的创新应用，能解决传统信贷市场的诸多痛点，而信贷市场主要指小微企业信贷市场和个人信贷市场。赋能信贷业务的可信技术包括人工智能、大数据和区块链。人工智能为信贷科技发展提供了强有力的支撑，大幅提升信贷机构风控能力，其中规则引擎减少人工审核效率低下的问题，还能自主建立评判模型从而实现自我优化；运用大数据建模能对借款人进行风险控制和风险提示，还能搜集个人和企业信息整合的数据库构建数据模型管控风险；区块链让信贷业务中真实交易完整记录存档，从而让信息披露更真实可靠。基于此，信贷科技可创新应用于银行信贷、消费信贷、供应链金融和网络小贷。

（1）银行信贷创新。

第一，商业银行以信用卡为发力点，占据优势地位。一方面，科技助力银行信用卡业务。近些年信用卡业务发展积累了海量数据，为数据挖掘技术在银行信用卡业务中的应用提供了重要保障，信用卡业务用户画像就是应用的一种具体体现。另一方面，场景化经营已成银行信用卡业务的必然趋势。随着银行信用卡业务竞争的不断加剧，银行逐渐改变战略，进行场景化经营。目前银行信用卡业务在服务场景上已经出现分化，差异化特征明显。在信用卡存量时代，差异化经营对竞争获胜起着重要作用。

第二，实行差异化信贷。一方面，银行除了自身主体，也通过控股和参股的方式设立消费金融子公司达到差异化信贷。另一方面，银行通过差异化信贷政策提升信贷质量。特别是新冠疫情期间，中小微企业和个体的信贷需求和债务清偿能力下降，商业银行通过为重点企业开辟绿色通道、提高业务审批效率、优化信贷结构满足信贷需求、降低贷款融资成本、提供在线信贷服务等信贷策略，帮助小微企业和个人在新冠疫情期间渡过难关。同时，商业银行通过信贷组合、延期贷款期限、减免逾期费用、增加信用贷款和中长期贷款、降低贷款综合费用等方式帮助一些企业克服疫情带来的负面影响。

第三，智能风控助力银行信贷降本增效。基于大数据、人工智能等技术，以数据中台为底座，同时整合银行业内部数据和外部数据，银行建立起一个包含系统数据链条、数据挖掘、数据分析和数据治理于一体的数据资产库，打造风险标签，为客户相关风险统一画像，并在风险预警和风险决策中不断累积数据和经验，不断升级优化模型策略，从而形成智能风控闭环（见图2-13）。

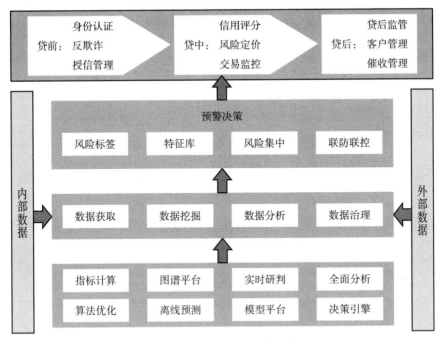

图 2-13　银行信贷智能风控

资料来源：相关资料整理所得。

第四，民营银行技术突破场景创新。民营银行在业务模式上实现纯线上互联网化的运营，并且风控管理、反欺诈及精准营销等技术能力突出，因此微众银行、网商银行及新网银行已经在国内从事线上信贷业务。

（2）消费金融创新。

消费金融涉及金融服务的供给方和需求方、资金端和资产端，以及为消费金融提供配套服务的衍生组织，并且随着互联网、人工智能、大数据等技术的广泛深入渗透，消费金融生态更加和谐（见图 2-14）。

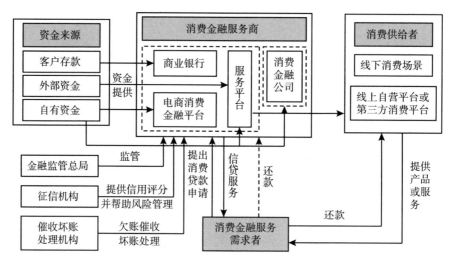

图 2-14　消费金融生态系统

资料来源：相关资料整理所得。

从供给侧看，国内消费金融主要有商业银行、电商消费金融平台、消费金融公司、生活服务平台等参与，并提供配套服务的网络个人征信、数据提供、资产证券化等机构。从需求侧看，需求方不仅包括传统消费金融覆盖的中高端客群，还包括农民工等流动人口，大学生等中低端客体。消费金融的资金端主要是消费金融供给主体的自有资金、同业借款、资产证券化、同业拆借等，而传统商业银行还可以利用自己吸收的存款进行消费放贷。消费金融的资产端主要为消费贷款和小额现金贷款，并嵌入到日常吃、穿、住、行、娱乐、医疗、美容等生活场景，同时及时切入跨境电商、智能穿戴、出境旅游、文化消费等新的消费热点。科技驱动消费金融科技集成创新，主要体现在以下四个方面。

第一，业务环节。无论是银行还是消费金融公司，都逐渐在业务环节深耕机器人流程自动化（robotic process automation，RPA）。银行利用 RPA 优化业务流程，提升运营分析能力。银行为 RPA 机器人应用实践结果提供可视化的分析功能，让银行了解消费金融业务的运营情况，并引入智能分析功能，为优化 RPA 设计与部署提供建议。消费金融公司借助个贷机器人自动完成上千笔交易，自动识别用户信息；借助虚拟数字人进行智能交互处理和业务引导；借助风险监测机器人进行自动信息核查和智能报表生成发送。

第二，风控环节。科技公司、互联网企业、征信公司等消费金融市场众多机构试水智能风控，快速建设智能风控体系，从而对信贷业务全流程进行多维度风险评估。首先，智能风控的基础是数据，多渠道多维度获取客户数据，全面、实时、精准地判断客户信用状况和风险状况。其次，通过多种方式核实客户信息。借助人脸识别、地址信息核验、单位验证等对客户身份信息、行为信息进行交互验证，去伪存真；借助面部微表情识别来捕捉客户在面审环节的细微、异常的申请变化，从而提高反欺诈的准确性；通过人工智能技术基于客户数据信息自动提取关联问题让客户回答，并通过信用评分模型对客户答案进行分析整理从而判断信息真伪。最后，利用信用评分系统进行风控。以真实全面的客户数据信息为基础，借助统计分析等判断客户信用行为特征和风险特征，评估客户还款能力和还款意愿，从而确定客户信用评分。

第三，营销环节。首先，客户分析。借助机器学习分析客户的身份信息、行为信息，掌握客户意向产品和服务，判断客户未来需求，有针对性推送相关信息以满足客户的潜在需求。其次，效果评估。为追踪新兴科技在营销环节的效果，需要针对各种渠道和各种形式的营销方案监测客户的流量变化和购买转化率变化，从而客观评估营销效果并对营销方案进行动态调整和动态优化。再次，客户维护。利用大数据、人工智能等技术可以帮助消费金融服务商锁定消费意愿强且信用状况良好的客户，还能帮助平台与客户在营销方面的交互，从而为客户提供个性化创新性的产品和服务。最后，市场预判。机器学习的预测能力可让消费金融服务商更快捕捉市场动态，更快抓取客户需求变化，并根据市场动态和需求变化瞄定目标客群，提供更具个性化的消费金融服务。

第四，场景化建设环节。场景化建设就是基于客户数据信息利用科技手段设计针对性的消费场景，从而为客户在合适的时间和地点提供合适的消费金融产品和服务。场景化建设能更好地满足客户偏好，更易激发客户潜在需求，目前已经成为消费金融参与主体突破同质化竞争、抢占市场份额的主流方向。首先，金融科技支撑客群细化。利用大数据和人工智能等技术进行场景化建设，借助多渠道多维度的数据能让消费金融服务商根据客户身份信息、消费层次、人际关系、购买习惯等更深入了解客户和产品，这有助于服务商精准画像并分类，从而针对不同客群设计最能刺激并满足其需求的场景。其次，金融科技支撑定位需求。科技支撑的场景化建设能设计消费场景来触达客户需求，而不是直接产品推送。科技支撑的场景化建设包括收集客户信息并分类客户，同时匹配客户和商品；根据匹配情况明确合适的时间和环境；根据客户偏好明确消费需求触发点；触达客户需求后提供对应的消费金融产品。最后，金融科技支撑客户黏性。科技支撑的场景化建设中客户是核心，基于客户数据展开建设。消费金融服务商既关注客户数量又关注客户兴趣。对新客户，根据客户数据快速将客户分类并触达客户消费需求；对老客户，根据历史消费记录进行消费升级，既满足原有消费需求又开拓客户新的消费需求，从而增强客户黏性。

（3）供应链金融创新。

2020 年 9 月，中国人民银行等八大部门发布《关于规范发展供应链金融支持供应链产业链稳定循环和优化升级的意见》，明确供应链金融含义为"从供应链产业链整体出发，运用金融科技手段，整合物流、资金流、信息流等信息，在真实交易背景下，构建供应链中占主导地位的核心企业与上下游企业一体化的金融供给体系和风险评估体系，提供系统性的金融解决方案，以快速响应产业链上企业的结算、融资、财务管理等综合需求，降低企业成本，提升产业链各方价值"。与传统金融融资模式相比，供应链金融特征明显。首先，供应链金融依托供应链实现资金融通，把产业和金融结合在一起构建金融生态圈，金融风险控制有真实交易的天然优势。其次，银行、核心企业、物流公司、互联网融资平台等多层次融资提供方为供应链上下游提供充裕的资金供给，还发挥各自的优势为企业提供全方位的金融服务。最后，金融提供方不再单纯看重企业财务报表，而是通过大数据掌控行业动态。

供应链金融生态结构由三部分组成（见图 2 - 15）。宏观环境是指环环相扣的政策、法律和技术，技术是指在供应链不同环节设计中使用的科技手段。产业环境是指流动性提供者和风险承担者作为供应链金融中直接提供金融资源的主体和风险的最终承担主体，共同提供供应链金融方案。微观环境指与供应链金融活动相关的所有部门，共同推动供应链上商流、物流、资金流、信息流的"四流"归集与整合，无缝对接供应链金融的所有参与方，构成面向供应链所有成员企业的系统性融资解决方案。

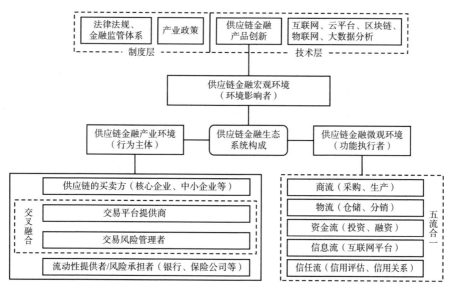

图 2 - 15 供应链金融的生态系统

资料来源：相关资料整理所得。

供应链金融的服务主体主要由四部分组成：一是掌握 ABCDI 技术或提供解决方案的服务商，为供应链条中金融机构、供应链核心企业等提供技术服务，他们自身也可能参与到平台运营中，比如趣链科技、达摩院、平头哥半导体、商汤科技等；二是技术服务商，或为供应链核心企业提供供应链金融服务的科技公司和金融科技公司，比如蚂蚁金服、腾讯、百度、京东数科、宜信等；三是提供金融产品和服务的金融机构或金融服务商，前者主要包括中国工商银行、交通银行、招商银行、德邦证券等金融机构，后者主要指复星金服、西美保理等企业；四是参与到供应链条中为上下游供应商和经销商缓解资金困难、降低成本，提供部分金融服务的供应链核心企业和提供仓储物流服务的仓储公司，比如苏宁、富士康、TCL、福田汽车。

科技驱动供应链金融创新主要体现在六个方面。第一，区块链 +

供应链金融创新。区块链应用于供应链金融主要是为了解决信息不对称问题，提高数据信息的可信度和真实性，让交易全流程可视化。区块链技术服务商和金融科技公司为核心企业、银行及供应链企业提供技术解决方案（见图 2-16）。一是智能保理创新。通过"智能保理"，不仅参与投资的金融机构可以清晰地看到每一个节点的交易，参与生产的实体经济体也可以通过编码追溯到产品生产与销售的每一个环节，从而达到在债务与实物上的双重确权，并避免了生产经营事故责任认定时"踢皮球"现象的发生。二是征信创新。通过利用区块链不可篡改的优势，使得包括公司高管个人征信与金融行为在内的、涵盖链上企业方方面面的、对征信有着重要帮助的信息与细节能够被准确、安全地记录在基于云的系统中并支持实时调用。同时，在智能合约模式下，预先设定的搜集与管理规则可以得到严格地执行，使得征信过程更加程序化、严格化与透明化，极大地解决了供应链金融中

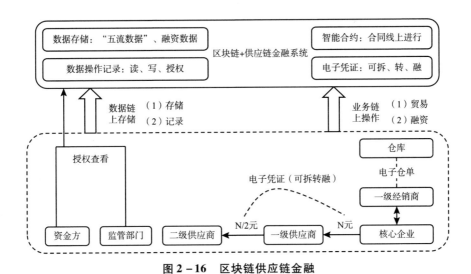

图 2-16　区块链供应链金融

资料来源：艾瑞咨询。

的信息不对称问题。三是资金流监控创新。区块链中区块数据的确认是去中心化的、需要共识机制的。而在供应链生产经营与融资过程中，每一笔交易与资金流的发生必然不只有一个参与者，甚至有时可能会多达数个。区块链通过制定恰当的共识机制，使每一笔资金流的所有参与者都参与到有关这笔交易数据区块的生成中，以此达到对资金流的共同监督，提高交易数据的准确性与可信程度，为未来金融机构预估企业还债能力、监管部门侦测与预防经济犯罪提供最可靠的证据。

第二，人工智能＋供应链金融创新。人工智能应用于供应链金融可以解决当前供应链金融中存在的数据管理、生产管理等问题。一是风控创新。通过使用交易、物流等数据与信息，对企业经营状况、资产情况等可能出现风险的项目进行主动监控，真实数据有助于金融机构建立包括贷前、贷中以及贷后的全流程业务闭环的风险管理系统。非真实数据可能是历史无效数据，也可能是主观欺诈数据，可借助其深度学习处理无法准确定量的欺诈事件，也可借助知识图谱中的复杂关系网络有效识别出欺诈案件。二是智能管理系统创新。借助人工智能在搜集和识别的优势，管理信息与资源上的高效性与低边际成本优势，针对不同供应链在生产经营与管理上的不同特征，结合企业已有的电子计算机管理系统，企业可以实现产品生产、物流运输与投资融资等行为的全流程计算机调度与记录，从而提高生产效率，降低生产成本。智能管理系统帮助企业在实现优化生产管理的同时，解决因信息不对称而发生的金融机构拒贷、抽贷等问题。

第三，大数据＋供应链金融创新。一是财务数据库创新。现有征信和授信都是以交易数据为基础进行的，而实时、动态、多维的财务数据能有效提高征信服务质量与实时性，避免征信的滞后性，降低信息不对称与实效性，降低信贷风险，因此需要创新财务数据库，提供动态多维的实时数据。二是风险评估系统创新。借助大数据技术，结合行业数据、内部数据和外部数据，全面剖析行情、价格波动，并以此为基础建立起更加全面、更加精准的全方位风险评估系统，从而实时监控企业，量化企业授信，精准防控风险。三是金融服务创新。借助大数据，金融机构能更好地把握行业动态，预测行业前景，获取企业需求，从而创新金融服务，主动满足中小微企业个性化的金融需求。四是优化生产管理，提升企业质量，降低融资难度。使用大数据技术获取供应链金融服务商高管信息，进而通过对高管往期经历与个人信用的评估、上下游其他企业有关生产经营数据的分析以及对企业实际面临的行业与宏观经济前景的判断，可以提升企业对供需市场的理解，进而对预算和产能做出较为精准的规划，对企业未来发展与行为进行一定程度的预测，对决策层有着重要的辅助作用。

第四，云计算 + 供应链金融。通过引入云计算技术搭建云平台，可将整条供应链上企业以及其他相关企业和机构的全部联网信息，大到股权交易，小到办公室采购，全部作为数据录入到云中。云的分布式特点使得数据的输入、储存与提取不再依赖于单一服务器，能够有效保证并支持不同地理与行业分布的企业数据资源的共享。而立足于云端的算力服务有效降低了数据使用者处理庞大数据的难度，从而为金融机构刻画供应链基本特征与细节提供充足的数据与高效的处理方案。云计算供应链金融有两种方式：一是借助门户网站为供应链成员以及金融机构提供实时通信和协作；二是借助企业对企业（B2B）解决方案为各方提供实时通信与合作。比较而言，门户网站很容易实现，各参与者也容易接受，但是该方案技术复杂度低，安全可靠性弱，且依赖链上企业参与到一个中心化平台的方式来实现云服务，可能存在着数据不真实、输入不及时、内容针对性较差等诸多问题，因此需要企业和金融机构对数据质量与个性化要求不高。

第五，物联网+供应链金融。引入物联网技术，供应链上的企业可以通过使用统一的网络传递与交流信息，且信息内容是多维动态的实时数据，可有效防止信息漏传、重复传递的现象，提高同一体系内信息的兼容性与实效性。金融机构也可以利用统一的物联网信息系统参与到对信息的使用与贡献中，利用时间序列而非横截面数据复核并跟踪供应链金融业务信息，降低业务风险。物联网供应链金融的创新应用主要体现在实现抵押品"可视跟踪"。由于动产流动性强，同时难以实时监控质押物的情况，金融机构的质押类融资业务是其风险的重要来源。借助物联网技术中的传感器、射频识别技术等手段可感知入库质押物，后台根据感应信息锁定质押物品。当质押物状态意外变化时系统会自动警报，库管或银行会及时采取措施，降低贷后风险。

第六，技术融合。比较而言，ABCDI五大技术在供应链金融应用中各有优劣（见表2-13）。要想解决传统供应链金融中的痛点，实现产业和金融的有机结合，靠任何单一技术是不可能实现的。

表2-13　　　　　　　　ABCDI 技术供应链金融应用比对

技术类型	业务应用	场景落地	应用瓶颈
人工智能（A）	辅助进行风险评估中的贷前身份验证、贷中风险评价、贷后风险监测，以及信贷审批流程优化等，还可以实时监控供应链中的异常行为和风险因素并及时预警	被应用于自动化的信贷审批系统和风险预警系统，能够快速响应企业的融资需求和风险变化	一是存在数据质量与获取难度的问题，因为 AI 模型训练需要大量的高质量数据，而供应链金融中的数据往往分散于不同的系统和机构中，造成数据获取和整合都存在一定难度；二是技术成本和人才短缺问题，因为 AI 研发应用需要对硬件设备、软件开发和专业人才都投入大量资金，这对一些中小企业来说成本太高

技术类型	业务应用	场景落地	应用瓶颈
区块链 （B）	用于票据与单证管理，确保上链存储的票据、合同等单证信息真实可靠且不可篡改，从而降低票据造假风险；用于信用流转与融资，因为区块链技术能实现企业信用的流转和共享，从而供应链上下游企业能基于核心企业信用进行融资；用于提升信息透明度，因为链上交易信息对所有参与节点透明可见，为各方提供信任基础	应用很多，相对比较成熟。一些供应链金融平台，如海尔的"云单平台"，通过区块链技术实现了信用流转和变现，帮助企业融资	目前区块链技术应用于供应链金融中仍处于探索阶段，所以缺乏统一的技术标准和行业规范，并且不同平台之间的操作协同性较差。另外，区块链涉及的数据共享和隐私保护方面的法律法规尚未进行明确界定和规范，造成监管难度大
云计算 （C）	为供应链金融提供强大的数据存储和处理能力，还能对海量数据进行分析和管理；能构建供应链金融云平台，实现金融机构、核心企业、供应商等多方协同合作，提高供应链金融的效率和响应速度；能根据业务需求动态调整资源，实现资源分配的弹性扩展，也帮助企业降低运维成本	很多供应链金融企业与金融机构通过搭建云平台，将供应链金融业务迁移到云端，让业务环节更加自动化和智能化	云端数据的安全性和隐私保护存在一定挑战，数据在传输、存储和处理过程中可能存在安全性和合规性问题。并且，在系统出现故障时，云服务的稳定性和可靠性必将受到影响，从而会波及整个供应链的运行
大数据 （D）	利用企业交易数据、财务数据、行为数据等构建信用评估模型和风险控制模型，提高对借款企业的信用风险识别和控制能力；利用大数据技术动态且深入地分析市场行情，为供应链金融业务决策提供参考；利用客户数据为用户画像，实现对客户的精准营销	在供应链金融中，大数据技术主要用于在贷前、贷中和贷后对企业进行分析评估、风险监测、风险预警和客户管理等	供应链金融中涉及的数据，来源广泛且非常复杂，可能出现数据格式不统一、数据质量参差不齐等问题。并且，大数据在收集、处理和应用的过程中都可能存在法律法规和客户隐私保护等方面的问题，导致实际应用不多
物联网 （I）	对仓储、运输等环节中的货物进行实时监控和追踪，确保货物的安全性和真实性；利用物联网设备对供应链中的各种信息如温度、湿度、位置等进行自动采集，并实时传输到供应链金融平台，实现信息共享和透明；物联网技术与供应链金融相结合，让物流和仓储管理更加智能化和自动化，提高物流效率的同时还能降低仓储成本	相对而言，物联网技术在供应链金融中应用较少，主要用于在动产质押融资、库存融资等业务中对质押物或库存商品进行实时监管，以确保融资的安全性	物联网设备的部署和维护需要较高的成本，一些中小企业无法承受。并且，物联网设备采集的数据量巨大，数据的安全性和隐私保护都面临着一定挑战

资料来源：相关资料整理所得。

　　大数据与人工智能技术的融合已经相对成熟，用于反欺诈监测、供应链画像、预警系统建设等。大数据与区块链技术融合还处于发展阶段，融合可以解决大数据中存在的数据孤岛、数据泄露、数据低质量的问题。大数据与物联网融合也在处于摸索阶段，物联网技术能实现实物和虚拟信息的融合，在供应链中能对贷后实物很好地监控，实现真正的物信合体；物联网技术与大数据融合能从不同维度获取数据，实现商流、物流、信息流、资金流之间的交叉检验，还能减少数据低质量的问题，大幅提升供应链金融的风控效能。另外，科技浪潮席卷金融行业，科技赋能供应链金融，极大提升了金融机构的业务创新能力。ABCDI 五大新兴技术推动传统金融服务智能化、模式平台化、客户宽泛化。各大银行践行科技引领转型，寻求对公业务破局之道。农业银行等国有银行，浙商银行、平安银行等股份制银行以及众邦银行都陆续推出技术赋能对公业务的创新产品，以寻求对公业务破局策略（见图 2 – 17）。

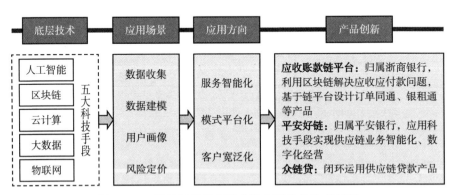

图 2 – 17　科技赋能银行供应链金融业务集成创新

资料来源：相关资料整理所得。

（4）网络小贷创新。

2020 年 11 月，央行和中国银保监会联合发布《网络小额贷款业务管理暂行办法（征求意见稿）》，明确提出网络小额贷款业务是指小额贷款公司利用大数据、互联网等技术手段，运用互联网平台积累的内生数据信息以及通过合法渠道获取的外生数据信息，评定借款客户信用风险，确定贷款方式和额度，并在线上完成贷款流程的小额贷款业务。根据央行官网发布的统计数据，截至 2022 年 12 月末，全国共有小额贷款公司 5958 家。

随着电商平台和互联网公司日益发展及壮大，两者都在布局金融业务并成为银行在消费金融市场中重要的竞争者。电商平台具有丰富的电商场景和庞大的流量，基于丰富的消费者大数据，具备强大的风控能力，最终形成消费金融生态闭环；而互联网公司则具有流量和技术优势。两大市场主体主要通过关联的网络小额贷款公司、消费金融公司或民营银行等机构提供消费信贷服务，主要产品也包括现金贷款，商品分期。从牌照上看，百度、阿里巴巴、腾讯、京东、苏宁、美团及滴滴旗下都有网络小额贷款公司，百度和苏宁拥有三大放贷业务全牌照（见表 2－14）。

表 2－14　　　　　主要电商平台和互联网公司放贷业务牌照

集团	银行	消费金融公司	网络小额贷款公司
百度	百信银行股份有限公司	哈尔滨哈银消费金融有限责任公司	重庆度小满小额贷款有限公司
阿里巴巴	网商银行股份有限公司	重庆蚂蚁消费金融有限公司	阿里巴巴小额贷款公司、蚂蚁小微小额贷款公司、重庆蚂蚁尚诚小额贷款公司
腾讯	微众银行股份有限公司	—	深圳市财付通网络金融小额贷款有限公司

集团	银行	消费金融公司	网络小额贷款公司
京东	—	—	京东同盈小贷公司、京汇小额贷款公司
苏宁	苏宁银行	苏宁消费金融公司	重庆科技赋能消费金融苏宁小额贷款公司

资料来源：相关资料整理所得。

相比网络小额贷款公司，银行和消费金融公司作为持牌金融机构资金来源渠道更加丰富，资金成本更低（见表 2 – 15）。从持续发展上看，持牌金融机构在行业竞争中处于优势地位，可能得到更多政策支持。

表 2 – 15　　　　　　　　　　资金来源及成本比对

对比项目	银行	消费金融公司	网络小额贷款公司
典型机构	平安银行、浦发银行	捷信消费金融、兴业消费金融	蚂蚁小微小额贷款、苏宁小额贷款
主要资金来源	自有资金、存款、同业拆借等	股东资金、金融机构借款、同业拆借等	股东资金、发行资产支持证券（ABS）
资金成本	低	中	高
杠杆率	10 倍左右	10 倍	2 ~ 3 倍
可承受预期年化坏账率	低，< 3%	中，< 10%	高，< 15%
2018 年不良贷款率	1% ~ 3%	2% ~ 5%	> 5%

资料来源：相关资料整理所得。

2.4.3　支付科技

支付科技是指利用科技手段赋能支付业务提质增效，能在一定程度上解决传统支付存在的交易成本高、交易时间长、资金与信息安全性有风险等问题。就支付业务逻辑而言，存在底层逻辑、产品逻辑和业务逻辑（见图 2 – 18）。科技赋能支付业务的主要技术有生物识别技术、区块链技术、云计算技术、大数据技术和物联网技术。生物识别技术能快速识别客户身份，防止他人冒用等欺诈风险；区块链去中心化自信任化特点让全球任意两点便捷支付成为现实，节省支付成本且支付效率高；云计算能契合当前电子支付业务发展的海量业务和

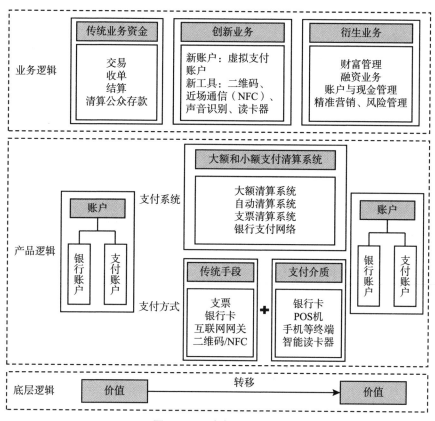

图 2 – 18　支付业务逻辑

资料来源：相关资料整理所得。

数据的弹性计算需求；大数据技术可以将支付业务长期积累的海量数据价值挖掘出来；物联网技术主要用于手表支付和手环支付，满足人们无接触式支付需求。科技助力支付业务创新，主要体现在四个方面。

第一，金融科技丰富支付生态系统。一方面，科技创新推动支付产业链不断延伸，市场参与主体数量快速增长；另一方面，支付产品、支付方式和支付场景更加多元化，支付清算逐渐向信贷、投资、保险等渗透，使得支付清算与其他金融服务融合发展。同时，随着零售、交通、医疗等领域支付场景的形成，新的产业系统逐步显现。

第二，金融科技创新助推支付行业资源整合优化。部分市场主体在业务体系稳步发展的基础上，凭借其在金融科技方面的创新优势，不断进行资源整合与优化。与此同时，实体企业以及其他金融和类金融机构以并购互联网支付机构等方式进入支付市场，通过支付接口达到资源整合的目的。

第三，金融科技提升支付服务效率。一方面，金融科技提升了交易效率。传统支付中客户和商家是销售和购买的关系，金融科技的发展改变了客户和商家的关系，一是商家有了了解客户的欲望，会根据客户的消费信息分析客户的消费水平和消费习惯，并据此为客户提供定制化的产品和服务；二是客户不再愿意持现金去支付，而是更愿意随时随地随意地挑选产品和服务并选择刷脸等更方便的支付方式，这极大地促进了交易活动的开展。另一方面，金融科技提升了支付环节效率。传统支付方式通常需要耗费较长的交易时间，因为中间可能涉及商家点钞验钞找零，刷卡需要输入密码并等待银行信息返回并打印凭条签字。但是金融科技简化交易的中间环节，极大地提升了交易速度，节省了交易时间。

第四，金融科技提升支付安全。在支付行业快速发展的背景下，风险控制仍然是全行业的重中之重。借助金融科技之力，风险防控建立起以大数据分析为基础，以人工智能、生物探针、知识图谱、区块链等技术为支撑的智能反欺诈、智能身份认证、风险价值挖掘、用户安全赋能等能力，将"事件案例驱动"的被动式防守转为"数据驱动"的主动式预警的风险管理模式。借助科技手段进行的支付风控，可有效监测用户交易行为，降低支付欺诈风险，提升支付安全。

2.4.4　运营管理

运维监管的第一个方面是智能运管，即应用新兴技术来洞察海量数据并发现商业价值，及时准确制定策略、提升客户体验并取得业务成就。为此，需要先了解用户生命周期，然后针对用户生命周期通过监测用户行为追踪用户状态等进行运营管理，最后基于业务数据收集对复杂场景分析并自动触发运营策略从而进行智能化运营。科技赋能运管，可以提升客户体验从而提供更多便民惠民的金融服务，让渡利润空间给中小微企业从而纾解中小微企业融资困境，还能拓展金融服务范围从而助力赋能乡村振兴战略。智能运管集成创新可用于智能获客、智能客服和智能营销（见表 2 - 16）。

表 2 - 16　　　　　　　　运营管理创新表现

创新方向	科技赋能	关键环节	创新方式
智能获客	大数据汇总客户信息后找规律，描绘人群画像，再通过精准营销投向特定人群，提高客户转化率；人工智能快速全面抓取客户信息，吸引潜在客户	搜索与企业可能相关各方面数据；客户分群以进行营销策略和互动策略的优化；通过客户触达智能化意愿客户；实时更新各种数据	渠道创新：互联网获客；社交获客；软文获客；自媒体获客；资源交换；新媒体、应用程序（App）等流量广告或活动；场景获客；团购、外卖等推广

续表

创新方向	科技赋能	关键环节	创新方式
智能客服	能包揽大部分问题,减少客服重复性问题的时间浪费,提高工作效率;扩大初级用户渠道,缩短客户等待时间,客户不受限制向智能客服提问;智能质检系统质检人工客服,规范客服行为并提升客户体验	自然语言处理能快速准确理解客户需求;通过意图预测弄清客户下一步的需求,多为客户提供增值个性化服务;通过情绪分析,借助个人的语言和非语言交流,了解其情绪或态度	创新智能客服系统,便于客户快捷提出需求,实现沟通交流;创新智能客服系统,将客户服务需求转化为机器可识别信息;创新算法模型理解人类自然语言,索引能解决客户需求的内容并反馈
智能营销	大数据实现千人千面的精准营销;云计算实现海量数据的存储和计算;人工智能让营销实现自动化和智能化;区块链、增强现实(AR)/虚拟现实(VR)等技术收集海量客户数据	静态和动态数据采集与分析;构建立体全面用户画像,建立完善用户标签体系;通过营销活动精准地将产品或服务触达目标人群;量化评估整体营销效果并改进优化	营销场景化创新:全方位实现营销智能化自动化;营销数字化创新:通过官网、小程序等营销,通过企业IT信息化、POS、二维码等营销;营销精细化创新:个性化

资料来源:相关资料整理所得。

2.4.5 智能风控

智能风控是通过智能手段达到风控目的,让金融风控实现智能化精细化商业化。智能风控是传统风控的帕累托(Pareto)改进,能更好控制线上运营业务风险,更好践行普惠金融,更好降本增效,因为技术能为智能风控的应用落地提供技术支持。具体而言,利用人工智能技术不仅能精准识别、控制并监测风险,实现风控流程的自动化,还能优化风控模型,提升模型算力,深入刻画用户画像,洞察用户需求,识别用户风险;区块链分布式存储保证数据信息完备且公开透明,多节点实时共享数据信息并且能减少黑客攻击风险,智能合约制定规则和逻辑能实现自动实时地合规性检查并简化业务流程;大数据技术用于实时分析客户信用风险并计算统计结果以降低信息不对称从而及时准确评估客户信用状况；云计算为海量数据存储和处理的能力和速度提升带来突破，助力快速复制应用场景和降低服务门槛，助力风险管理措施迭代升级；物联网打破信息孤岛，实现动产融资实时监控；感知监控物状态提高风险决策效率；实现数字化远程实时风险监控，减轻时间和人力成本压力。将这些新兴技术集成创新，可用于智能定价、智能控制和智能催收（见表 2 – 17）。

表 2 – 17　　　　　　　　　　智能风控创新表现

创新方向	科技赋能	关键环节	创新方式
智能定价	不易受信贷审核人员的主观判断、个人情绪等主观因素影响，提升了风控的客观性与有效性，使得风险定价更加"科学、中立、全面、务实"	收集用户偏好数据、用户交易数据等；利用文本挖掘、NLP、机器学习、聚类分析等建模；基于基本属性、购买能力、行为特征、兴趣爱好等为用户画像；精准风险定价	定价方式创新：定价算法取代人工决策，这些算法始终学习取代竞争价格以获得高额收益，而无须相互沟通
智能控制	提高风控体系安全性及处理效率，精准化分析债权人与债务人特征，在提高数据存储效率、交易安全性等方面也拥有很大潜力	获取银行流水、信用卡、电商、小贷平台等数据；深刻理解业务和数据后加工处理数据；生成信用报告、欺诈监测等；应用于智能风控	创新数据收集：收集方式广泛、信息多元化、流程自动化程度高；创新风控平台：基于机器学习、深度学习和联合建模搭建智能风控
智能催收	识别文字、语音和关键字，节省大量人工环节；实现实时监控，覆盖率接近 100%，节约人工和时间成本，实现自动化；借助生物特征识别用户情绪，以便选择催收策略和话术	收集数据；分析、筛选及判断数据，为风险预警提供策略做准备，更好地识别和评估风险；针对不同客户风险程度组合不同催收手段，使催收科学化、自动化	差异化催收创新：对不同用户采用不同策略，催收更具针对性更智能化；合规催收创新：引入自然语言处理（NLP）和机器学习等技术有效降低运营成本及合规风险

资料来源：相关资料整理所得。

2.4.6　智能监管

一提及智能监管，大多数人会将其视为监管科技。其实，智能监管是利用技术使金融监管实现智能化，既包括合规科技又包括监管科技，而这两者在运营主体、运营目的和本质上都有极大区别，但业界和学界并没有形成统一的认识，很多人仍将它们混为一体，因此有必要对合规科技与监管科技本身进行辨析，并比较分析二者的区别与联系。缺乏监管的金融创新是金融乱象之源，金融监管可能会导致金融机构以创新为突破口摆脱监管约束，而金融创新又会推动金融监管的发展，因此构建创新与监管之间形成的"监管—创新—监管"动态博弈闭环博弈模型，分析金融机构在创新过程中合规与监管之间的博弈。并且，针对智能监管，各技术应用的侧重点也有所不同，知识图谱技术应用于反欺诈和交易监测，机器学习应用于可疑交易监测，自然语言处理技术用于合规科技中对监管规则和监管条文进行智能化解读和分词处理量化指标识别等从而实现与自身业务系统的融合和无缝对接；大数据技术中数据导向的动态实时监测可有效打击违规交易，用于合规科技进行非现场监管和建立行业黑名单，用于监管科技中进行监管报送、交易所监察系统高性能预警和事前事中事后商户实名制管理；区块链技术用于交易行为监控、合规数据报送和客户身份识别；云计算技术作为高性能和易扩展基础设施，用于监管科技中部署原有监管手段并提升监管信息处理流程、速度和监管效能，由于高性能和易扩展特性用于合规科技中金融业务和风险控制系统逐步上云来满足监管要求降低合规成本。集成创新后这些核心技术层层递进贯穿于整个监管流程，实现监管智能化。最后，智能监管创新主要应用于客户身份识别、合规数据报送、反洗钱和反欺诈监管。

（1）客户身份智能识别。

"了解你的客户"（know your customer，KYC）和"客户尽职调查"（customer due diligence，CDD）是金融业务的重要环节。智能科技不断尝试各种技术，并在集成创新中整合风险数据，建立风控模型进行分析和预测，实现交易监控处理自动化智能化，极大提升了监管效率。

从技术应用角度看，主要包括生物识别技术和大数据技术，前者主要有掌纹识别、人脸识别、虹膜识别、指纹识别、视网膜识别、步态识别、声纹识别技术等，多角度核验客户身份；后者主要是通过大数据技术，分析客户网络行为，运用多维度数据全面刻画客户风险状况，同时进行实时监测，识别非常用地区的转账、非常用设备转账等异常操作，及时拦截并联系客户，确保客户资金安全等。从应用框架看，用户身份识别主要包括基础产品组件、产品服务套件、运营服务平台、核心驱动模块四个方面（见图2-19）。

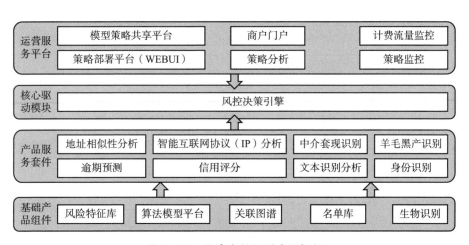

图2-19 用户身份识别应用框架

资料来源：易观智库。

（2）合规数据智能报送。

合规数据智能报送是指金融机构利用大数据、人工智能等技术手段，根据监管部门的要求将自身数据进行有效监测、提取和智能化处理，并自动化上报给监管部门，以满足监管部门对数据的合规性要求。金融机构合规数据报送系统一般称为监管报送系统，建立统一监管数据平台，承担金融机构主要业务数据的集中和整合工作，满足监管类报送数据的自动采集、便捷加工、灵活展现、数据及时、准确一致等要求。基于 Hadoop 分布式架构大数据平台，支持存储和计算能力的动态扩展，可以满足存储和高时效能力的要求。针对纳入金融机构业务系统的各类数据，如存贷核心、信用卡、资金、理财、外汇、总账等系统数据，构建统一的监管数据平台，对人口进行数据质量监测，提高数据标准化，减少数据重复处理，为各类合规数据报送应用提供高质量的数据接口服务。运用 Hadoop 大数据技术，能够支持复杂校验规则的计算，在时效要求内对明细数据进行质量校验，保障合规数据上报的质量（见图 2-20）。

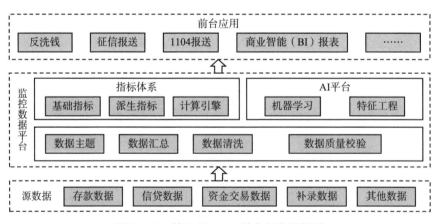

图 2-20　基于 Hadoop 的合规数据报送

资料来源：零壹财经。

自动化处理合规报告并报送是监管部门非现场监管的重要手段，有助于监管部门及时发现并化解风险。随着监管升级，监管部门对报送数据要求高，金融机构可能要面对几个监管部门报送不同维度和结构的数据。在技术应用方面，监管 API（RegAPI）同时为金融机构、科技公司提供"可编程""机器可读"的监管科技接口，以方便金融机构和监管部门通过 API 对标准统一的数字协议进行数据对接、传输和编程。监管 API 的核心思想是将监管工具化和标准化。在监管部门从金融机构处采集好数据后，输入工具就可以自动完成计算，并进行生产报告等事项。云计算不仅可以对各种数据进行集中化处理，让金融机构间数据通用，还能让金融机构之间统一数据统计口径、数据交互标准，从而自动化处理合规报告。

（3）智能反洗钱。

对银行等金融机构而言，反洗钱交易的整体框架包括外部要求、机构规程、业务功能和管理功能等模块。具体而言，反洗钱业务过程中包括客户识别、风险评估、名单监控、可疑分析、案例调查等环节。反洗钱清单监测旨在建立一个高性能、智能化、数字化的制裁名单筛查平台，既包含联机实时的交易报文筛查、新建客户筛查，也包含事后批量的交易回溯筛查、存量客户筛查，建立完善的告警核查和处置平台，并提供参数管理、名单管理等灵活的基础管理配置功能，以满足境内外监管要求，防范洗钱、恐怖融资风险。

反洗钱交易监测，从数据获取和加工到交易监测规则模型建设，从交易甄别确认和数据补录再到向中国人民银行报送，建立了完整的大额、可疑交易监测体系。通过引入机器学习和大数据可视化等技术，弥补传统监测方式的不足，实现交易监测智能化，建立更精准、更高效的反洗钱交易监测体系，提升合规风控水平（见图 2 – 21）。

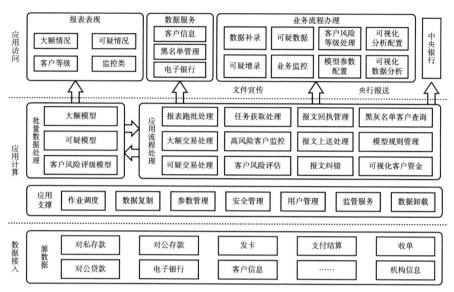

图 2 - 21 智能反洗钱交易监测

资料来源：零壹财经。

（4）智能反欺诈。

智能反欺诈是指利用大数据、人工智能等新兴技术对反欺诈规则进行动态优化以提升金融欺诈识别率。目前，一些金融机构已经和第三方的数据供应商、智能反欺诈机构进行合作，将金融机构的金融属性数据与第三方机构数据相互融合形成高纬度变量，通过构建反欺诈模型应用于多种金融场景。具体而言，第三方机构可能提供含有欺诈团伙、关联关系等的社交网络数据，包含消费行为的电商数据，有设备指纹或 IP 地址的设备数据，具有合谋作案鉴别的电信数据，通过构建智能反欺诈模型确定欺诈团伙黑名单或跨行业黑名单。

实现智能反欺诈有四个主要关键点：一是优质的数据来源，通过区块链技术认证客户身份，还可以通过私有云获取多元化多维化数据来源；二是算法和模型的持续优化，需要通过知识图谱打击欺诈团伙，利用人工智能技术提升反欺诈水平，利用机器学习优化模型与算法；三是能支撑庞大数据处理的系统架构能力，反欺诈系统能够随时对欺诈信息进行识别和反馈；四是对业务场景的理解能力，业务团队需要长期积累大量的一线业务经验才能对欺诈行为有更好的识别能力和标签化能力，在现有经验的基础上还应持续跟踪调研新的欺诈趋势和欺诈人的行为模式来规避新型欺诈风险。四种兼备，才能更高效地识别欺诈风险，为风险筑牢第一道防线。因此，与传统反欺诈相比，智能反欺诈优势更加明显：一是准确率更高，因为智能反欺诈利用高纬度数据能精准找出欺诈客户；二是时效性更好，因为智能反欺诈能够及时处理海量数据并找出欺诈风险；三是成本更低，因为智能反欺诈能直接利用技术识别风险而减少了人工排查中的人力成本；四是更灵活，因为智能反欺诈能根据具体状况而灵活采用风险防范策略。

2.5　本章小结

本章运用金融创新理论审视了国内外金融科技创新实践，从国内外金融科技发展的情况来看，人工智能、区块链、云计算、大数据、物联网等现代数字技术是金融科技创新的主要技术依赖，通过这些底层技术集成创新促进现代金融业加速从电子化向数字化、智能化转型升级。从业务角度看，技术应用于金融科技，促进了金融业务的集成创新，实现了"存贷汇"的全面升级，而"存贷汇"分别对应资管业务、信贷业务和支付业务。从管理角度看，技术应用于金融科技，促进了金融管理的集成创新，实现了运维监管的效能提升，而运维监管主要包括金融机构运营管理、风险管理以及金融科技的智能监管。

第3章

金融科技创新对金融服务效率的影响

在理论阐释金融科技与实体经济的逻辑关系和传导机制基础上，基于中国 30 个省级层面 2011～2020 年面板数据，实证考察金融科技创新提升金融服务实体经济成效、影响及问题，为金融科技守正创新提升金融服务实体经济效率提供了可靠的经验证据和政策启示。

3.1　理论分析及研究假说

3.1.1　金融科技提升金融服务效率的逻辑机理

传统金融囿于物理网点等限制，服务模式无法突破"二八定律"，有限资源和精力主要投向少量高端客户，无暇顾及以小微企业为代表的长尾市场。金融科技依托大数据、人工智能和区块链等新技术，推出全新的金融交易审批系统和交易组织形式，突破了传统金融单纯的线下审核与信用增进模式，提升金融资源配置效率。相比传统金融，金融科技具有边际成本递减和边际效益递增特点，为长尾市场提供金融服务具有明显的比较优势。金融科技拥有大数据信息处理能力，能利用去中心化的分布式记账技术对客户进行实时、动态检测，发挥筛选效应保障数据安全，降低长尾市场的信息不对称和信任风险。金融科技能够产生鲇鱼效应激发传统金融与新金融之间的良性竞争，完善金融生态功能，提高资源配置效率，更好地满足实体企业金融需求。传统金融主要服务头部市场的大中型企业，金融科技为长尾用户参与金融市场活动提供了便利，必然导致金融要素不断从传统金融机构转出，给传统金融机构带来"经济压力"和"业绩压力"，倒逼传统金融机构创新服务体系，提升运营效率，降低金融门槛，拓展业务边界，重视中小微实体企业金融服务，提高金融服务实体经济效率。金融科技还可通过降低企业套利动机、提升实体企业资产收益率、增强企业创新投资意愿等方式引导资金由金融业、虚拟行业和房地产流向实体企业，促进金融资源优化配置，提升服务效率。由此提出研究假说：

假说 3 - 1：金融科技提升金融服务实体经济效率。

3.1.2　金融科技提升金融服务效率的传导机制

（1）金融创新效应。

金融科技创新提升新金融平台和传统金融机构等金融从业机构科技创新水平。金融科技创新催生了蚂蚁金服、腾讯金融等具有平台效应的新金融平台，通过大数据、人工智能、区块链等新技术降低金融服务信息不对称和逆向选择问题，降低信息获取成本，拆除地理、行业等壁垒对金融服务跨越地区和行业的障碍，拓展金融服务实体经济边界，孕育发展出分布式商业格局，将资金从分散的盈余者手中汇聚并投资到实体经济部门，实现资源和创新项目的精准匹配，提升金融服务前期审批和事后监管效率，增加金融的普惠性，为工商企业提供多样化的融资渠道，纾解企业"融资难、融资贵"（赵晓鸽等，2021），改进金融体系功能和服务实体经济效率。新金融通过"竞争效应"和"技术溢出效应"倒逼传统金融机构数字化转型升级，其中竞争效应表现在新金融平台效率的提高和资源配置收益的提高迫使传统金融机构深化改革，技术溢出效应表现为金融科技改善了金融交易环境，向传统金融机构技术溢出弥合信息差鸿沟，促使即便资本规模小、资本充足率低和流动性差的银行也有动力进行信贷扩张，全面提升传统金融服务效率。由此提出研究假说：

假说 3 - 2：金融科技创新发挥金融创新效应提升金融服务实体经济效率。

（2）金融中介效应。

金融科技创新加快金融中介运营效率表现出金融中介效应。金融服务实体经济需要大量资金，提供间接融资的银行机构拥有体量大、规模效益明显等优势，可以在低成本服务实体经济中扮演重要角色，但实际上实体经济中有相当一批企业是"轻资产、重知识产权"的中小微企业，资产规模小、缺少抵押物，很难从银行获得融资。金融与科技融合推动了金融业务模式和资金结构优化，改善了金融要素配置方式和配置效率，有效提升类似银行这类金融中介机构的服务质量。金融科技能弥补金融中介机构风险管控的局限性，运用金融科技可深度挖掘客户财务信息、风险状况、经营情况、企业流动性、违约风险、重大决策等多面数据进行客户画像来搭建信贷评估模型进行信贷利率定价，迅速筛选出高质量企业，疏解金融中介与服务企业之间信息不对称，克服传统金融机构审批系统依赖线下人工审批和专家审核导致的效率低下、成本高昂和容错率低等突出问题，最大限度避免风险。金融科技拓展传统金融服务方式和服务地点，克服传统金融机构以线下网点吸纳存款和方法贷款的各种弊端，通过运用人工智能替代人力劳动打破了物理上的限制，通过压缩业务时间、简化审批流程和拓展资金来源等方式提高金融服务效率。由此提出研究假说：

假说 3－3：金融科技创新通过提升金融中介效应促进金融服务实体经济效率。

（3）金融深化效应。

金融科技创新通过降低金融门槛提高金融普惠性。传统金融机构由于信息不对称等原因存在准入门槛，阻断"小""微""农"企业和低收入群体享受正规金融服务，要实现金融发展的普惠化、深入化，不能仅着眼于金融制度改变，更需要金融科技创新赋能。金融机构在金融科技加持下，能有效提高资金吸纳和投放效率。在资金端，金融科技通过研发和完善网银、手机银行等移动终端，能有效破解传统金融受物理网点的局限，降低金融服务门槛，扩大服务覆盖范围，为居民提供了透明化、均等化和人性化服务，引导金融资源流向实体企业优化配置。在资产端，传统金融由于贷款人和放贷机构之间存在信息不对称，导致很多长尾客户无法获得资金需求，金融科技通过大数据收集"数字足迹"给贷款人信用信息画像，建立放贷"白名单"和"黑名单"，针对不同资产水平和信用客群精准匹配和定制贷款服务。金融科技还能缩小金融大机构和小机构之间获取信息能力差距提升金融普惠性，在金融科技兴起之前，金融机构只能依靠信贷员实地考察，出于降低获客成本和风险，倾向选择"资产重、规模大、信用高"的大企业，金融科技帮助小机构将"软信息"转化为"硬信息"，降低获客成本。由此提出研究假说：

假说3-4：金融科技创新通过扩大金融深化效应提升金融服务实体经济效率。

3.1.3　金融科技提升金融服务效率的区域差异

我国东、中、西部无论是经济发展水平还是金融科技硬件设施基础都存在较大的差距，中西部地区经济和基础设施建设明显弱于东部地区，而且区域间发展差距的绝对值还在扩大。根据"金融需求跟随"理论，区域经济发展水平差异会带来金融系统运营节奏差异，区域经济发展质量水平较低，消费者对金融产品支付能力、需求层次及结构会相应降低，金融机构数量偏少，有的金融中介甚至撤销效益较差网点，产生"金融排斥"现象。金融资源流动不仅影响地区经济发展水平，也会引致金融需求差异。我国东部地区，尤其沿海地区自然资源丰富，生产设备先进，拥有丰厚的社会生产资金，具有雄厚的经济基础来支撑对金融服务的需求；而中西部地区基础设施较弱，经济基础薄弱，难以支撑金融需求。由此，地理位置可能对金融科技对金融服务实体经济效率产生不同影响，由此提出研究假说：

假说3-5：金融科技创新影响金融服务实体经济效率存在区域差异。

3.2　实证研究设计

3.2.1　数据来源

遵循科学性、客观性、系统性、可操作性和可比性等评价指标选取原则，选取 2011～2020 年中国 30 个省、自治区、直辖市的面板数据（不包含港澳台地区，西藏地区因数据严重缺失予以剔除），数据来源于国家统计局官网、《中国统计年鉴》《中国劳动力年鉴》《中国金融年鉴》和 EPS 数据库。

3.2.2　变量选择

（1）被解释变量选取与测度。

金融服务实体经济效率（*efse*）测算选用 3 个金融投入量和 1 个实体经济产出量（见表 3 – 1），以 *DEA* 为基础的 *SBM* 方向性距离函数和 GML 指数方法测算 2011～2020 年度面板数据（$4 \times 30 \times 10 = 1200$ 个观测值）作为中国 30 个省、自治区、直辖市（不包含西藏及港澳台地区）的金融服务实体经济效率（无单位）。金融资源投入涉及资金资源、组织资源和保障资源，并分别用社会融资规模、金融机构数量、金融从业人员表示，产出结果指期望产出，用实体企业增加值来测度（蔡则祥和武学强，2017）。

表 3 – 1　　　　　金融服务实体经济的投入与产出指标

类别	指标及说明	选择依据
金融资源投入	（资金资源）社会融资规模	表示金融部门向实体经济的资金资源的投入
	（组织资源）金融机构数量	金融机构数量代替金融业固定资产投入
	（保障资源）金融从业人员数量	以金融从业人员数量来代替金融行业金融人力资源投入
实体经济产出	期望产出国内生产总值（GDP）增加量	GDP 增加值减去金融业产值和房地产增加值的差额，表示金融服务实体经济的产出

图 3 - 1 是我国 30 个省份 2011 ~ 2020 年金融服务实体经济效率测度，其中，z 轴坐标系表示金融服务实体经济效率测算结果，y 轴表示各省份名称，x 轴表示年份，颜色越浅表示效率值越高，研究结果与近年类似研究结论基本吻合（王竹泉等，2019）。由图 3 - 1 可知，30 个省级区域金融服务实体经济效率 2011 ~ 2020 年整体呈现上升趋势（部分年份有增减交替）。个别省份从 2012 年起，金融服务实体经济效率呈现陡然下降现象，背后的可能原因是中国经历 2008 年金融危机之后，在 4 万亿宽松货币环境下，政府前期过度干预经济的副作用开始显现出来，导致金融要素服务实体经济的边际产出并未上升。

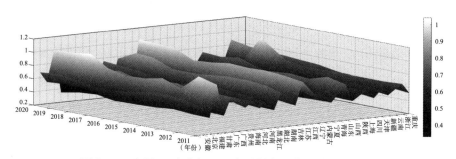

图 3 - 1　中国 30 个省级层面金融服务实体经济效率测度

（2）核心解释变量。

金融科技（*FinTech*）创新发展水平。选用《北京大学数字普惠金融指数》来衡量金融科技创新发展，衡量数字普惠金融指数所应用的具体指标均为金融科技创新的必然产物[①]，能直接反映金融科技发展水平，反映金融和科技融合效果（郭峰等，2020）。为使数据结果

---

　　① "北京大学数字普惠金融指数"包括数字金融覆盖广度、数字金融使用深度和普惠金融数字化程度三个大类 33 个指标，截至 2024 年，指数的时间跨度省级和城市级为 2011 ~ 2023 年，县域级为 2014 ~ 2023 年，覆盖了中国 31 个省、337 个地级以上城市和约 2800 个县。

可靠且稳健，将数字普惠金融指数除以 100，增加数据平滑性。

（3）控制变量。

有诸多因素影响金融服务实体经济效率，参考已有文献，选取以下控制变量：第一，经济发展水平（gdp）。金融与经济会相互影响，一方面金融是经济发展的关键动力，另一方面经济发展水平会直接影响金融科技发展水平和金融服务实体经济效率。第二，政府干预水平（gov）。政府对经济的干预会直接影响到金融资源要素的配置效率和方式。采用地方政府财政支出与 GDP 比值表示。第三，劳动力素质（edu）。金融市场对从业者专业要求高，金融行业工作者和被服务对象的受教育程度对金融服务实体经济效率有着重要影响。采用人均受教育年限表示，$edu = ($小学人数 $\times 6 +$ 初中人数 $\times 9 +$ 高中人数 $\times 12 +$ 大专及以上人数 $\times 16)/6$ 岁以上总人口数。第四，技术创新（tech）。科学技术的发展会直接影响金融业的服务效率，金融科技的发展对社会基础科学技术提出了更高的要求。采用人均市场技术成交额来衡量，市场技术成交额可以有效克服专利指标经济价值难以衡量的缺陷。第五，对外开放水平（open）。外资的引入会间接吸引外商管理水平和科学技术，对金融发展具有促进作用。采用实际使用外商直接投资额与 GDP 比值表示。

（4）中介变量。

结合理论研究假设和参考文献，选取金融创新效应（inn）、金融中介效应（fie）和金融深化效应（loan）为中介变量。金融创新效应采用各省域金融机构专利授权数量表示，对于全国营业的金融机构总行的专利数量重复计算到各省份分支机构上。金融中介效率采用金融机构贷款余额/居民储蓄余额的比值度量，比值越大则表明居民储蓄转化为投资流入生产的成效越显著，银行的中介作用发挥越充分。金融深化效应用短期贷款/长期贷款比值表示，比值越高说明金融机构为长尾群体服务的效率越高，优化金融资源配置抑制金融发展不平衡效果越显著，提高金融服务实体效率越明显。

3.2.3 模型设定

为验证金融科技创新与金融服务实体经济之间的关系，构建基准回归模型：

$$efse_{i,t} = \beta_0 + \beta_1 Fintech_{i,t} + \lambda X_{i,t} + \mu_i + V_t + \varepsilon_{i,t} \qquad (3-1)$$

式（3-1）中，t 和 i 代表年份和不同的省份；$efse$ 代表金融服务实体经济效率；$Fintech_{i,t}$ 代表金融科技创新；$X_{i,t}$ 代表一组相关控制变量；β_0、β_1、λ 代表待估系数；μ_i 用于控制个体效应，V_t 用于控制时间效应；$\varepsilon_{i,t}$ 表示随机扰动项。

3.3 实证结果分析

3.3.1 基准回归分析

运用式（3-1）得到金融科技与金融服务实体效率的实证结果（见表3-2），表3-2中模型（3-1）列所示金融科技（$FinTech$）回归系数为0.081，显著性在1%统计水平上，说明金融科技创新有效促进了金融服务实体经济效率。实证结果表明金融科技创新对金融服务实体经济效率起正向作用，与理论分析结果一致，假说3-1得证。

表 3 – 2　　　　　　　　　　　　基准回归估计结果

变量	模型 （3 –1）	模型 （3 –2）	模型 （3 –3）	模型 （3 –4）	模型 （3 –5）	模型 （3 –6）
FinTech	0.081 *** （0.079）	0.069 *** （0.071）	0.083 *** （0.067）	0.079 *** （0.062）	0.076 *** （0.061）	0.077 *** （0.060）
gov		− 0.557 *** （0.059）	− 0.592 *** （0.055）	− 0.208 *** （0.069）	− 0.342 *** （0.072）	− 0.353 *** （0.074）
tech			0.141 *** （0.018）	0.130 *** （0.017）	0.047 ** （0.023）	0.041 （0.025）
gdp				0.081 *** （0.010）	0.074 *** （0.010）	0.070 *** （0.011）
edu					0.131 *** （0.027）	0.147 *** （0.034）
open						0.032 ** （0.042）
_cons	0.369 *** （0.088）	0.532 *** （0.074）	0.529 *** （0.072）	0.354 *** （0.073）	0.828 *** （0.101）	0.883 *** （0.124）
N	300	300	300	300	300	300
调整的 R^2	0.237	0.408	0.501	0.586	0.616	0.615

注：括号内为 t 值，***、** 和 * 分别表示相关系数在 1%、5% 和 10% 的水平上显著，下同。

3.3.2　传导机制分析

从金融创新效应、金融中介效应和金融深化效应探索金融科技创新提升金融服务实体经济效率的传导机制。表 3 – 3 的模型（3 – 7）与模型（3 – 8）、模型（3 – 9）与模型（3 – 10）、模型（3 – 11）与模型（3 – 12）分别检验金融科技能否通过促进金融中介效应、金融创新效应、金融深化效应提升金融服务实体经济效率。表 3 – 3 的实证结果表明，模型（3 – 7）中金融科技创新对金融中介效应的回归系数为 0.072，且在 1% 置信水平上显著，说明金融科技创新提高金融机构服务效率。由模型（3 – 8）回归结果可以看出，金融科技创新提高金融中介效率，从而提高金融服务实体经济效率。模型（3 – 9）估计金融科技创新对金融创新效应的回归系数为 0.071，且在 1% 置信水平上显著，说明金融科技创新可以提高金融创新效应。由模型（3 – 10）回归结果看出，金融科技创新提高金融创新效应，从而提高金融服务实体经济效率。模型（3 – 11）估计金融科技创新对金融深化效应的回归系数为 0.024，且在 1% 的置信水平上显著，说明金融科技产生金融深化效应。由模型（3 – 12）回归结果看出，金融科技创新产生金融深化效应，从而提高金融服务实体经济效率。

表 3 – 3　　　　　　　　　　　　　传导路径检验

变量	模型 （3 – 7）	模型 （3 – 8）	模型 （3 – 9）	模型 （3 – 10）	模型 （3 – 11）	模型 （3 – 12）
	fie	*efse*	*inn*	*efse*	*loan*	*efse*
FinTech	0.072 *** (0.064)	0.064 *** (0.071)	0.071 *** (0.057)	0.059 *** (0.072)	0.024 *** (0.071)	0.085 ** (0.048)
M		0.180 *** (0.053)		0.248 *** (0.059)		0.155 *** (0.061)
gov	0.197 ** (0.079)	– 0.389 *** (0.073)	0.165 ** (0.070)	– 0.394 *** (0.072)	0.143 *** (0.088)	– 0.365 *** (0.074)
tech	0.117 *** (0.027)	0.020 (0.025)	0.110 *** (0.024)	0.013 (0.025)	0.041 (0.030)	0.037 (0.025)
edu	0.122 *** (0.036)	0.125 *** (0.034)	0.142 *** (0.032)	0.111 *** (0.034)	0.057 *** (0.040)	0.142 *** (0.034)

续表

变量	模型 (3 – 7)	模型 (3 – 8)	模型 (3 – 9)	模型 (3 – 10)	模型 (3 – 11)	模型 (3 – 12)
	fie	*efse*	*inn*	*efse*	*loan*	*efse*
gdp	0. 053 *** (0. 012)	0. 079 *** (0. 011)	0. 066 *** (0. 010)	0. 086 *** (0. 011)	0. 026 *** (0. 013)	0. 070 *** (0. 011)
open	0. 016 *** (0. 046)	0. 04 (0. 043)	0. 032 *** (0. 040)	– 0. 049 (0. 046)	0. 011 ** (0. 051)	0. 002 (0. 043)
_cons	1. 034 *** (0. 133)	0. 696 *** (0. 134)	1. 005 *** (0. 118)	0. 633 *** (0. 135)	0. 584 *** (0. 148)	0. 833 *** (0. 127)
N	300	300	300	300	300	300
调整的 R^2	0. 465	0. 628	0. 525	0. 635	0. 714	0. 618

为深入探讨金融中介效应、金融创新效应和金融深化效应在金融科技提升金融服务实体经济效率中的协同效应,借鉴已有文献(宋弘等,2019),对金融中介效应、金融创新效应和金融深化效应的促进路径进行如下机制分解:

$$efse_{i,t} = \delta_0 + \beta_i fintech_{it} + \beta_x X_{i,t} + \mu_i + V_t + \varepsilon_{i,t} \qquad (3-2)$$

$$Med_{i,t} = \delta_0 + \alpha_i FinTech + \beta_x X_{i,t} + \mu_i + V_t + \varepsilon_{i,t} \qquad (3-3)$$

$$efse_{i,t} = \delta_0 + \gamma_i M_{i,t} + \theta_i FinTech + \beta_x X_{i,t} + \mu_i + V_t + \varepsilon_{i,t} \qquad (3-4)$$

其中,i 代表所在不同地区,t 表示时间,Med 是表征金融中介效应和金融创新效应、金融深化效应的传导机制中介变量,α_i 为金融科技对传导机制中介变量的偏效应参数,θ_i 为机制变量对金融服务实体经济效率的偏效应参数,γ_i 为引入机制变量之后中介机制变量对金融服务实体经济效率影响强度参数。其余参数同式(3 – 1)。

金融中介效应、金融创新效应和金融深化效应促进金融服务实体经济效率的贡献为 $\theta_i \times \alpha_i / \beta_i$,各机制变量的贡献结果见表 3 – 4。金融中介效应对金融服务实体经济效率提升的贡献占比为15.5%，金融创新效应在促进过程中的占比为19.4%，金融深化效应在促进过程中占比为16.8%。基于中介效应检验和机制贡献度的分析，金融科技会通过提升金融中介效应、金融创新效应和金融深化效应，产生对金融服务实体经济效率的正向积极影响。实证检验表明，金融中介效应、金融创新效应和金融深化效应在促进过程中具有重要影响。因此假说3-2、假说3-3、假说3-4得证。

表3-4 传导机制贡献分解

传导机制	θ_i	α_i	β_i	贡献（%）
金融中介效率	0.064 ***	0.180 ***	0.077 ***	15.5
金融科技创新	0.059 ***	0.248 ***	0.077 ***	19.4
金融深化效应	0.086 ***	0.155 ***	0.077 ***	16.8

3.3.3 稳健性检验

为保障研究结果的稳健性和可靠性，对金融科技创新提升金融服务实体经济效率进行如下稳健性检验：一是替换被解释变量。随着生态环境的不断恶化，生态环境恶化问题逐渐成为中国绿色持续发展的绊脚石，借鉴相关参考文献做法，将工业化学排放物二氧化硫作为非期望产出，重新计算具有非期望产出情况下的金融服务实体经济效率，然后重新进行实证检验；二是剔除直辖市，因为直辖市政治和经济地位特殊。表3-5中稳健性检验表明，与前文实证研究一致，金融科技创新对金融服务实体经济影响效果依然为正，说明金融科技创新可以显著提升服务效率。

表 3 – 5　　　　　　　　　　　稳健性分析结果

变量	替换被解释变量	剔除直辖市
$FinTech$	0. 069 *** (0. 062)	0. 064 *** (0. 073)
gov	– 0. 171 ** (0. 076)	– 0. 431 *** (0. 08)
$tech$	0. 054 ** (0. 026)	0. 141 * (0. 073)
edu	0. 087 *** (0. 011)	0. 069 *** (0. 012)
gdp	0. 084 ** (0. 035)	– 0. 219 *** (0. 040)
$open$	0. 022 (0. 043)	0. 037 (0. 049)
$\_cons$	0. 609 *** (0. 128)	1. 148 *** (0. 146)
N	300	260
调整的 R^2	0. 556	0. 620

3.3.4　异质性分析

我国金融科技创新区域不平衡明显，金融科技对金融服务实体经济效率的影响在区域间存在差异。无论经济处于高涨还是低迷状态，东南沿海一直是我国金融科技发展最好的地区，西北地区次之，华中、华南、西南地区较低，呈现"中部塌陷"特征。东南沿海受惠于改革开放政策红利，具有资金和技术上的先发优势，金融科技创新水平高。得益于"西部大开发"和"中部崛起"计划，中西部地区近年来也得到大量资金支持，从而提升了这些地区的金融科技水平。但金融科技创新水平的层次性将会给金融效率造成不同影响。

为考察金融科技创新对金融服务实体经济效率的影响在区域的差异，表 3-6 中显示我国东、中、西部三个区域模型估计结果。东部地区中金融科技创新系数为 0.079，且在 1% 统计水平上显著，中部地区和西部地区的系数均不显著。根据计量结果，金融科技在东部发展水平每提高一个标准差，东部地区金融服务实体经济的效率平均提升 7.9 个百分点，可见金融科技创新能提升东部地区金融服务实体经济效率，却不能有效促进中西部地区金融服务实体经济效率，进一步拉大三大区域金融服务水平差距。原因来自两个方面：一是东部地区资金实力雄厚，又有改革开放政策红利、完善的基础设施建设和先进的金融管理体系，金融科技创新水平较高，能显著提升金融服务效率；二是东部地区的实体产业发达，金融服务体系完善，产业受到资源约束、金融排斥小，金融科技可以更有效地促进金融服务实体经济。实证结果表明金融科技对金融服务实体经济效率的影响存在区域异质性，假说 3-5 得证。

表3-6　　　　金融科技创新促进金融服务实体经济的区域差异

变量	东部地区	中部地区	西部地区
FinTech	0.079 *** (0.089)	0.057 (0.078)	0.099 (0.107)
gov	- 0.533 *** (0.183)	- 1.027 ** (0.261)	- 0.321 ** (0.142)
tech	- 0.006 (0.032)	0.823 *** (0.266)	- 0.317 *** (0.104)

变量	东部地区	中部地区	西部地区
gdp	0.191 *** (0.05)	0.106 (0.088)	0.068 (0.044)
edu	0.058 *** (0.015)	0.072 (0.058)	0.072 * (0.036)
$open$	0.016 *** (0.048)	0.036 *** (0.011)	-0.047 *** (0.017)
$\_cons$	1.023 *** (0.168)	0.918 ** (0.358)	0.611 *** (0.181)
N	110	80	110
调整的 R^2	0.713	0.785	0.547

注：地域划分参考易行健和周利（2018）。东部地区：北京、福建、广东、海南、河北、江苏、辽宁、山东、上海、天津、浙江。中部地区：安徽、黑龙江、河南、湖北、湖南、江西、吉林、山西。西部地区：甘肃、广西、贵州、内蒙古、宁夏、青海、陕西、四川、新疆、云南、重庆。

3.3.5　内生性检验

金融科技创新和金融服务实体经济效率可能同时受到金融机构能力、交易模式、居民交易习惯等不可观察因素影响，从而对金融科技回归系数造成偏误。为解决内生性问题，构建"Bartik instrument"（易行健和周利，2018），即构建 $fintech_{j,t-1}$ 与 $\Delta fintech_{j,t-1}$ 的乘积为新生工具变量进行估计。表3-7中显示，第一阶段中工具变量估计系数显著异于0，存在弱工具变量的可能性小。表明考虑了内生性问题后，金融科技依然促进金融服务实体经济效率提升，说明回归结论基本可靠。

表 3 − 7　　　　　　　　　　　　内生性检验结果

第一阶段回归 被解释变量：金融科技		第二阶段回归 被解释变量：金融服务实体经济效率	
变量	efse	变量	efse
FinTech	0. 160 *** (0. 145)	FinTech	0. 113 *** (0. 026)
gov	− 0. 099 (0. 526)	gov	− 0. 356 *** (0. 094)
tech	0. 439 *** (0. 172)	tech	0. 001 *** (0. 031)
edu	0. 073 *** (0. 242)	edu	0. 159 *** (0. 043)
gdp	0. 067 *** (0. 079)	gdp	0. 078 *** (0. 014)
open	0. 048 (0. 031)	open	0. 013 (0. 057)
_cons	1. 651 *** (0. 879)	_cons	1. 029 *** (0. 158)
N	270	N	270
调整的 R^2	0. 389	调整的 R^2	0. 446

3. 4　本　章　小　结

近年来，金融服务实体经济是中国宏观经济政策制定过程中的重要论点。金融与科技深度融合改变了传统金融发展模式，对金融服务实体经济产生深刻影响。在经济快速发展背景下，研究金融科技创新提升金融服务实体经济效率促进实体经济高质量发展具有重要意义。

在党的二十大关于中国金融思想新发展理念指导下，把"金融服务实体经济"原则纳入中国式现代化宏大场景中研究金融科技的作用发挥，在理论逻辑分析基础上提出研究假说，并运用我国 30 个省级行政区域 2011～2020 年面板数据进行实证考察。研究发现：金融科技创新通过金融创新效应、金融中介效应和金融深化效应提升金融服务实体经济效率，这三大效应在金融科技创提升金融服务实体经济效率的价值贡献分别为 19.4%、15.5% 和 16.8%，异质性分析发现金融科技创新提升金融服务实体经济效率对经济发达的东部地区比经济欠发达的中、西部地区成效显著。

第4章

金融科技创新对金融风险的影响

根据党的二十大报告"守住不发生系统性风险底线"的要求，分析系统性风险如何在跨部门之间进行风险传染及传染网络。采用条件在险价值模型估计各个金融机构对整个金融系统的系统性风险贡献度，再结合方差分解网络分析各个部门的传染渠道。然后，从实证角度分析金融科技如何控制金融风险。一方面，创新大数据能有效控制企业的信用风险；另一方面，创新利用组合模型可以有效控制个人的信用风险。

4.1 系统性风险跨部门溢出传染网络[*]

4.1.1 理论分析

党的二十大报告明确指出，"加强和完善现代金融监管，强化金

---

* 本节内容引自：吕秀梅，熊笑笑. 系统性风险跨部门溢出网络及突发事件对风险传染的影响——来自37家上市金融机构高频交易的证据［J］. 金融经济，2023，9：3 - 16.

融稳定保障体系，依法将各类金融活动全部纳入监管，守住不发生系统性风险底线"。一方面，当前我国金融领域面对国内外多重压力，正处于风险易发期。另一方面，在新业态、新机构快速发展形势下，金融机构与金融市场间的联系愈加紧密，而金融机构的高度关联性不仅可能导致个别机构的破产传染到整个金融体系致使经济持续性衰退，还可能在风险暴露时迅速演变为跨区域、跨行业、跨部门的大规模风险传染进而引发系统性金融风险和金融危机。并且，科技在赋能金融并让金融提质增效的同时，也让传统金融传导的时空限制被打破，金融业务更加虚拟，不同业务相互渗透性更强，风险规模更大，传播速度更快，金融风险变得越来越难以控制，因此系统性风险增加。由于金融科技的作用，银行、证券、保险等部门之间的业务边界越发模糊，比如，蚂蚁金服旗下的支付宝平台同时提供支付、理财、借贷、保险等多种金融服务，让金融风险更隐蔽，风险传染性更强，破坏性也更大。所以，亟须科学准确地测度各金融机构对系统性风险的贡献度，合理有效地评估风险在各部门间的溢出效应，以提早采取适宜举措对风险予以控制，从而防范和化解系统性金融风险。

系统性风险中非常重要的问题是风险测度（Benoit et al.，2017；Acharya et al.，2017）。从测度指标来看，主要有条件在险价值 $CoVaR$（Adrian and Brunnermeier，2016）和条件在险价值差额 $\Delta CoVaR$（白雪梅等，2014），成分期望损失 CES（Banulescu and Dumitrescu，2015），边际期望损失 MES（Acharya et al.，2012），系统性风险指数 $SRISK$（Brownlees and Engle，2017；杨子晖和李东承，2021）。这些指标都能从不同角度考虑微观金融机构对系统性金融风险的贡献程度，从而对系统重要性金融机构进行排序。杨子晖等（2018）研究发现，MES、VaR、$CoVaR$ 和 $\Delta CoVaR$ 这四种方法均能准确识别出金融部门风险集聚的尾部事件。宫晓莉等（2020）认为，*CoVaR* 和 *MES* 经济意义好，可用于监测潜在系统性重要机构。

已有大量研究关注系统性风险的横向传递和跨市场传染，而复杂网络是当前最热门的研究方法，主要是从静态研究系统性风险网络传染，如黄玮强等（2018），以金融机构间信息溢出关系为关联渠道将网络的拓扑结构特征与金融机构的风险传染特征联系，挖掘其影响因素；杨子晖等（2020）基于非线性关联网络研究全球不同市场之间风险溢出，并且发现风险溢出具有非对称性。为了了解系统性风险网络传染时变性，逐渐出现了动态网络研究，如宫晓莉等（2020）使用时间变参数向量自回归（TVP－VAR）模型考察金融系统波动率的溢出效应和溢出方向，构建我国金融系统子市场间的复杂网络，分析波动溢出网络的金融风险传染特征；而张飞鹏（2022）在单层网络的基础上考虑了多层网络，基于 LGCNET 多层网络度量我国上市公司系统性风险，分析新冠疫情暴发对我国系统性风险的影响，发现金融与科技行业是风险传导的中心。

从相关文献可以看出，现有研究主要聚焦在跨市场或跨行业的风险传染上，且主要为单向传染，而跨部门风险溢出，双向传染相对较少，但是跨部门风险传染带来的风险扩散机制是系统性金融风险爆发的核心所在。阿西莫格鲁等（Acemoglu et al.，2015）认为，跨部门风险溢出是指金融机构和金融市场间可能存在风险交叉传染，风险传染具有一定的关联性，从而导致系统性风险；杨子晖等（2018）研究认为我国金融市场的跨部门风险传染效应较为明显；张宗新和陈莹（2022）构建金融机构、股票市场、债券市场、外汇市场、货币市场等七个维度的信息溢出网络分析跨部门的风险传染效应。李政等（2022）基于行业关联网络发现极端状态下，金融和房地产对其他行业溢出最高。现有文献基于市场数据构造的大多数复杂网络是金融信息网络，而非风险网络。金融信息网络能够给出具体的风险传染机制，却拘泥于某一特定关联形式。风险网络虽然无法给出具体的风险传染渠道，但是采用高频、时效的数据构建风险溢出网络不用拘泥于某一特定的关联形式，不仅能考虑多种潜在的风险传染渠道，还可以对机构间的风险传染进行全局性、多渠道的测度研究。

基于此，借助资本市场高频交易数据，采用 GARCH 族模型测度银行、证券、保险、房地产四个部门中主要机构的系统性风险水平，并借助 DCC－GARCH 模型计算各部门间的动态相关性，然后建立方差分解网络，构建跨部门风险溢出网络，分析金融机构间的传染渠道，发现风险溢出的输出方和接收方。与现有研究相比，可能存在的边际贡献体现在如下方面：第一，以往研究主要分析跨市场的风险溢出单市场溢出，或者单向溢出，而本书从整体把握金融机构之间的风险相互传染效应；第二，以新冠疫情为例比较分析了突发事件对各部门的风险溢出效应强度和响应路径；第三，论证了四个部门之间的动态相关性，为将房地产部门纳入金融系统考量提供依据。

4.1.2 模型设定和数据说明

（1）方差分解网络方法。

采用迪博尔德和伊尔马兹（Diebold and Yilmaz，2014）的方差分解网络方法，对各金融部门构建风险溢出网络，并通过方差分解来反映不同变量间的风险溢出。基于网络拓扑方法的基本思想及相关公式定义，构建出表 4－1 所示的风险传染矩阵。

表 4 - 1 风险传染矩阵

变量	X_1	X_2	...	X_N	FROM
X_1	d_{11}^H	d_{12}^H	...	d_{1N}^H	$D_{1\leftarrow}^H$
X_2	d_{21}^H	d_{22}^H	...	d_{2N}^H	$D_{2\leftarrow}^H$
...	...	...	...	...	...
X_N	d_{N1}^H	d_{N2}^H	...	d_{NN}^H	$D_{N\leftarrow}^H$
TO	$C_{\cdot\leftarrow1}^H$	$C_{\cdot\leftarrow2}^H$	...	$C_{\cdot\leftarrow N}^H$	C^H

其中，X_i 为协方差平稳的变量，对角线元素表示 H 步预测期内由自身解释的部分，非对角线元素表示预测误差方差的分解，即其他元素解释的部分，代表着不同元素之间的风险溢出程度。矩阵中第 i 行的和代表了其他 $N-1$ 机构对它的风险溢出，表示机构 i 的风险承受能力。列的和代表了机构 j 对其余 $N-1$ 个机构的风险溢出程度，H 表示预测期，C^H 表示 FROM 项或 TO 项的和。

（2）数据说明。

考虑到数据的可获取性和疫情的覆盖性，样本区间为 2017 年 1 月 1 日~2021 年 12 月 31 日。由于房地产市场对银行业系统性风险存在显著溢出效应（方意等，2022），房地产业也是耗用金融资源最多的行业，规模较大的房地产公司甚至会直接经营金融业或从事影子银行业务，随着金融科技的发展，房地产业金融化程度加深，所以将房地产与银行、证券、保险一同纳入考虑。选取 A 股中市值居前五十的 37 家上市公司作为研究样本（见表 4 - 2），从 CSMAR 数据库中获取公司股票日交易数据和沪深 300 金融指数，通过：

$$R_{i,t} = 100 \times \ln\left(\frac{P_{i,t}}{P_{i,t-1}}\right) \tag{4-1}$$

计算收益率，其中 $P_{i,t}$ 表示第 t 期金融机构 i 股价或沪深 300 金融指数大小，$R_{i,t}$ 表示第 t 期机构 i 或沪深 300 金融指数收益率。对各收益率序列进行平稳性检验，在 95% 的置信水平上结果都显著拒绝了原假设，进行 ARCH 效应也都显著拒绝了原假设，都存在 ARCH 效应，因此可以采用 GARCH 族模型拟合各收益率序列。

表 4 - 2　　　　　　　　　　　　样本机构名单

房地产行业（12 家）	商业银行（12 家）	证券公司（9 家）	保险公司（4 家）
万科 A	平安银行	西南证券	中国平安
苏宁环球	华夏银行	广发证券	中国太保
华侨城 A	民生银行	海通证券	中国人寿
金融街	江苏银行	中信证券	新华保险
金科股份	兴业银行	招商证券	
阳光城	农业银行	国泰君安	
保利地产	交通银行	兴业证券	
新城控股	工商银行	光大证券	
华夏幸福	光大银行	华泰证券	
金地集团	建设银行		
绿地控股	中国银行		
招商蛇口	中信银行		

4.1.3　风险溢出的实证分析

（1）系统性风险度量。

系统性风险度量采用 $\Delta CoVaR$，表示单个机构处于风险水平时整个金融体系遭受损失的大小，可以用来衡量机构对金融系统的系统性风险贡献度。采用分位数回归法进行计算：

$$\Delta CoVaR_{q,t}^{i} = CoVaR_{q,t}^{m|i} - CoVaR_{q,t}^{m|i,median} \qquad (4-2)$$

$\Delta CoVaR$ 代表在 t 时刻，置信水平为 $1-q$ 时，机构 i 对整个系统 m 的系统性风险贡献度为机构 i 在财务困境时整个系统 m 的条件风险价值与正常状态下即机构 i 收益率处于中位数状态下的条件风险价值差额。$\Delta CoVaR$ 一般为负数，为便于理解，后文中均取其绝对值，且结果为 95% 显著性水平下计算所得，该数值越大则系统性风险贡献度越高。

先对各收益率序列进行 ARCH 效应检验，由于存在无法通过检验的样本，所以将所有样本多选两年数据，再选取样本区间的数据。主要用到的 GARCH 模型有 GARCH、TARCH 和 EARCH，通过比较分析选取最合适的，再考虑加入自回归项和移动平均项，提高拟合优度。表 4 – 3 是用 GARCH 族模型计算出来的 $\Delta CoVaR$ 主要统计量。

表 4 – 3　　　　　　　　样本机构 $\Delta CoVaR$ 的主要统计量

金融机构	平均值	标准差	最大值	最小值
万科 A	51. 75714	11. 85908	124. 6906	23. 12231
苏宁环球	12. 74268	7. 418924	42. 14119	5. 713972
华侨城 A	56. 59903	16. 7012	158. 1516	13. 50592
金融街	4. 056352	1. 355244	12. 3518	1. 591795
金科股份	9. 782943	3. 225882	35. 39564	5. 503723
阳光城	6. 783663	2. 225479	20. 06776	2. 554771
保利地产	4. 745768	1. 180969	9. 05168	1. 087437
新城控股	8. 177135	2. 089735	24. 44428	3. 598077
华夏幸福	11. 15633	4. 434219	54. 94784	3. 552989
金地集团	26. 71091	7. 317357	56. 49416	7. 339308
绿地控股	67. 93808	27. 09167	262. 4569	21. 71302
招商蛇口	4. 204527	1. 044231	9. 059126	1. 689895
平安银行	3. 535904	1. 139393	8. 172465	1. 024275
华夏银行	44. 26932	21. 16329	253. 3659	30. 90539
民生银行	44. 67745	24. 09627	418. 0427	36. 24138
江苏银行	3. 365649	1. 316897	7. 98963	1. 31189
兴业银行	3. 935508	1. 432057	9. 571308	1. 216177
农业银行	3. 314775	1. 052541	9. 535795	1. 007631

续表

金融机构	平均值	标准差	最大值	最小值
交通银行	18.04833	8.631168	93.17989	12.26841
工商银行	3.463802	1.118459	8.912876	0.979621
光大银行	3.845834	1.743511	38.6001	1.385685
建设银行	4.160265	1.376333	11.20014	1.156707
中国银行	3.495037	1.26223	11.35746	1.830238
中信银行	6.430524	2.950552	32.24779	4.119718
西南证券	9.729451	10.03534	285.4106	2.036237
广发证券	4.221356	1.610601	14.01479	1.737859
海通证券	4.839605	1.785611	20.21008	2.894351
中信证券	4.790258	1.294004	10.23909	1.870457
招商证券	22.16596	8.176085	103.5588	3.333433
国泰君安	6.511633	1.782311	31.69086	5.047798
兴业证券	5.374217	2.281682	18.91277	0.832463
光大证券	5.393404	3.170057	28.60323	1.458393
华泰证券	4.335508	0.89814	10.47049	1.42055
中国平安	2.581919	0.725014	5.020969	1.358108
中国太保	3.944588	0.838287	7.847639	1.220079
中国人寿	5.978421	1.843679	16.56212	2.755718
新华保险	3.843508	1.189106	8.272104	1.861304

从表4-3可以看出，不同金融机构对系统风险的贡献度存在明显差异。从行业间来看，房地产业系统性风险贡献均值明显最高，整个行业系统性风险均值高达21.93，银行业和证券业次之，分别为11.88和7.46，保险业最低，只有4.08，因此房地产是金融机构系统性风险的主要来源。从单个金融机构来看，房地产中绿地控股的系统性风险平均值最大，银行业里民生银行与华夏银行系统性风险最高，证券业里招商证券系统性风险均值最大，因此有必要密切关注这四家公司动向并提早防范系统性风险发生。

（2）系统性风险动态分析。

基于各部门风险度量指标的平均值，构建我国金融部门系统性风险的衡量指标（见图4-1）。金融体系的整体风险在2020年7月出现了一个大峰值，整体波动较为集聚出现在2017年下半年。从部门来看，房地产业始终处在最高水平，尤其新冠疫情之后，系统性风险比其他更为波动，主要是疫情大大提高房地产业贷款违约风险，且成交量大幅下降。2018年受中美贸易摩擦的影响，银行系统性风险激增。2019年底出现新冠疫情，在2020年7月各部门系统性风险几乎同时出现巨大波动，也就是说，金融机构系统性风险对宏观经济的反应具有一定时滞性，再加上政府控制得当，直到7月疫情得到控制，各种积累的问题爆发，各部门系统性风险激增。2017年房地产与银行出现了较多波动，主要是因为银行在执行差别化的房地产信贷政策，对投资性房贷规模进行控制。2020年新冠疫情刚暴发，各部门系统性风险处于较低水平，此时处于风险积累阶段，与张飞鹏等（2022）研究结论一致，这依赖于政府控制得当。

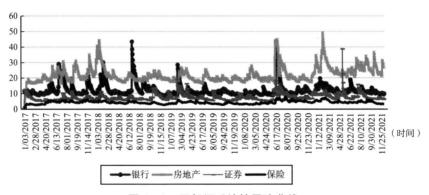

图4-1　四部门系统性风险曲线

为证明各部门的相关性，将房地产纳入金融系统提供实证依据，考虑到收益率的时变性，采用 DCC – GARCH(1，1) 模型对四个部门收益率进行动态相关性研究，条件方差方程可简化为：$h_{\rho,t} = c + \alpha\varepsilon_{\rho,t-1}^2 + \beta h_{\rho,t-1}$，$\rho$ 是任意两个变量相关系数，α 是残差平方滞后项的系数，用于衡量市场信息对序列相关性的影响；β 是协方差滞后项的系数，表示相关性的持续程度；$\alpha + \beta$ 表示相关关系的显著性。并且，若 $\alpha > 0$，$\beta > 0$ 且 $\alpha + \beta < 1$，则满足 DCC – GARCH 模型的约束条件，证实 DCC – GARCH 模型的适当性，动态相关关系有效。

各部门收益率序列峰度均大于 3，呈现出明显的"尖峰—厚尾"特征，后续模型构建要求序列平稳，所以对各变量进行平稳性检验（见表 4 – 4），都在 1% 的显著性水平下拒绝了原假设。

表 4 – 4　　　　　　　　　各部门收益率 ADF 检验统计

变量	ADF 统计量	各显著水平下 ADF 统计量的临界值			平稳性
		1%	5%	10%	
银行	– 33.79779	– 3.435519	– 2.863710	– 2.567976	平稳
证券	– 33.88560	– 3.435519	– 2.863710	– 2.567976	平稳
保险	– 35.08234	– 3.435519	– 2.863710	– 2.567976	平稳
房地产	– 33.78434	– 3.434419	– 2.863710	– 2.567976	平稳

然后用 ARDL 模型确定各部门收益率序列最优滞后阶数，再根据最优滞后阶数设立均值方程，对方程残差序列做自相关检验，Ljung-box Q 统计量对应的 p 值均大于 0.1，各方程不再存有自相关，最后做 ARCH 效应检验，在 5% 的显著性水平上拒绝了原假设，可以使用 GARCH 族模型建模分析，消除 ARCH 效应，建立 DCC – GARCH

模型。

表4-5给出了采用 DCC-GARCH 模型的参数估计结果。由表4-5可知，各参数与参数和均介于0与1之间，说明部门间 DCC-GARCH 模型的建模合理，能够用于刻画收益和波动间的相关关系。并且，横向比较各参数，发现证券房地产的动态相关关系最显著；α 值最大的是证券-银行系数，说明市场信息对证券和银行冲击较大；β 值最大的是证券-房地产系数，说明证券与房地产之间的动态相关系数有很强的持续性。

表4-5 DCC-GARCH 模型的参数估计

系数	银行-房地产	证券-房地产	保险-房地产	银行-保险	保险-证券	证券-银行
α	0.098755	0.018693	0.076664	0.052048	0.039752	0.106918
β	0.854502	0.972361	0.875370	0.916543	0.919649	0.836612
$\alpha+\beta$	0.953257	0.991054	0.952034	0.968591	0.959401	0.943530

为进一步看出各部门间动态相关性的变化，可考虑各部门动态相关系数（见图4-2）。由图4-2可知，各部门动态相关系数具有明显的时变性，各部门之间基本呈现正相关关系，保险与银行业之间动态相关系数水平最高，长期在0.8以上，虽然保险业各机构系统性风险水平较低，但是与其他部门相关性较强，监管部门不能忽视放松警惕。证券业与房地产业，银行业始终保持正相关关系，而保险部门与其他三个部门都存在过负相关关系。银行与房地产业在2017年出现过两次负向极值后回升，而在这一期间，银行与房地产的系统性风险变化趋势也是相反的，说明这一期间颁布的政策有利于银行同时能有效控制房地产业。而在2020年初，新冠疫情暴发，各部门间的动态

相关系数均出现了急剧上升，这是由于风险积累阶段，金融机构之间为应对危机合作意愿加强，跨机构合作金融业务增多，各部门关联性提高（陈建青等，2015），说明危机可以提高各部门间的相关性。

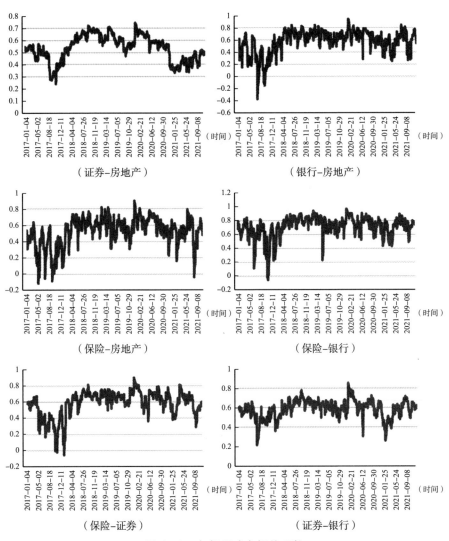

图 4－2　各部门动态相关系数

（3）系统性风险的跨部门溢出分析。

基于计算出的各机构系统性风险指标 $\Delta CoVaR$，将各部门中样本机构的 $\Delta CoVaR$ 分别取均值，得到各部门系统性风险水平。yh、fdc、zq 和 bx 分别表示银行、房地产、证券和保险的 $\Delta CoVaR$，先得对四个序列进行 ADF 平稳性检验，都是在 1% 的显著性水平上的平稳序列，再进行格兰杰因果检验（见表 4－6），可以建立 VAR 模型，基于施瓦茨准则（Schwarz criterion，SC）可为 VAR 模型选择最优的滞后阶数。

表 4－6　　　　　　　　　　格兰杰因果关系检验结果

原假设	Chi－sq	P 值	结论
fdc 不是 yh 的格兰杰原因	8.880306	0.0029	拒绝
zq 不是 yh 的格兰杰原因	1.847790	0.1740	接受
bx 不是 yh 的格兰杰原因	4.827571	0.0280	拒绝
yh 不是 fdc 的格兰杰原因	0.073260	0.7866	接受
zq 不是 fdc 的格兰杰原因	0.326913	0.5675	接受
bx 不是 fdc 的格兰杰原因	6.853999	0.0088	拒绝
yh 不是 zq 的格兰杰原因	0.649127	0.4204	接受
fdc 不是 zq 的格兰杰原因	1.933222	0.1644	接受
bx 不是 zq 的格兰杰原因	5.716461	0.0168	拒绝
yh 不是 bx 的格兰杰原因	0.242566	0.6224	接受
fdc 不是 bx 的格兰杰原因	7.763826	0.0053	拒绝
zq 不是 bx 的格兰杰原因	1.176028	0.2782	接受

四部门的系统性风险指标可以作为整个系统的内生变量，由此进行下一步方差分解。选择最优滞后阶数，设定预测期为 10 天（即两周的交易时间），在此基础上结合风险溢出矩阵考察各个金融部门的风险传染关系（见表 4－7）。

表 4 - 7 　　　　　　　　　　全样本风险溢出矩阵　　　　　　　　　单位：%

项目	银行	房地产	证券	保险	FROM
银行	97.321966	0.7449553	1.7574166	0.1756624	2.6780343
房地产	0.0944784	98.461957	1.3345788	0.1089863	1.5380435
证券	0.1502648	0.7923908	99.024451	0.0328946	0.9755502
保险	3.0702159	2.0749532	4.0966926	90.75814	9.2418617
TO	3.3149591	3.6122993	7.188688	0.3175433	14.4334897

从指标 FROM 可以看出保险业在整个样本期内受其他部门风险溢出较严重，证券业在整个样本期内受其他部门风险传染程度最低，只有 0.98%。从 TO 指标可以看出证券业对外风险溢出较为严重，其主要原因是证券公司在金融市场通过其各项经纪业务、承销与保荐等投资业务、融资融券等信用业务形成了较高水平的间接关联，并且证券部门的系统性、脆弱性较高（李政等，2019）。证券公司应对冲击能力较弱，抗风险能力不足，金融风险更容易在证券部门形成。从整体看，各部门系统性风险传染具有不对称性。

为分析突发事件对系统性风险传染的影响，特以新冠疫情为例，将全样本时期与新冠疫情暴发后风险溢出进行比较（见表 4 - 8）。

表 4 - 8 　　　　　　　　　　新冠疫情期风险溢出矩阵　　　　　　　　单位：%

项目	银行	房地产	证券	保险	FROM
银行	91.532288	4.9776425	3.4723278	0.0177412	8.4677115
房地产	0.4517234	97.008482	2.5182572	0.0215381	2.5397953
证券	0.4261888	2.3187364	96.978385	0.2766896	3.0216148
保险	2.997458	4.8970929	4.6975414	87.407908	12.5920923
TO	3.8753702	12.1934718	10.6881264	0.3159689	26.6212139

对比表4-7和表4-8发现,新冠疫情期间各部门受其他部门的风险溢出都有所增加,尤其银行业上升了近6个百分点,最易受其他部门影响的还是保险业。而对外风险溢出最为突出的变成了房地产行业,证券业次之,银行业与保险业变化不大,房地产业风险溢出由3.6%上升到12.2%,证券业由7.2%上升到10.7%。在危机时期,房地产抗风险能力较弱,易受外界冲击的影响。房地产属于高负债行业,由于疫情冲击,房地产需求萎缩,价格下跌,容易发生资不抵债从而引发风险,然后通过资金渠道传给其他部门;疫情期间买房人"弃房断供",部分房地产企业可能发生资金链断裂,然后货币资金金融服务机构的不良贷款率会提升,证券业、保险业,尤其银行业会因为与房地产存在的各方面联系,发生风险传染。在疫情期间恒大集团出现问题,债务规模高达2万亿元,其资金链断裂将会影响8441家企业,涉及金融机构高达128家,一旦破产将会直接引发金融系统性风险,而风险一旦爆发,就会通过行业间关联渠道(李政等,2022)造成跨部门跨机构的系统性风险传染。房地产和证券部门在危机时对其他三个部门的溢出都有所增强,房地产最为明显,所以可以认为房地产是危机时期系统性风险的放大器。

为把握各部门系统性风险究竟如何相关,选择滞后30期分析四个部门疫情前和疫情期间的脉冲响应路径。

图4-3给出了银行的脉冲响应路径。不管是疫情前还是疫情期间,给其他三个部门一单位标准差正向冲击,都会对银行产生正向影响,意味着另外三个部门遭受冲击系统性风险变大时会导致银行的系统性风险也增强。根据脉冲响应强度观察,疫情前,证券系统性风险的正向冲击对银行系统性风险的影响在滞后7期

最显著，然后逐渐减弱，而房地产对银行的影响最弱。到了疫情期间，房地产系统性风险对银行的影响的强度增长最快，在滞后4 期时显著超过证券系统性风险对银行的影响，从响应路径也能看出，影响的持续性大大提高，而银行的系统性风险水平对保险的响应变为最小。

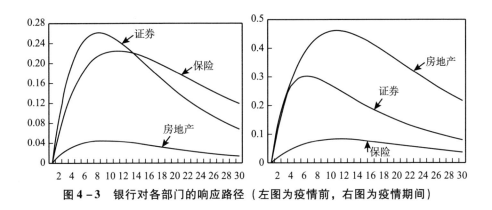

图 4 - 3　银行对各部门的响应路径（左图为疫情前，右图为疫情期间）

　　由图 4 - 4 可知，在疫情之前，当保险部门系统性风险水平遭到一个正冲击，会对证券部门系统性风险水平产生负向的影响，从 0 开始，在第 9 期达到负向最大，然后逐渐减弱；当房地产部门系统性风险水平遭受一个正冲击，会先对证券部门系统性风险产生负向的影响，在第 6 期变为正，然后影响逐渐增强再收敛；给银行部门系统性风险一个正冲击，对证券从负的影响开始变为正向的，然后逐渐增强至最大值后减弱趋于 0。疫情期间，各部门对证券部门的影响都是正向的，房地产和保险对证券的影响都是先增强再减弱，而银行在最初就会达到最大值然后逐渐减弱。对证券部门影响最大的由银行变为了房地产。

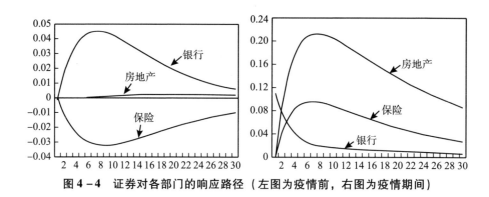

图4-4 证券对各部门的响应路径（左图为疫情前，右图为疫情期间）

由图4-5可知，在疫情之前，房地产部门系统性风险遭到一个正冲击会对保险部门产生负向的影响，这种影响会先增强再减弱；而证券和银行部门遭到一个正冲击都会对保险部门产生正向影响，这种影响在初期最大，然后减弱；三个部门里银行对保险的影响最大。在疫情期间，三个部门对保险产生的都是正向影响，在第8期之前影响最大的是证券，第8期之后影响最大的变成了房地产，在第18期这种影响达到极值然后开始减弱。

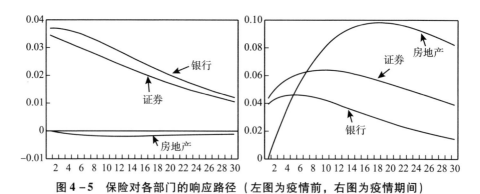

图4-5 保险对各部门的响应路径（左图为疫情前，右图为疫情期间）

图4-6给出了房地产对各部门的脉冲响应。银行、证券、保险三个部门变动一个标准差，在疫情前对房地产产生的影响是正向的，

都是先增强再减弱的趋势，保险部门系统性风险变动给房地产的影响是最大的。在疫情期间，对房地产影响最大的变成了证券部门，并且达到最大值的时间提前了两期。银行和保险部门对房地产的影响在初期最大逐渐减弱，而银行在 19 期之后会产生负向的影响。

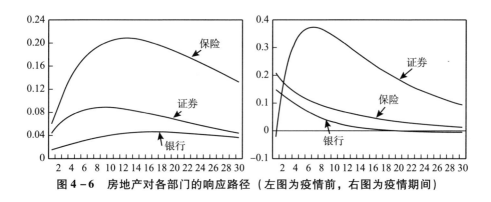

图 4-6　房地产对各部门的响应路径（左图为疫情前，右图为疫情期间）

纵向上看，房地产业在疫情前对各部门冲击都较小，银行对各部门冲击较大；在疫情之后房地产对各部门的冲击最大且持续性最强，银行反而对各部门冲击变为最小，持续性也减弱。

4.2　创新大数据控制企业信用风险 *

4.2.1　理论分析

工商企业主要通过公司金融获得金融服务，但是中小微企业融资

---

　 * 本节内容引自作者已发表文章：吕秀梅 . 大数据金融下的中小微企业信用评估［J］. 财会月刊，2019，13：22 - 27.

难是国内外普遍存在的难题（吴昊和杨济时，2015）。中小微企业融资难，既可能是自身内在原因所致，也可能是外界原因所致。从内在原因看，大部分中小微企业处于发展的早期，自身运营规模较小，经营状况欠佳，管理体系相对落后，财务不清晰，高层素质有待提高等，因此很难通过银行的贷款审核（赵岳和谭之博，2012）；从外在原因看，可能存在信息不对称，银行很难获知中小微企业的真实还款能力，造成银行为其融资时成本过高，还可能在贷后产生道德风险，因此银行惜贷。从融资渠道看，中小微企业融资主要通过股权融资和银行融资，渠道相对狭窄（肖兰华和徐信艳，2017）。

与传统金融相比，金融科技能显著降低金融服务的成本，提高服务效率，降低信息不对称等问题。比如，金融科技平台能自动化处理交易，减少贷款审批、支付等环节的人为操作，还能提高速度和准确度，既能减少贷款欺诈的可能性，又能解决传统金融中小企业融资效率低下的问题（王秀贞等，2017）；利用去中心化、交易透明安全的区块链技术进行数据信息的记录，可有效提高交易的透明度，减少信息不对称；将智能合约应用于合同的自动化执行，可极大减少法律纠纷和中介费用；借助互联网、区块链等新兴技术，可以实现资金供给方和需求方的信息共享，随时随地实现金融交易，提高交易便利性。因此，对中小微企业而言，金融科技能拓宽其融资渠道，还能解决其信贷配给问题，最终为中小微企业提供更好的金融服务，从而实现金融科技真正服务实体经济，体现金融科技的普惠特性。金波和牛华伟（2024）研究认为，金融科技能将企业信誉成本作为类抵押资产，有效降低中小企业获得贷款的门槛，提高金融普惠性。

但是，商业银行、金融科技公司等在为中小微企业提供融资服务时，风险控制仍是核心问题，而关键所在是如何规范化标准化评估中小微企业信贷风险。传统金融机构主要通过企业的财务状况来评判企业信用，因此中小微企业很难通过传统渠道获得融资。但是当前大数据金融下企业数据来源更为广泛，有必要将众多非财务信息纳入中小微企业信用评估体系，全面评估企业信贷风险，为商业银行和金融科技公司等在服务中小微企业时提供决策参考。

层次分析法（吴泓和陈少晖，2020）、数据包络分析（彭正银，2024）、机器学习法（陈煜之等，2024）等多种方法均是目前常用的分析企业状况的方法。层次分析法，即 AHP（analytic hierarchy process）方法，将较为复杂的问题通过不同层次的递进拆解，然后两两比较得到两个影响因素的相对权重，并最终对各因素的重要性进行排序，从而确定各因素的相对重要性（许振亮等，2024）。该方法可考虑尽可能多的因素，能对目标层作出全面本质的综合分析。因此，在评估中小微企业信用时可用 AHP 方法将财务状况和非财务状况同时纳入考虑，全面评估中小微企业风险。但是，由于专家评分时具有明显的主观性，造成不同专家的评分不同而使得风险评估结果存在差异性，因此还需借助其他方法。数据包络分析（data envelopment analysis，DEA）通过将影响因素分类，得到相对有效性，并根据相对有效性对企业排序（马占新和苏日古嘎，2024）。虽然 DEA 方法的结果不受主观因素影响，能够克服 AHP 方法的主观性缺陷，但却存在 DEA 值相同而无法对中小微企业排序的情况，即该方法有时区分度较差。AHP – DEA 方法能同时克服 AHP 方法和 DEA 方法的缺陷（景琦，2017），其结果能为为中小微企业服务的金融科技公司提供决策参考。在实际操作中，可考虑先用 AHP 方法测算出中小微企业的信用值，再用 DEA 方法的排名判断 AHP 方法中的指标权重判断是否正确，最后用 AHP – DEA 方法确定企业的最终排名。

4.2.2　指标体系

（1）中小微企业信用评估指标选择。

财务信息一直是商业银行等金融机构评估中小微企业信贷风险关注的重点，但是大数据金融下还需结合互联网的一些特点，将企业的网络信息等非财务信息纳入考虑（王菲菲等，2024）。结合誉存科技、启信宝等大数据公司的企业征信，本节将选择企业财务信息、企业发展信息、企业信用信息和网络信息这四个方面分析企业的信用状况。表4-9给出了大数据金融下中小微企业信用评估的四个方面及具体的影响因素。

表4-9　　　　　　　　中小微企业信用评估指标体系

中小微企业信用评估指标	财务信息	偿债能力	资产负债率 流动比率 速动比率 现金比率
		运营能力	应收账款周转率 存货周转率
		盈利能力	销售利润率 总资产回报率
	发展信息	高管状况	工作经历 高管资产 高管信用
		行业前景 员工素质 负面信息	
	信用信息	偿债状况 纳税情况 产品信誉 财务信誉 商业信誉	
	网络信息	关联企业状况 客户评价 订单状况	

注：由于中小微企业体量较小，一般应收应付也较少，现金交易居多，同时小微企业涉及的科目都比较简单，因此该信用评估指标体系只涉及常用科目。

资料来源：相关资料整理所得。

财务信息。根据《企业财务通则》，企业的财务指标包括三个方面：偿债能力指标、运营能力指标和盈利能力指标。第一，偿债能力指标主要考察企业利用自身资产偿还债务的能力，通常可通过资产负债率、流动比率、速动比率和现金比率来反映（贾琳和李帅圻，2024）。资产负债率用于反映企业的长期偿债能力，等于总负债与总资产之比，通常该比值越小则企业偿债能力越强。流动比率用于反映企业短期的偿债能力，表示流动资产偿还流动负债的保证程度，等于流动资产比流动负债。对债权人而言，流动比率越高越好，这对融资企业来说意味着更高的机会成本。速动比率用于反映流动资产对流动负债做偿还保障的程度，等于流动资产与存货净额之差除以流动负债。一般情况下，速动比率越大则企业的偿债能力越强。现金比率表示现金与现金等价物对流动负债偿还的保障程度，等于货币资金与短期投资之和除以流动负债，现金比率越大则企业短期偿债能力越强。该指标越大，则企业的偿付能力越强，负债经营的财务风险越小。第二，运营能力主要通过资产周转速度来评判，具体而言，主要通过应收账款周转率和存货周转率来衡量。应收账款周转率指的是一段时期内应收账款转化为现金的平均次数，等于销售收入与平均应收账款之比，通常该比值越高说明应收账款越快收回。存货周转率用于反映存货的周转速度，是主营业收入与平均存货余额之比。通常情况下，存货周转率越高则企业存货资产的变现能力越强，则存货及占用于存货的资金周转速度越快。第三，盈利能力指企业资金的增值能力，主要通过销售利润率和总资产回报率来反映。销售利润率是利润总额与营业收入之比，总资产回报率是指企业在一定时期内获得的利润总额与资产总额的比值，两个比值越高均表示企业盈利能力越强。

企业发展信息。企业高管人员状况、员工素质高低、企业所在行业前景等，以及裁员、法院强制执行等负面消息和负面新闻都可能影响到企业发展，因此主要通过高管状况、行业发展前景、企业员工素质和负面信息来反映企业发展状况。而企业高管的工作经历、资产状况和信用状况都会对企业发展产生较大影响。

企业信用信息。通过债务偿还情况、纳税情况、产品或服务信誉、财务信誉、商业信誉等来反映。贷款偿还状况反映企业债务的偿还情况，主要通过已偿还债务与总债务之比来衡量；纳税情况反映企业缴纳税金的状况，等于已纳税金额与税金总额之比。通常情况下，贷款偿还比率越高或纳税比率越高，则企业信用状况越好。产品或服务信誉反映企业的产品或服务的质量，客户对产品的认可；财务信誉主要指财务信息的披露和制造，是否存在财务丑闻等；商业信誉反映企业是否及时快速地与供应商结算货款。

网络信息。通过关联企业状况、客户评价和订单状况来反映。通过互联网可直接获取关联企业的财务、人事等各种变动，从而判断关联企业状况。若关联企业与融资企业处于供应链条上，则前者的变动会对后者产生较大影响。通过互联网可获取客户评价，若客户好评或点赞数量较多，则企业的信贷风险较少，因此可用好评率来反映客户评价。订单状况是通过一定时期内的网络订单数量与客流量之比来反映。

（2）AHP值计算。

表4-9是大数据金融公司的层次分析结构，其中，目标层是中小微企业信用评估，准则层是企业财务信息、企业发展信息、企业信用信息和网络信息，后面分别对应着相应的方案层。要确定目标层中小微企业信贷风险的大小，需要依次判断各层中各指标的权重系数。专家通过Saaty取值法对各层中相应指标之间的重要性进行评分以确

定判断矩阵，计算出判断矩阵的最大特征根及其对应的特征向量，并判定该最大特征根下判断矩阵是否满足一致性检验。若不满足一致性检验，需重新进行专家评分，直到满足一致性为止。通过 AHP 方法，得到中小微企业信用评估体系的分析结果（见表 4 - 10）。

表 4 - 10　　　　　　　　　　AHP 权重计算

指标	权重	λ_{max}	CR
财务信息	0.268		
发展信息	0.080	4.059	0.022
信用信息	0.476		
互联网金融	0.176		
偿付能力	0.295		
运营能力	0.539	3.009	0.008
盈利能力	0.166		
高管状况	0.535		
行业前景	0.230	4.111	0.041
员工素质	0.158		
负面信息	0.077		
偿债状况	0.416		
纳税比	0.237		
产品信誉	0.179	5.068	0.015
财务信誉	0.068		
商业信誉	0.100		
关联企业状况	0.123		
客户评价	0.557	3.018	0.016
订单状况	0.320		
资产负债率	0.096		
流动比率	0.161	4.031	0.012
速动比率	0.277		
现金比率	0.466		
应收账款周转率	0.667	2	0
存货周转率	0.333		

续表

指标	λ_{max}	CR	权重
销售利润率	0.333	2	0
总资产回报率	0.667		
工作经历	0.240	3.0183	0.0158
高管资产	0.137		
高管信用	0.623		

还需将各个指标赋予区间在 [0，100] 的值，才能获得每个贷款企业的风险评估值（见表4-11）。由于中国大部分中小微企业的资产负债率在（0.4，0.6），因此以（0.4，0.6）为中心对其他范围资产负债率赋值。由于流动比率和速动比率的重要参考值分别是2和1，所以其赋值以2和1为基准。现金比率太高会增加机会成本，太低则流动性较差，所以其赋值以 [0.4，0.6] 为基准。我国中小微企业的应收账款周转率平均为7.8，所以以该点被赋予60分为基准对其他范围的指标赋值，并且以20.3为基准对存货周转率赋值（Zhang et al.，2011）。高管资产状况以500万元人民币为基准赋值。销售利润率、总资产回报率、债务偿还比和纳税比的指标值都是按照各比率扩大100倍即可。其余指标值按照其程度分别赋值。

表4-11　　　　　中小微企业信用评估指标权重及赋值

指标层	权重	指标赋值
资产负债率	0.008	$y = \begin{cases} 250x, & 0 \leq x < 0.4 \\ 100, & 0.4 \leq x < 0.6 \\ 250(1-x), & 0.6 \leq x < 1 \end{cases}$
流动比率	0.013	$y = \begin{cases} 50x, & 0 \leq x < 2 \\ 100, & x \geq 2 \end{cases}$

续表

指标层	权重	指标赋值
速动比率	0.022	$y = \begin{cases} 100x, & 0 \leqslant x < 1 \\ 100, & x \geqslant 1 \end{cases}$
现金比率	0.037	$y = \begin{cases} 250x, & 0 \leqslant x < 0.4 \\ 1, & 0.4 \leqslant x < 0.6 \\ -250x + 250, & 0.6 \leqslant x < 1 \\ 0, & x \geqslant 1 \end{cases}$
应收账款周转率	0.020	$y = \begin{cases} 7.69x, & 0 \leqslant x < 13 \\ 100, & x \geqslant 13 \end{cases}$
存货周转率	0.014	$y = \begin{cases} 100x/20.3, & 0 \leqslant x < 20.3 \\ 100, & x \geqslant 20.3 \end{cases}$
销售利润率	0.030	$y = \begin{cases} 0, & x < 0 \\ 100x, & 0 \leqslant x \leqslant 1 \\ 100, & x > 1 \end{cases}$
总资产回报率	0.061	$y = \begin{cases} 0, & x < 0 \\ 100x, & 0 \leqslant x \leqslant 1 \\ 100, & x > 1 \end{cases}$
工作经历	0.010	（不相关，较相关，相关，很相关）= (20, 50, 80, 100)
高管资产	0.006	$y = \begin{cases} x/5, & 0 \leqslant x < 500 \\ 100, & x \geqslant 500 \end{cases}$
高管信用	0.027	（很好，较好，好，差，很差）= (100, 80, 60, 40, 20)
行业前景	0.019	
员工素质	0.013	
负面信息	0.006	（没有，较少，较多）= (100, 60, 20)
偿债账款	0.190	$y = 100x$
纳税比	0.112	$y = 100x$
产品信誉	0.085	（很好，较好，好，差，很差）= (100, 80, 60, 40, 20)
财务信誉	0.033	
商业信誉	0.047	
关联企业状况	0.0215	

续表

指标层	权重	指标赋值
客户评价	0.0978	100 × 好评率
订单状况	0.0562	$y = 100x$

注：x 分别对应各指标值，y 表示各指标在取值为 x 时该指标在中小微企业风险评估中的得分。

从表 4 – 11 可以看出，大数据金融对中小微企业信用评估时，评估对融资企业的债务偿还比、纳税比等历史信用状况的权重较大，同时也非常看重总资产回报率、现金比率等财务状况。若要计算各贷款中小微企业的风险值，需将融资企业的各种具体数据代入计算，然后根据表 4 – 11 分别赋值，再根据各指标的权重求加权和。该值越大，说明贷款给该企业的风险越小，因此该企业获得金融科技公司金融服务的可能性越大。并且，在贷款之前，该风险值可用于判断是否放款给中小微企业，若该值小于 60 分，则考虑不发放贷款；在贷中和贷后，也可用该种计算方法继续监测中小微企业，当该风险值快速下降或较低时，应进行风险预警，加大追踪力度，及早做出风险预警预案，有效防控金融科技公司的金融风险。

（3）DEA 值计算。

由于 AHP 方法由专家确认相关指标间关系，因此对专家的主观判断依赖性很强。而 DEA 方法根据指标中投入和产出评价出相对有效性，不受主观影响，因此可用于判断中小微企业信贷风险。本节将借鉴 C^2R 模型进行分析。

对于中小微企业而言，投入主要是营业成本、营业外成本（包括税金、销售费用、管理费用、财务费用等），产出主要是营业收入和营业外收入，即有 2 项投入和 2 项产出。假设有 n 个决策单元 DMU_l ($l = 1$, $\cdots$, n)。对任意公司 l ，各项投入记为 x_{il} （ $i = 1$, 2 ），产出记为 x_{jl} （ $j = 1$, 2 ），根据 Charnes – Cooper 变换 （Charnes and Cooper, 2010），可得 C^2R 模型：

$$\max v_i = \beta_i y_{i1} + u_{i2} y_{i2} \qquad (4-3)$$
$$\text{s. t. } \alpha_{i1} x_{i1} + \alpha_{i2} x_{i2} - \beta_{i1} y_{i1} - \beta_{i2} y_{i2} \geqslant 0$$
$$\alpha_{i1} x_{i1} + \alpha_{i2} x_{i2} = 1$$
$$\alpha_{i1} , \ \alpha_{i2} , \ \beta_{i1} , \ \beta_{i2} \geqslant 0$$

求解后即可得到投入产出各变量的权重值 α_{i1} , α_{i2} , β_{i1} 和 β_{i2} ，将这四个权重归一化处理可得企业 i 的变量权重向量：

$$W_i' = (\alpha_{i1}' , \ \alpha_{i2}' , \ \beta_{i1}' , \ \beta_{i2}')$$

（4）AHP – DEA 值计算。

营业成本、营业外成本、营业收入、营业外收入这 4 个指标在 DEA 方法中的权重已经确定，但它们在 AHP 方法中对金融科技公司金融风险影响的权重如何，需采用专家评分方法构造评价矩阵，然后确定评价矩阵的最大特征值，经过一致性检验后就可确定这 4 个指标的权重：

$$W_i'' = (\alpha_{i1}'' , \ \alpha_{i2}'' , \ \beta_{i1}'' , \ \beta_{i2}'')$$

AHP 方法需要专家评分来确定权重，可以涵盖各种指标，但较为主观；DEA 方法通过线性规划模型来确定各指标权重，相对客观但 DEA 值受决策单元影响而存在区分度差的缺点。为整合 AHP 方法和 DEA 方法的优点并克服其缺点，有必要将二者结合。因此，本节采用加权方法来确定各指标的综合权重，即综合权重 W_i 可表示为：

$$W_i = (\alpha_{i1} , \ \alpha_{i2} , \ \beta_{i3} , \ \beta_{i4})^T = \delta W_i' + (1 - \delta W_i'') \qquad (4-4)$$

其中 $\delta \in (0, 1)$ ，且 δ 和 $1 - \delta$ 分别表示客观和主观的偏好系数。

同时，δ 的大小由提供金融服务的金融科技公司自主确定。

将各投入指标的最小值与各产出指标的最大值一起构成最优指标向量 $V_0 = (x_{01}, x_{02}, y_{01}, y_{02})$，并与各企业原指标向量一起构成矩阵：

$$V = \begin{pmatrix} V_0 \\ V_1 \\ \cdots \\ V_N \end{pmatrix} = \begin{pmatrix} x_{01} & x_{02} & y_{01} & y_{02} \\ x_{11} & x_{12} & y_{11} & y_{12} \\ \cdots & \cdots & \cdots & \cdots \\ x_{N1} & x_{N2} & y_{N1} & y_{N2} \end{pmatrix}_{(N+1) \times 4}$$

对矩阵规范化处理，即将其第一、第二列投入指标分别取最大值 $\max_1$ 和 $\max_2$，则规范化后的矩阵 V' 中第一、第二列元素分别为：

$$x'_{i1} = \frac{\max_1 - x_{i1}}{\max_1 - x_{01}}, \quad x'_{i2} = \frac{\max_2 - x_{i2}}{\max_2 - x_{02}} \tag{4-5}$$

对矩阵 V 的第三、第四列产出指标分别取最小值 $\min_1$ 和 $\min_2$，则规范化处理后矩阵 V' 的第三、第四列元素分别为：

$$y'_{i1} = \frac{y_{i1} - \min_1}{y_{01} - \min_1}, \quad y'_{i2} = \frac{y_{i2} - \min_2}{y_{02} - \min_2} \tag{4-6}$$

要确定任意企业 i 的各指标与最优指标间的关联程度，需要借助灰色关联理论。可先将该企业 i 各指标与最优向量 V_0 对应的指标做差并取绝对值，然后分别将所有差值绝对值中的最小值和最大值记为 a 和 b。根据灰色关联理论，企业中各指标与最优向量 V_0 中指标的关联系数 ρ_{ij} 可表示为：

$$\rho_{i1} = \frac{a + \omega b}{|x'_{i1} - x'_{01}| + \omega b}, \quad \rho_{i2} = \frac{a + \omega b}{|x'_{i2} - x'_{02}| + \omega b} \tag{4-7}$$

$$\rho_{i3} = \frac{a + \omega b}{|y'_{i1} - y'_{01}| + \omega b}, \quad \rho_{i4} = \frac{a + \omega b}{|y'_{i2} - y'_{02}| + \omega b} \tag{4-8}$$

由各级 ρ_{ij} 可确定企业 i 的关联系数矩阵关联系数向量 $Z_i = (\rho_{i1}, \rho_{i2}, \rho_{i3}, \rho_{i4})$。而企业与最优向量的关联度，可通过关联系数向量 Z_i

与综合权重 W_i 相乘，即：

$$c_i = Z_i \times W_i = (\rho_{i1}, \rho_{i2}, \rho_{i3}, \rho_{i4}) \times (\alpha_{i1}, \alpha_{i2}, \beta_{i3}, \beta_{i4})^T$$

$$(4-9)$$

c_i 越大，表示企业 i 与最优指标向量的关联度越强，即企业贷款收回的可能性越大。

4.2.3　实证分析

调研重庆市中小微企业，随机选取 7 家企业数据信息（见附表）。根据附表，并结合表 4-11 的赋值和权重，可分别计算出这 7 家企业的信用评估值（见表 4-12）。

表 4-12　　　　　　AHP 下 7 家中小微企业信用评估值

企业	A	B	C	D
风控值	78.456	75.434	56.8	67.929
企业	E	F	G	
风控值	72.364	51.329	78.932	

根据附表所给数据可知，投入为营业成本和营业外成本，产出为营业收入与营业外收入。利用 Matlab 软件可计算出各企业投入产出权重和 DEA 值。将权重归一化处理，可得表 4-13。

表 4-13　　　　　　中小微企业投入产出权重及 DEA 值

企业	营业成本	营业外成本	营业收入	营业外收入	DEA
A	0.818	0.052	0.012	0.119	1
B	0.028	0.728	0.157	0.087	1

续表

企业	营业成本	营业外成本	营业收入	营业外收入	DEA
C	0.665	0	0.289	0.046	0.668
D	0.464	0.06	0.477	0	0.75
E	0.464	0.06	0.477	0	0.937
F	0.665	0	0.289	0.046	0.577
G	0.638	0.008	0.335	0.019	1

对于投入与产出，通过 AHP 法构造的矩阵及计算的权重见表 4 - 14。

表 4 - 14　　　　　　　　　　DEA 权重计算

指标	权重	λ_{max}	CR
营业成本	0.466		
营业外成本	0.096	4.031	0.012
营业收入	0.277		
营业外收入	0.161		

若取主观偏好系数 $\mu = 0.5$，则分别得到 7 家企业各指标的 AHP - DEA 权重 W_i（$i = 1, \cdots, 7$）：

$$W = \begin{pmatrix} 0.642 & 0.074 & 0.145 & 0.14 \\ 0.247 & 0.412 & 0.217 & 0.124 \\ 0.565 & 0.048 & 0.283 & 0.104 \\ 0.465 & 0.078 & 0.377 & 0.081 \\ 0.465 & 0.078 & 0.377 & 0.081 \\ 0.565 & 0.048 & 0.284 & 0.104 \\ 0.552 & 0.052 & 0.306 & 0.09 \end{pmatrix}^T$$

接下来利用 AHP – DEA 构建灰色关联模型进行分析。首先，根据成本最小化收益最大化原则，确定最优指标集 V_0 = （26818，6319，4214209.26，18168），加入 7 个企业的指标值，然后构建出矩阵并进行规范化处理，可得规范化矩阵 V'：

$$V' = \begin{pmatrix} 1 & 1 & 1 & 1 \\ 0.877 & 0.761 & 0.126 & 1 \\ 0 & 0.831 & 1 & 0.293 \\ 0.926 & 0.49 & 0.079 & 0.202 \\ 0.741 & 0 & 0.277 & 0.004 \\ 0.128 & 0.306 & 0.877 & 0.051 \\ 0.931 & 0.228 & 0.0721 & 0.083 \end{pmatrix}$$

设关联系数 $\lambda = 1/2$，根据式（4 – 3）和（4 – 4）可计算出 V' 的关联系数矩阵 Z：

$$Z = \begin{pmatrix} 0.802 & 0.677 & 0.364 & 1 \\ 0.333 & 0.747 & 1 & 0.414 \\ 0.87 & 0.5 & 0.352 & 0.385 \\ 0.659 & 0.333 & 0.41 & 0.334 \\ 0.365 & 0.419 & 0.8 & 0.345 \\ 0.879 & 0.393 & 0.35 & 0.353 \\ 1 & 1 & 0.333 & 0.333 \end{pmatrix}$$

因此，各企业与最优指标集 V_0 的关联度为：

$$C = (c_1, \cdots, c_7) = Z \times W$$

$$= (0.757, 0.659, 0.655, 0.513, 0.533, 0.652, 0.736)$$

关联度越大，则企业与最优指标集企业越接近，因此该 7 家企业排名为 A、G、B、C、F、E、D。表 4 – 15 呈现出三种方法的不同结果。

表 4 – 15　　　　　　　　　　三种方法结果比较

企业	AHP 值	AHP 排名	DEA 值	DEA 排名	AHP – DEA 值	AHP – DEA 排名
A	78.46	2	1	1	0.757	1
B	75.43	3	1	1	0.659	3
C	56.8	6	0.668	6	0.655	4
D	67.93	5	0.75	5	0.513	7
E	72.36	4	0.937	4	0.533	6
F	51.33	7	0.577	7	0.652	5
G	78.93	1	1	1	0.736	2

　　首先，DEA 排名可用于检验 AHP 方法中确认的指标权重是否合理。由表 4 – 15 可以看出，AHP 排名与 DEA 排名基本类似，说明本章中通过专家评分确定出来的各因素权重相对客观。其次，DEA 方法的区分度不大，而 AHP – DEA 方法克服了这一缺点。表 4 – 15 中企业 A、B、G 的 DEA 值均为 1，但其 AHP – DEA 值表明 $A > G > B$。最后，当三种方法的判定结果存在差异时，AHP – DEA 方法的结果更符合现实。表 4 – 15 中，三种方法得出的排名中，前三名基本相同，为 A、G、B，但 DEA 方法无法区分开，而 AHP 与 AHP – DEA 方法的结果刚好相反。仔细分析这两家企业，虽然企业 G 的利润率，特别是成本利润率非常高，高层也注重自身信用和产品信誉，而企业 A 的高层信用、产品信誉和企业利润率等其他方面与企业 G 区别不大，但其资产规模比企业 G 大了近 10 倍，因此提供金融服务的金融科技公司会认为规模较小的企业 G 的潜在风险较大，从而会更倾向于向企业 A 提供融资服务。所以，采用 AHP – DEA 方法评估，结果更客观并且区分度更高，可用于金融科技公司评估中小微企业信用。

4.3　创新组合模型控制个人信用风险[*]

4.3.1　理论分析

近年来，网络小额贷款公司飞速扩张，带来大量负面社会影响。2020 年 11 月，中国银行保险监督管理委员会会同中国人民银行等部门发布《网络小额贷款业务管理暂行办法（征求意见稿）》，就网络小贷中的联合贷款、对外融资、贷款金额等问题进行了明确规定，旨在规范小额贷款公司网络小额贷款业务，防范网络小贷业务风险。网络小贷业务主要面临信用风险、流动性风险、技术操作风险等（闫晓琴，2019），其中信用风险尤为重要。信用风险管理的首要前提是评估信用风险（苏亚松等，2019），发现潜在风险隐患，并推算信用违约发生的可能性，评估风险发生后的损失程度。有效的信用风险管理不仅能降低网络小贷公司损失，利于网络小贷长远发展，还能更好地践行普惠金融，真正为有需要且诚信度高的中低收入群体提供"普且惠"的金融服务。因此，有必要评估预测网络小贷个人信用风险，建立网络小贷信用风险预警机制，从而促进网络小贷行业健康发展。

早期的信用风险评估主要采用专家经验法，通过 3C 或 5C 法则（借款人品德、经营能力、资产状况、资产抵押、经济环境）分析借款人还款能力和还款意愿，这种方法可能掺杂专家主观情绪而说服力

---

　　[*] 本节内容引自：吕秀梅，张儒. 网络小额贷款业务个人信用风险评估——基于 DNN – SMOTEENN – ExtraTrees 组合模型［J］. 数学的实践与认识，2023，7：14 – 21.

较低，因此人们逐渐建立量化模型来评估信用风险，并比较各种模型的评估效果和分类效果。评估效果方面，威金顿（Wiginton，1980）最先提出 Logistic 回归模型评估信用风险，并认为该模型评价效果优于判别分析；亨利和汉德（Henley and Hand，1996）认为其 KNN 算法评估效果优于 Logistic 回归模型和决策树模型；方匡南等（2014）认为 Lasso-logistic 模型比 Logistic 模型和逐步回归 Logistic 模型更能抓住关键影响因素，预测效果更好。分类效果方面，汉德和凯利（Hand and Kelly，2002）建立线性回归模型评估信用风险，而贝森斯等（Baesens et al.，2003）认为线性判别分析（LDA）模型和逻辑回归模型（LR）模型能达到更好的分类效果，李等（Li et al.，2017）认为支持向量机模型的分类效果比其他传统分类模型更好，洪凉等（Hongliang et al.，2018）认为复杂组合模型的分类效果优于简单模型。

从研究范式看，上述文献中实证研究范式以线性居多，主要关注参数的显著性，无法充分体现网络小贷信用风险评估中数据规模大、纬度高等特点，可能降低风险评估的预警效果。苏治等（2017）研究认为深度神经网络着力非线性研究，关注模型结构和动态特征转变，对规模大维度多的金融市场风险评估预测有极大提升。从模型构建看，现有文献大多采用单一模型，戴维等（David et al.，2005）认为集成学习模型的信用风险评估效果优于单一模型。从数据处理看，较少文献考虑数据不平衡情况，可能导致计算结果有严重偏差（王磊等，2020）。从研究内容看，相关文献主要研究银行类小额贷款信用风险（傅盛阳和郭东平，2020），较少文献研究网络小贷公司小贷业务信用风险。从评估体系特征指标选取看，现有文献主要依据个人主观判断或参考银行信用评估体系（方匡南等，2014），可能因剔除重要特征指标而降低模型准确度。基于此，构建 DNN – SMOTEENN –

ExtraTrees 组合模型评估网络小贷个人信用风险，即依据 "五大原则" 选取风险评估指标，使用数据平衡算法（SMOTEENN）处理不平衡数据，使用极端决策树算法（ExtraTrees）评估特征重要性进行特征选取，并通过深度神经网络模型评估个人信用风险。比较后发现，DNN – SMOTEENN – ExtraTrees 的预测效果优于 BP 神经网络、Logistic 回归和支持向量机。

4.3.2　模型构建

本书构建的网络小贷个人信用风险评估模型为基于平衡算法和极端决策树算法的深度神经网络（DNN – SMOTEENN – ExtraTrees）组合模型。

（1）深度神经网络（DNN）。

BP 神经网络的浅层结构在理论和实践中均存在参数优化难，容易形成过拟合及局部最小收敛等问题，学者们逐渐研究包含有多个隐含层的深度神经网络（deep neural networks，DNN）。辛顿等（Hinton et al.，2012）指出将人工神经网络（ANN）的隐含层从一层增加到多层，能更加深刻地描述样本数据内在特征，更有效率进行数据分类和数据画像，同时采用 "逐层初始化" 的方法确定隐含层神经元的数目，实现的深度神经网络结构通过大数据训练后能实现更有效的预测。由此，深度神经网络由输入层、多层隐含层、输出层组成。王重仁等（2020）研究表明，与单一隐含层的神经网络相比，深度神经网络个人信用评分方法在个人信用评分领域更具有效性和可行性。

（2）数据平衡算法（SMOTEENN）。

在当前数据爆炸式产生的时代，数据不平衡现象普遍存在，给机器学习带来巨大挑战。若直接采用传统的机器学习方法处理数据，由于多数类样本更易分类，为提高分类整体精度分类时更偏向多数类，导致结果出现偏差（王磊等，2020），因此需要对不平衡数据进行处理。不平衡样本数据集的处理方法包括过采样和欠采样，前者是通过增加分类中样本数较少的类别的采样数量实现数据的平衡，后者是通过减少分类样本中多数类样本的数量来实现样本平衡。过采样中如果样本特征少，会导致过拟合的现象，欠采样则会丢失多数类中的一些重要信息，故两种方法都有一定缺陷。而 SMOTEENN 算法是欠采样和过采样的组合，在很大程度上能克服这些缺点。

SMOTEENN 算法是 SMOTE 算法和 K 近邻算法的联合使用。先利用 SMOTE 算法处理样本集中少数类样本，使样本实现平衡，获得新数据集，随后利用 K 近邻算法（一般情况下 k 取 3）对新数据集中的每一个样本进行预测处理，在预测样本标签结果与实际样本标签结果相同的情况下，则保留该条样本，否则就删除。

（3）极端决策树算法（ExtraTrees）。

集成学习是指通过构建并整合多个个体分类树来完成分类任务，要获得好的集成树，个体分类树应满足"好而不同"的特点。集成学习生成集成树可分为两种方法：一是个体分类树不存在强依赖关系，可同时生成的并行方法，该算法代表为装袋算法（Bagging）和随机森林；二是若个体分类树之间存在强依赖关系，必须串行生成的序列化方法，该算法代表是提升方法（Boosting）算法。

在以决策树为基础构建的 Bagging 分类树基础上，进一步在决策树的训练过程中引入了自变量的随机选择，从而达到对树的去相关，实现对 Bagging 的改进。在构建个体分类树时，每考虑树上的一个分裂点，都要从 p 个特征中选出一个包含 q（$1 \leqslant q \leqslant p$）个特征的随机样本作为候选变量，即每个分裂点所用的特征只能从这 q 个特征中选取，在每个分裂点处都重新进行抽样选出 q 个特征。须注意的是，若 $q = p$，则该随机森林为 Bagging 模型。通常随机森林中，$q = \sqrt{p}$。

极端随机树算法是随机森林在极端情况衍生出的算法，皮埃尔和索伦（Pierre and Soren，2001）所提出的机器学习算法。极端随机树算法和随机森林在算法基本原理上是一致的，其核心差异在于：第一，对于个体决策树的样本训练集，随机森林从样本集中随机选取部分样本作为个体决策树的样本训练集，但是极端随机树算法确实将全部样本训练集用于个体决策树的训练；第二，在选择某一样本特征作为决策树节点时，随机森林中的个体决策树选择分类错误率、基尼系数或者互熵等指标中的一个作为个体决策树的节点特征的划分指标来构建决策树，但极端随机树却是从所有特征中随机选择一个特征作为个体决策树节点构建决策树。

4.3.3　数据来源和指标选择

（1）数据来源。

本书以某网络小额贷款公司 2017 年 1 月 ~ 2019 年 12 月期间的借款人信用数据为样本，共 292540 条。鉴于本书根据成功借款日期获取数据，而 2020 年后借款数据含有大量还款中数据，因此未获取该时段数据。在所获取的数据样本中，借款人标的状态总共分为三种："已还清""逾期中""正在还款中"。由于"正在还款中"的借款人未来是否违约犹未可知，故剔除该类数据样本，仅保留其余两种状态的数据样本，即样本总数为 118767 条。该样本总数中"已还清"样本为 109168 条，占比 92%，"逾期中"数据样本数据仅 9599 条，因此逾期样本处于极度不平衡状态。

（2）指标选取。

在个人信用风险评估体系中，指标选择是信用评估的前提，关乎信用风险评估的合理性和有效性。根据傅盛阳和郭东平（2020）、王重仁等（2020）等文献，本书遵循选取的如下五个原则：第一，客观性原则。客观性原则要求所得到的借款人数据均客观真实，能够反映借款人特征，无任何伪造相关数据。第二，全面性原则。选取指标数量合理且能最大限度反映借款人还款能力和还款意愿。第三，时效性原则。选取的指标并非一成不变，在信用评估体系成熟过程中可能被增减，突发事件也可能让数据指标发生改变，需要以借款人最新数据为依据。第四，可操作性原则。可操作性原则指的是所选取的指标构成的评估体系具有可行性和指标数据的可采集性。第五，独立性原则。所选指标相互独立，否则存在关联性的两指标间可能会出现某个指标某一方面权重增强时其他指标重要性降低，影响整个评估模型的精确度。

通过参考互联网借贷平台、蚂蚁金服、Zest Finance 及传统商业银行个人信用风险评估指标，并依据评估指标选取的"五大原则"，对实际获取的网络小贷公司数据指标进行筛查，最终确定表 4 – 16 所示网络小贷个人信用风险评估指标。

表 4 – 16 个人信用风险评估指标

类别	指标
个人基本信息	性别、年龄、初始评级
借款标的	借款金额、借款利率、是否首标
借款状态	借款类型、总待还本金

类别	指标
历史信用记录	历史成功借款次数、历史成功借款金额、历史正常还款期数、历史逾期还款期数、历史逾期还款率
认证状态	手机认证、户口认证、视频认证、学历认证、征信认证、淘宝认证

4.3.4　实证分析

采用 Python 语言开源环境作为数据分析环境，在 Anaconda 的 Jupyter 环境下编写 Python 代码进行实证分析。由于未违约样本数量与违约样本数量之比约为 12∶1，是不平衡数据，需要借助 SMOTEENN 算法将样本中未违约与违约样本比例调整至近乎 1∶1。处理前后样本分布见图 4 − 7。

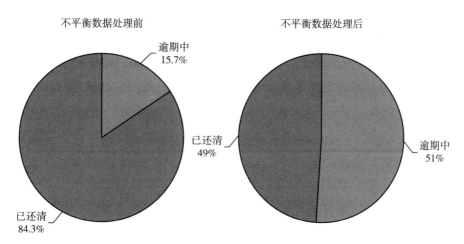

图 4 − 7　不平衡数据 SMOTEENN 处理

（1）特征重要性分析。

由于样本数据集存在高维系数特征，因此在使用数据分析前，需剔除冗余及贷后特征。通过相关系数和 t 检验对特征初步筛选，并使用极端随机树算法对剩余的特征进行特征重要性评估，删除特征重要性为 0 的指标，最终特征重要性见图 4 - 8。

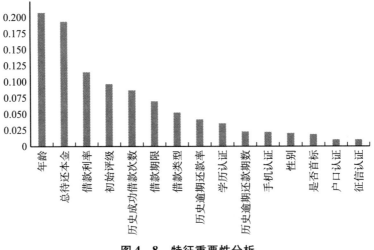

图 4 - 8　特征重要性分析

（2）实证结果分析。

在训练深度神经网络时，采用召回率、精确度、F1 值及 AUC 值等指标评估模型的性能。将样本数的 80% 作为训练集，剩余 20% 作为验证集，通过"逐层初始化"的方法和网格搜索优化算法，建立深度神经网络，最终模型训练结果见表 4 - 17。

表 4 - 17　　　　　　　　　个人信用风险深度神经网络预测

隐含层神经元个数	隐含层层数				
	1	2	3	4	5
4	0.7065	0.6851	0.6385	0.6938	0.6854
5	0.7067	**0.7173**	0.6979	0.6533	0.6700

隐含层神经元个数	隐含层层数				
	1	2	3	4	5
6	0.6951	0.6987	0.7075	0.6920	0.6463
7	0.6925	0.6957	0.7014	0.6634	**0.6976**
8	0.7073	0.6934	**0.7197**	0.4851	0.6728
9	0.7045	0.7105	0.6995	0.6257	0.5149
10	0.7096	0.7144	0.6955	0.6922	0.6567
11	0.7138	0.7007	0.6878	0.5149	0.6656
12	0.7137	0.7040	0.5774	**0.7047**	0.6215
13	**0.7171**	0.7047	0.6920	0.6960	0.6479

由表 4 - 17 可知，在深度神经网络隐含层总层数为 3 层且第 1、第 2、第 3 层隐含层的神经元数分别为 13、5、8 时，所建模型的准确率最高。

在此基础上，利用 AUC 值、召回率等指标分析数据在采用 SMO-TEENN 算法进行平衡处理前后，神经网络对个人信用样本分类效果见表 4 - 18。

表 4 - 18　　　　　　　　数据层面处理方法比较

分类	AUC	召回率	F1 值
不处理	0.7012	0	0
SMOTEENN	0.7830	0.8635	0.7573

从表 4 - 18 可以看出，在对原始个人信用数据处理之前深度神经网络对借款人信用进行评估的效果极差，并且由召回率、F1 值可知，

由于违约类样本较少，模型学习不够，导致"好"客户几乎全被分类到"坏"客户中，因此数据样本平衡处理必不可少。

（3）模型性能分析。

为进一步验证本书所建立的 DNN – SMOTEENN – Extratrees 组合模型的信用风险评估性能，需要与 BP 神经网络、Logistic 回归、支持向量机（SVM）进行对比分析。模型性能主要通过计算正确率、精确度、F1 值、召回率及 AUC 值等指标反映（见表 4 – 19）。

表 4 – 19   模型性能评估结果

模型	正确率	精确度	F1 值	召回率	AUC
组合模型	0.7197	0.6743	0.7573	0.8635	0.7918
BP 神经网络	0.7171	0.7175	0.7160	0.7150	0.7893
Logistic 回归	0.6929	0.6821	0.7169	0.7555	0.7600
支持向量机	0.7217	0.6945	0.7520	0.8198	0.7900

根据表 4 – 19，综合所有评估模型，Logistic 回归模型性能最差，这说明 Logistic 回归模型在个人信用风险评估中区分"好""坏"客户优势不是很大。支持向量机模型的正确率、F1 值、召回率及 AUC 值高于 BP 神经网络，且各项评估指标均大于 Logistic 回归模型，模型区分能力较强。对于个人信用风险识别模型而言，精确识别"坏客户"是极其重要的，故召回率和 F1 值这两项指标重要性均要高于精确度这单一指标。从表 4 – 19 中可以看出，在所有模型中，F1 值和召回率值最高的是本书构建的 DNN – SMOTEENN – ExtraTrees 组合模型，说明该组合模型风险评估能力最强；该组合模型的 AUC 值最大，说明该模型的鲁棒性和泛化能力更优异。综上所述，DNN – SMOTEENN –

ExtraTrees 组合模型对样本分类预测效果更好，更适合评估网络小贷中个人信用风险。

4.4 本 章 小 结

采用条件在险价值模型估计各个金融机构对整个金融系统的系统性风险贡献度，再结合方差分解网络分析各个部门的传染渠道。根据单个金融机构的系统性风险贡献度来看，系统性风险水平较高的机构集中在房地产行业，整个房地产业系统性风险也是最不稳定、波动最多的，面对危机冲击的抵抗性也较差。从动态分析来看，房地产行业波动最多，证券房地产的动态相关关系最显著，市场信息对证券和银行的动态相关性冲击较大。四个部门之间主要是正相关关系，相互促进发展，但是房地产业的利好消息还是会存在对银行业与保险业利坏影响，对房地产的相关政策要更多方面考虑。保险业不管是否在危机时期都是风险的主要接收方，与证券银行业也会存在负相关关系，伤害证券与银行业的利益，监管部门不能忽视保险业的影响，降低监管效率。从风险传染渠道来看，证券业对外风险传染溢出较为严重，而在危机期间，房地产为风险输出方，不论何时，保险业都为系统内风险的接收方。各部门的风险传染是非对称性的，在危机期间，房地产和证券的风险溢出都有增强，房地产对各部门冲击的持续性也增强了，所以在新冠疫情期间，要重点关注房地产部门，控制各部门间的风险传导。

金融科技公司为中小微企业提供融资服务需要控制风险，关键在于在贷前、贷中和贷后对其评估信用，并以此为基础做好监测。大数据金融下中小微企业信用评估需要考虑企业财务信息、发展信息、企业信用、网络信息四个方面，同时每个方面又进一步考虑细化的影响因素，最终形成 24 个对中小微企业信用评估影响显著的因素。债务偿还比、纳税比、客户评价等历史信用状况对企业信用评估影响较大，同时总资产回报率、现金比率等财务状况占比也较大。AHP 方法较为主观，但能细化影响中小微企业信贷风险的各个因素，最为全面综合，且能得到具体的信用评估值，该值越高，说明放款于该中小微企业的风险越小。虽然 DEA 方法的区分度不高，但可辅助判断 AHP 方法中确认的权重是否准确。若增加中小微企业个数，或扩大指标种类，均可显著提高 DEA 方法的区分度。凡是指标值越小越好的指标均可放入投入类，凡是指标值越大越好的指标均可放入产出类。AHP – DEA 方法通过灰色关联理论将两者结合，对 AHP 方法和 DEA 方法取长补短，当判定结果与 AHP 方法存在差异时，AHP – DEA 方法的结果更优。

构建基于 DNN – SMOTEENN – ExtraTrees 组合模型的信用风险评估，用于信用大数据爆发式增长环境下的个人信用风险评估。本书以某网络小额贷款平台小贷数据为样本，通过 SMOTEENN 算法处理样本数据中"好"和"坏"样本分布极端不平衡情况；并利用极端随机树算法对特征重要性进行评估，从而剔除无关变量；利用深度神经网络评估个人信用风险。引入召回率、精确度、F1 值及 AUC 值作为模型性能评估指标，将组合模型与 BP 神经网络模型、Logistic 回归及支持向量机 SVM 比较，实证结果表明本书所构建的个人信用风险评估组合模型对样本分类预测效果更优异。

第 5 章

平衡效率与风险的金融科技
创新监管策略[*]

通过运用演化动态博弈方法分析金融科技公司在创新过程中提升效率和引致风险之间的动态平衡策略，同时分析监管部门基于金融科技公司创新而在效率和风险间进行动态的平衡监管策略，推演出并行策略演化路径，并通过仿真模拟进行实证检验，厘清金融科技创新中金融科技公司创新与监管部门之间的激励约束，为促进金融科技健康发展提供更多理论支撑和政策启示。

5.1 理论分析与模型构建

5.1.1 理论分析

创新活动往往是一把"双刃剑"，金融科技创新也不例外。一方

---

[*] 本章内容引自作者已发表文章：吕秀梅. 互联网金融创新与监管并行策略研究 [J]. 运筹与管理，2023，4：198 – 204.

165

面，金融科技创新对货币融通、金融发展安全等有积极作用，特别是能较大提升金融服务效率，但同时也可能导致金融脆弱性、风险传染性和系统性风险等增大，监管难度增大，而缺乏监管的金融创新是金融乱象之源。前些年我国金融科技 1.0 阶段，即互联网金融阶段，表面繁荣的背后，在校园贷、现金贷、首次币发行（ICO）、众筹等领域的恶意跑路、筹资骗局、高利贷不断，都因为无明确监管规则，让投资者遭受了巨大损失，也带来了社会资源的巨大浪费、金融风险的累积和社会公平的损害等多方面严重后果。正是在这种情况下，国家从 2016 年加强了金融科技创新的监管，原因有三：一是科技公司可能创新出新业务、新产品或新服务（黄卫东，2015），需要监管部门跟上创新的步伐，及时提出有效的监管措施，避免出现监管套利等问题（Gennaioli et al.，2012）。二是部分金融科技平台借创新为幌子从事违法行为，使投资者遭受损失，需要监管部门仔细辨别及早发现，从而约束限制违法行为，避免造成更大的不良影响。三是部分金融科技平台以创新为名突破监管底线，扰乱金融科技市场秩序，需要监管部门进行必要的引导，并以底线思维提出警示。另一方面，金融监管可能会导致金融机构以创新为突破口摆脱监管约束（Kane，1981），而金融创新又会推动金融监管的发展，因此创新与监管之间存在各种博弈，由此形成一个"监管—创新—监管"的动态博弈闭环。

金融科技创新与监管之间的关系，犹如烈马与缰绳的关系。一方面，金融科技监管能为金融科技创新提供良好的环境秩序，又能促进金融科技建立良好的创新秩序；另一方面，过度监管或监管不足必然会抑制创新。所以，监管部门需要权衡金融创新与监管之间的尺度，在两者之间寻找到平衡点，实现有效监管。基于此，本章分析了科技公司创新前后收益的变化、创新可能遭受的罚金、监管部门监管前后收益的变化等多种因素在科技公司与监管部门之间策略博弈的影响，并推演出可能的并行策略路径，试图为金融科技的创新和监管提供一定启示。

5.1.2 模型构建

在博弈过程中，金融科技公司考虑是否进行金融创新，监管部门需要对金融科技公司进行常规监管，还需考虑是否对金融科技公司的创新进行监管，且相互之间均不知道对方如何抉择，因此作出如下假设：

一方面，若金融科技公司不创新，可通过非创新业务获得收益 U_F（其中 F 代表金融科技公司 FinTech corporate），监管部门不监管则可获得收益 U_s（其中 S 代表监管部门，supervision department），而监管则需耗费监管成本 C_S，并从中获取额外收益 U_3。另一方面，若金融科技公司创新，需要消耗创新成本 C_T，但却因为创新引致效率提升给自身带来额外收益 U_1，给监管部门带来额外社会收益 U_2。在此情况下，若监管部门采取监管措施仍需要耗费监管成本 C_S，并获取继 U_S 和 U_2 之外的额外收益 U_4，还可能在监管中发现金融科技公司的违规行为而对其处以罚金 F。也就是说，金融科技公司创新会带来效率提升获得收益 U_1，同时会耗费创新成本 C_T 并面临遭受罚金 F 的风险，因此需要在创新效率提升获得收益和创新引致风险之间寻求平衡点，监管部门也需要基于金融科技公司创新效率和风险进行动态平衡监管。另外，由于 U_3 是监管部门对金融科技公司的非创新业务进行监管获得的额外收益，而那些非创新业务经过长时间发展已经形成了较为完善的法律制度和监管措施，因此假设 $U_3 > C_S$，即监管额外收益必定超过监管成本，从而激励监管部门监管以促进金融科技业务健康有序的发展。记监管部门进行金融监管的概率为 x，金融科技公司进行金融创新的概率为 y，可得金融科技公司和监管部门之间博弈的收益矩阵（见表 5 – 1）。

表 5 – 1　　　　金融科技监管部门和金融科技公司博弈矩阵

项目		监管部门	
		不监管 $1 - x$	监管 x
金融科技公司	不创新 $1 - y$	(U_T, U_S)	$(U_T, U_S + U_3 - C_S)$
	创新 y	$(U_T + U_1 - C_T, U_S + U_2)$	$(U_T + U_1 - C_T - F, U_S + U_2 + U_4 - C_S + F)$

5.2　模型推导与策略分析

5.2.1　模型推导

当金融科技监管部门不进行监管时，期望收益为：

$$E_{S1} = (1 - y) U_S + y(U_S + U_2) \qquad (5 - 1)$$

而采取监管措施时的期望收益为：

$$E_{S2} = (1 - y)(U_S + U_3 - C_S) + y(U_S + U_2 + U_4 - C_S + F) \quad (5 - 2)$$

故监管部门的平均期望收益为：

$$\bar{E}_S = xE_{S2} + (1 - x)E_{S1} \qquad (5 - 3)$$

联立方程（5 – 1）~ 方程（5 – 3），可得监管部门的复制动态方程：

$$F(x) = x(E_{S2} - \bar{E}_S) = x(1-x)\left[U_3 - C_S + y(F + U_4 - U_3)\right]$$

$$(5-4)$$

令 $F(x) = 0$，其解为：

$$x^* = 0,\ x^* = 1,\ y^* = \frac{U_3 - C_S}{U_3 - U_4 - F} \qquad (5-5)$$

同理，金融科技公司的复制动态方程为：

$$F(y) = x\{E_{T2} - [yE_{T2} + (1-y)E_{T1}]\} = y(1-y)(U_1 - C_T - xF)$$

$$(5-6)$$

对 $F(y) = 0$ 求解可得：

$$y^* = 0,\ y^* = 1,\ x^* = (U_1 - C_T)/F \qquad (5-7)$$

5.2.2　策略分析

由于金融科技公司与监管部门之间存在动态博弈的过程，因此需要将二者组合成一个复制动态系统，即联立方程（5-4）和方程（5-6）形成一个二维自治系统，找出该动态系统的初始奇点并判断其稳定性。显然，由 Jacobi 矩阵的局部稳定性条件，令 $F(x) = 0$，$F(y) = 0$，则存在 5 个初始奇点，分别为 $(x^*, y^*) = [(U_1 - C_T)/F,$ $(U_3 - C_S)/(U_3 - U_4 - F)]$、$(0, 0)$、$(0, 1)$、$(1, 0)$ 及 $(1, 1)$，而各初始奇点的稳定性需要同时借助 Jacobian 矩阵的行列式符号和迹符号来判定。根据弗里德曼（Friedman，1991）提出的方法，二维自治系统的奇点类型判断依据为：若奇点处雅可比（Jacobian）矩阵的行列式符号为正且该奇点处的迹符号为正的奇点不稳定，若行列式符号为正且迹符号为负的奇点稳定；其余情况均为鞍点。

分别对复制动态方程 $F(x)$ 和 $F(y)$ 求出关于 x 和 y 的导数，得到 Jacobian 矩阵和迹：

$$J = \begin{pmatrix} (1-2x)(U_3 - C_S + y) & x(1-x)(F + U_4 - U_3) \\ -Fy(1-y) & (1-2y)(U_1 - C_T - xF) \end{pmatrix} \quad (5-8)$$

$$trJ = (1-2x)\left[U_3 - C_S + y(F + U_4 - U_3)\right] + (1-2y)(U_1 - C_T - xF)$$

$$(5-9)$$

因此，根据式（5-8）和式（5-9），可得上述 5 个初始奇点的 Jacobian 矩阵的行列式值和迹。由于在点（x^*，y^*）处有 $tr(J) = 0$，所以（x^*，y^*）必为鞍点，所以创新与监管的并行策略必定出现在其余 4 个奇点上。由于 $U_1 > C_T$，因此各奇点是否稳定主要取决于 $U_1 - C_T - C_S$ 和 $F - C_S$ 的正负。

命题 5-1：当 $U_4 + F > C_S$ 且 $U_1 > C_T + F$ 时，监管部门与金融科技公司的并行策略为（监管，创新）。

证明：当条件 $U_4 + F > C_S$ 且 $U_1 > C_T + F$ 成立时，在点（0，1）和（1，0）处有 $Det(J)$ 为负，故这两点必为鞍点；在点（0，0）处，$Det(J)$ 与 $tr(J)$ 均为负，故该点是不稳定点；在点（1，1）处，$Det(J)$ 为正而 $tr(J)$ 为负，故该点是稳定点 ESS。图 5-1 给出了该种情况下的相位。证毕。

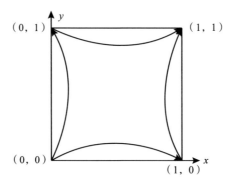

图 5-1 $U_4 + F > C_S$ 且 $U_1 > C_T + F$ 时复制动态系统相位

该命题表明，只有当监管净收益超过监管成本时，监管部门才有动力对金融科技公司的创新业务进行监管；只有当金融科技公司的创新收益超过创新花费的成本和可能因监管而遭受的罚款时，金融科技公司才有创新的动力。

命题 5 – 2：当 $U_4 + F > C_S$ 且 $U_1 < C_T + F$ 时，监管部门与金融科技公司的并行策略为（监管，不创新）。

证明：在条件 $U_4 + F > C_S$ 和 $U_1 < C_T + F$ 满足时，（0，0）处的 $Det(J)$ 与 $tr(J)$ 均为正，故该点是不稳定点；（1，0）处的 $Det(J)$ 为正而 $tr(J)$ 为负，故该点是稳定点；（0，1）和（1，1）两点的 $Det(J)$ 均为负，故这两点必为鞍点。其相位图也表明（1，0）是稳定点（见图 5 – 2）。证毕。

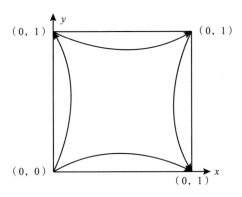

图 5 – 2　$U_4 + F > C_S$ 且 $U_1 < C_T + F$ 时复制动态系统相位

显然，若创新风险过大，即创新成本与可能的罚金超过创新收益时，金融科技公司就不愿创新。若监管收益较大，即监管带来的额外收益和可能的罚金超过监管成本，必定会激励监管部门进行监管，则监管部门必定会进行监管。

命题 5-3： 当 $U_4 + F < C_S$ 且 $U_1 > C_T + F$ 时，监管部门与金融科技公司的并行策略为（不监管，创新）。

证明：在条件 $U_4 + F < C_S$ 和 $U_1 > C_T + F$ 满足时，（0，0）处的 $Det(J)$ 与 $tr(J)$ 均为正，故该点是不稳定点；（0，1）处的 $Det(J)$ 为正而 $tr(J)$ 为负，故该点是稳定点；（1，0）和（1，1）两点的 $Det(J)$ 均为负，故这两点必为鞍点。图 5-3 给出了该种条件下的相位。证毕。

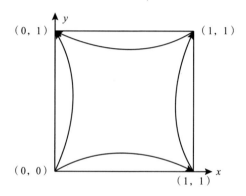

图 5-3　$U_4 + F < C_S$ 且 $U_1 > C_T + F$ 时复制动态系统相位

显然，若监管成本太高，超过监管的额外收益，则监管部门不会监管。若金融科技公司创新收益较大，超过金融创新消耗的成本和可能因创新遭受的罚款，则金融科技公司会进行金融创新。

推论 5-1： 监管部门选择监管的概率，与金融科技公司可能缴纳的罚金 F 成正相关关系，与监管带来的额外收益 U_4 正相关，与监管成本 C_S 负相关。

从命题 5-1 和命题 5-2 可以看出，若监管部门选择监管，必定需要满足条件 $U_4 + F > C_S$，而该式正好满足激励机制。因为罚金

越高，监管成本越低，监管的额外收益越高，则监管部门因监管
带来的收益越多，越容易激励监管部门监管，从而监管可能性会
增大。

推论 5 – 2：金融科技公司选择创新的概率，与其创新成本 C_T 和
因创新处以的罚金 F 均负相关，与创新收益正相关。

从命题 5 – 1 和命题 5 – 3 可以看出，若要金融科技公司创新，只
有较低的创新成本、较低的罚金和较高的创新收益才可能让金融科技
公司在创新中获得正的净收益，即满足 $U_1 > C_T + F$，从而增大金融科
技公司创新的概率。

推论 5 – 3：当罚金较低时，（不监管，创新）的并行策略概率较
大；当罚金较高时，（监管，不创新）的并行策略概率更大。

从推论 5 – 1 和推论 5 – 2 可知，罚金对监管部门和金融科技公司
的策略影响重大。一方面，金融科技的各种创新给客户带来了低成
本高效率的金融服务，也为金融科技公司带来了可观盈利，比如余
额宝这一货币基金创新实现了客户的快速累积，基于大数据的金融
科技产品创新实现了产品的精准定位和快速销售。另一方面，目前
确实有些金融科技公司打着创新的旗号以逃离法律监管，或是以创
新为名行使金融诈骗之实。比如，有公司自称是金融科技公司来逃
脱金融科技的监管，一些金融科技公司创新金融产品就是为了圈
钱。因此，与传统金融一样，无论是金融科技还是金融科技创新，
都需要监管。监管的主要目的是遏制金融科技乱象，促进金融科技
的健康发展，并非为了获得高额的罚金。因此，对于金融科技中各
种以创新为名而行非法集资、金融诈骗之实等乱象，可处以较高罚
金，逼迫其最终采取不创新策略；对于金融科技的其他创新，监管部
门可对其违规行为处以较少罚金以示惩戒，因此金融科技公司会选择

创新策略，而合理合规的创新最终也会导致监管部门选择不监管的策略。

5.3 仿 真 分 析

为检验前述系统动态并行策略分析的正确性，可使用 Matlab 软件对结果进行并行策略路径仿真分析。假设仿真的时间范围为 $[0，10]$。

5.3.1 （监管，创新）策略仿真

考虑命题 5−1，假设监管部门的初始状态值为 0.4，金融科技公司的初始状态值为 0.7。当 $U_T=5$，$U_S=4$，$U_1=3.5$，$U_2=2$，$U_3=3$，$U_4=1$，$C_T=1$，$C_S=1$，$F=2$ 时，监管部门和金融科技公司最终都会选择（监管，创新）策略（见图 5−4）。

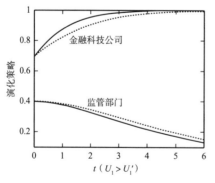
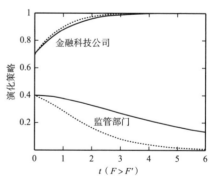

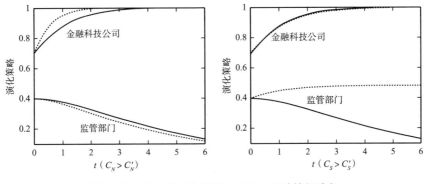

图 5 - 4　$U_4 + F > C_S$ 且 $U_1 > C_N + F$ 时并行路径

其中，各实线表示参数取原值，比如 $U_1 = 3.5$，$F = 2$，$C_N = 1$，$C_S = 1$ 时监管部门和金融科技公司的并行策略路径，虚线表示分别降低参数值为 $U_1' = 3.2$、$F' = 1$、$C_N' = 0.5$ 和 $C_S' = 0.5$ 后两者的并行策略演化路径。

第一，从金融科技公司创新收益看，创新收益的减少对监管部门的监管策略毫无影响，却降低了金融科技公司创新概率。显然，创新收益是创新的主要动力，必然会驱动金融科技公司创新的概率。第二，从罚金来看，罚金的减少会降低监管部门监管的概率，但增加金融科技公司创新的概率。对监管部门而言，罚金较低或许意味着监管的资金收益较低而监管动力不足，也可能表明从业机构本身在创新中的违法违规现象较少而无须监管；对金融科技公司而言，罚金较低意味着创新后的损失较少因此会增加创新的可能。第三，从创新成本看，创新成本的减少对监管部门策略无影响，却会增加金融科技公司创新概率，这是因为较低的创新成本意味着金融科技公司可能的较高净收益和较低的创新风险，从而促使金融科技公司创新。第四，监管成本与监管策略的概率负相关，与金融科技公司创新策略的概率正相关，因为监管成本高意味着监管净收益低，从而监管的可能性更小，因而会促使金融科技公司创新。

5.3.2 （监管，不创新）策略仿真

考虑命题 5 - 2。当 $U_1 = 2.5$，$U_4 = 1.5$，$C_N = 2$，$C_S = 2.3$，$F = 1$，且其余变量取值与图 5 - 4 相同时，监管部门和金融科技公司博弈的并行策略可表示为（监管，不创新）（见图 5 - 5）。第一，创新收益与监管部门监管策略概率负相关，与金融科技公司最终不创新策略概率正相关。金融科技公司不愿创新，可能是由于创新收益本身偏小，而监管部门的监管行为可能导致创新净收益存在更大的不确定性，因此监管部门可降低监管概率来刺激金融科技公司创新以使整个互联网金融行业发展。同时，创新收益与金融科技公司不创新策略概率负相关，因为可能的创新收益会动摇金融科技公司不创新的决定。第二，罚金与监管部门监管概率正相关，与金融科技公司不创新策略概率负相关，这是因为罚金越高说明创新中的问题越多越需要监管，若金融科技公司意识到存在的问题并采取整改措施，则金融科技公司不创新的概率会降低。第三，与图 5 - 4 不同的是，在该（监管、不创新）策略中，创新成本并非对监管策略毫无影响，而是与监管概率成正相关关系，这可能是因为监管部门本身希望通过金融科技公司创新促进行业发展，而金融科技公司不创新的概率较大时，创新成本越高，监管部门越希望通过监管促进金融科技公司健康创新，防患于未然。对金融科技公司而言，较高的创新成本反而意味着较低的不创新策略概率，这可能是由于创新成本越高，意味着金融科技公司在业务规划过程中对创新问题思考越发成熟，不创新的策略越发弱化。由于创新成

本与金融科技公司息息相关，所以其对金融科技公司策略的影响幅度远远超过对监管部门策略的影响幅度。第四，监管成本越高，则监管部门的监管策略概率越低，因为监管成本会对监管净收益产生负相关的影响。同时，监管成本与金融科技公司不创新策略概率正相关，这可能是因为监管成本越高，表明监管部门的投入力度越大，监管越严，金融科技公司因此可能遭受较为严重的监管风险而更不愿创新。由于科技监管能有效降低监管成本，因此监管部门可借助科技监管来促进金融科技公司创新发展。

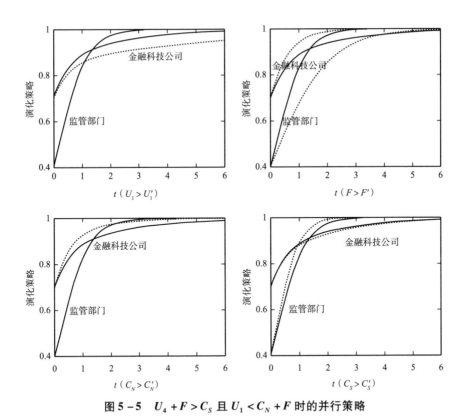

图 5-5　$U_4 + F > C_S$ 且 $U_1 < C_N + F$ 时的并行策略

其中，各实线表示参数取原值，比如 $U_1 = 2.5$，$F = 1$，$C_N = 2$，$C_S = 2.3$ 时监管部门和金融科技公司并行策略演化路径，虚线表示分别降低参数值为 $U_1' = 2$、$F' = 0.9$、$C_N' = 1.6$ 和 $C_S' = 2$ 后两者并行策略的演化路径。

结合图 5 – 4 和图 5 – 5 可发现，当金融科技公司倾向于不创新时，创新意愿会随着创新成本和罚金的增加而增大，而当金融科技公司倾向于创新策略时，创新意愿却会随着创新成本和罚金的增加而减少，即创新意愿与创新成本和罚金之间呈现出类似于正态分布的曲线形式。

5.3.3 （不监管，创新）策略仿真

考虑命题 5 – 3 的情况。当 $U_1 = 3.5$，$C_N = 2$，$C_S = 2.3$，$F = 1$，且其余变量取值与图 5 – 5 相同时，监管部门和金融科技公司博弈的并行策略可表示为（不监管，创新）（见图 5 – 6）。

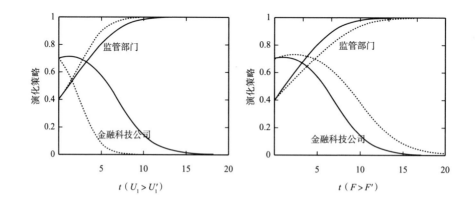

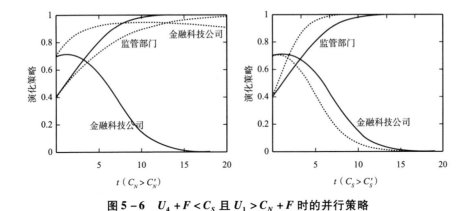

图 5 - 6　$U_4 + F < C_S$ 且 $U_1 > C_N + F$ 时的并行策略

其中，各实线表示参数取原值，比如 $U_1 = 3.5$、$F = 1$、$C_N = 2$ 和 $C_S = 2.3$ 时监管部门和金融科技公司并行策略演化路径，虚线表示单独降低某一参数值，比如 $U_1' = 3.1$、$F' = 0.5$、$C_N' = 1$ 和 $C_S' = 2$ 后两者的并行策略演化路径。

第一，创新收益与金融科技公司创新概率正相关，与监管部门不监管概率负相关，这显然是因为创新收益是金融科技公司创新的主要目的，但创新收益越高越容易引发监管部门的关注，越需要监督查看创新是否合法合规。第二，罚金与监管部门不监管概率呈正相关，这可能与监管部门最终都不监管有关。不监管的可能原因在于金融科技公司创新过程中违规问题较少，即使被处以监管罚金也会较少，甚至可能不敌耗费的监管成本，要想获得更多罚金需要投入更大监管成本以深挖创新中的违规行为，致使监管亏空更大，故更不愿意监管。另外，罚金与创新概率负相关，这是因为越高的罚金会带给金融科技公司越大的损失致使它降低创新可能。第三，创新成本与监管部门不监管策略概率正相关，同样与监管部门最终不监管策略有关。不监管可能是因为金融创新本身合规合法，而监管部门本身希望金融行业通过金融创新促进行业发展，而金融科技公司耗费的创新成本越高监管部门越要支持，越不会监管。同时，创新成本与金融科技公司创新策略概率负相关，是因为创新成本越低机构通过创新能获取越多收益。第四，监管成本与监管部门的不监管策略概率负相关，是因为监管部门最终会选择不监管策略，而监管可能投入的成本越多意味着监管部门对创新监管问题认识的逐步清晰，因此不监管的意愿会变弱。同时，监管成本与金融科技公司创新策略概率正相关。一般情况下，金融科技创新在前，监管在后，监管成本较高可能是因为监管部门对金融科技认识不足，也可能是监管部门仍采取很多传统方式监管所致，而无论哪种原因，都可能刺激从业机构创新，因为其可能从中获取监管套利等好处。另外，由于监管成本与监管部门息息相关，所以其对监管部门策略的影响程度远远超过对金融科技公司策略的影响程度。

结合图 5-4 和图 5-6 发现，当监管部门倾向于选择不监管时监管成本越高则监管的可能性更大，而当监管部门倾向于选择监管策略时监管成本越高则监管的可能性越小，即监管成本与监管意愿之间呈现一种类似于正态分布的曲线。

5.4　本章小结

金融科技创新在降低金融服务门槛的同时，还能提升金融服务的效率，增强金融服务的可获性和便捷性。但金融科技的本质还是金融，不但没有脱离资金融通、信用创造、风险管理的范畴，而且还加重了金融风险的隐蔽性、滞后性和负外部性，需要及时而有分寸的金融监管来减少或遏制金融风险的发生，推动金融科技行业的健康发展。监管过度或监管不足、监管超前或监管滞后，都不利于金融科技的发展，唯有恰到好处在金融科技创新与监管间寻求平衡状态，而这种平衡状态正是金融科技创新与监管并行策略的动态博弈结果。

在金融科技创新与监管并行的动态博弈中，金融科技公司的创新策略主要受创新收益、创新成本、罚金和监管成本等因素的影响，并且创新策略概率与创新收益和监管成本呈正相关关系，而创新意愿与创新成本和罚金之间呈现出类似于正态分布的曲线形式。监管部门的监管策略主要受监管成本、罚金和监管额外收益、创新收益等因素影响，并且监管概率与罚金和监管额外收益呈正相关关系，与创新收益呈负相关关系，而监管意愿与监管成本呈现类似于正态分布的曲线形式。另外，创新成本对监管部门的监管策略毫无影响，但却与监管部门的不监管策略概率呈负相关关系。

第 6 章

技术孪生下的金融科技
与监管科技协同创新

从金融科技与监管科技具有相同底层技术来源的技术孪生关系出发，构建监管科技与金融科技协同创新的互惠共生模型，揭示两者之间的互惠共生逻辑和最优策略选择，以技术需求函数和收益函数为基础构建监管科技与金融科技创新水涨船高、相互看齐的协同技术进步模型，探讨信息对称下的独立研发与合作研发、信息不对称下的合作研发与逆向选择问题规避情形下的行为动机，确立技术孪生下的金融科技与监管科技协同创新的策略选择。

6.1 金融科技与监管科技的技术孪生关系

监管科技和金融科技分别是金融监管、金融业态与 ABCDI 等新兴科技深度融合应用。从时序上看，是先有金融科技异军突起，以更快速度、更短结算周期、更优质服务和更精准客户识别提升金融服务效率（盛天翔等，2020），但随后也导致金融风险以更强隐蔽性、传染性和破坏性创新，滋生金融数据保护和隐私泄露、无牌照经营监管套利、诱导过度金融消费、垄断和不公平竞争等新型金融风险（何枫等，2022），倒逼监管部门"以科技规范科技"发展监管科技。但是作为政府金融监管职能部门，监管部门无论是在体制机制还是研发投入、技术人才上，与作为监管对象的金融机构、金融科技公司相比都有很大劣势，因此金融监管部门难以独自开展监管科技创新。事实上，由于监管科技与金融科技创新的技术路线基本相同，都主要依靠ABCDI 等新兴技术集成应用创新，监管科技与金融科技的关系如同钥匙和锁一样具有很强的互补性，决定了监管科技和金融科技必须协同创新，不然彼此各搞一套，技术标准不统一，接口不对接，应用不兼容。因此，很有必要研究监管科技与金融科技的协同创新问题，确保监管科技与金融科技创新能够水涨船高相互看齐。

金融科技创新与监管科技创新是当前学界关注的热点。金融科技创新方面，金融稳定理事会（Financial Slability Board，FSB）将金融科技定义为"技术带来的金融创新，它能创造新的模式、业务、流程与产品，从而对金融市场提供的服务和模式造成重大的影响，既可以包括前端产业也包含后台技术"，也有学者强调金融科技背后的技术属性，认为金融科技创新是金融技术部门通过 IT 技术为企业或组织提高金融产品和服务的质量（丁娜等，2020），是互联网金融的深化，其业务范围除了继续缩短金融服务渠道，还包括数字投资和融资、运营和风险管理、支付和基础设施、数据安全和货币化等。监管科技创新方面，早期的监管科技创新泛指金融机构"通过创新技术的应用以更加高效的方式满足监管合规要求"的"合规科技"（RegTech）创新。随着监管部门开始采用新技术提升监管效能（马亚明和胡春阳，2021），巴塞尔银行监管委员会（BCBS）把监管部门通过技术应用改进监管流程的"监管科技"（SupTech）纳入监管科技创新领域（张冰洁等，2021）。国际金融协会（Institute of International Finance，IIF）认为监管科技是为更加有效和高效地解决监管与合规要求而使用的新技术（孙国峰，2017）。我国政府重视监管科技的应用，从更宽广的视野和更高的站位，将监管科技创新和防控金融风险有机结合起来（孙国峰，2020），提出"要强化监管科技（RegTech），积极利用大数据、人工智能、云计算等技术丰富金融监管手段，提升跨行业、跨市场交叉性金融风险的甄别、防范和化解能力"（杨东，2018）。今天的监管科技创新场景更为丰富，泛指一切数字化、智能化的金融监管工具，包括合规科技、风险管理、预防欺诈、交易监控等。监管科技与金融科技的协同创新方面，学界普遍认为金融监管在现代技术应用上不应落后金融科技太远，应与金融科技创新共同技术进步，要以科技之道还治科技之险，使金融创新与金融监管水涨船高、相互适宜。当金融机构深度使用科技处理数据并管理风险，而金融监管部门却对技术、算法和规则知之甚少时，信息不对称和监管滞后程度必然增加。当监管部门无法对金融机构进行技术监管，金融部门出现大规模违规时，监管部门大规模清理整顿会致使监管负担增加，行业倒退。事实上，监管的有效性与金融机构的长远利益是一致的，监管科技创新必须在金融机构和金融监管部门之间建立一个良性的互动机制。

6.2　金融科技与广义监管科技的剧场效应

根据共生理论，共生单元之间的交互影响关系分为寄生（parasitic)、偏利共生（partial symbiosis）、非对称性互惠共生（asymmetric reciprocal symbiosis）和对称性互惠共生（symmetry reciprocal symbiosis）四种类型。无论从应用主体属性还是技术优势看，监管科技和金融科技都具有非对称性。短期看，监管科技会在一定程度上抑制金融科技创新。但从长远看，正因为有监管科技对金融科技野蛮生长的抑制才确保金融系统安全稳定和可持续发展。事实上，监管科技还包括合规科技，金融机构需要合规科技降低合规成本，因此监管科技与金融科技是非对称性互惠共生关系。

监管科技本身可用来监管整个金融行业，但正是因为金融科技的异军突起才让监管部门意识到科技的重要驱动作用，从而加速监管科技的产生和发展。设金融科技在 t 时刻的主动创新水平为 $x(t)$，监管科技在 t 时刻的被动创新水平为 $y(t)$。在缺乏监管约束条件下金融科技会野蛮生长，不妨设金融科技创新的技术进步率为 γ，即 $\mathrm{d}x/\mathrm{d}t = \gamma x$；由于监管科技创新会抑制高风险金融科技业务创新，假设监管科技创新抑制金融科技创新的程度与监管科技创新水平成正比，比例系数为 α，则 $x(t)$ 满足：

$$\frac{\mathrm{d}x}{\mathrm{d}t} = x(\gamma - \alpha y) = \gamma x - \alpha xy \tag{6-1}$$

由于监管科技是因应金融科技的被动创新，没有金融科技创新，监管科技创新动力不足，创新水平会下降，设下降比率为 δ，即 $\mathrm{d}y/\mathrm{d}t = -\delta y$；而金融科技会激发监管科技提升创新水平，设提升比率为 β，于是有 $y(t)$ 满足：

$$\frac{\mathrm{d}y}{\mathrm{d}t} = y(-\delta + \beta x) = -\delta y + \beta xy \tag{6-2}$$

借助数值计算探索式（6-1）和式（6-2）解析解。根据近年来金融科技和监管科技发展实际，设 $x(0) = x_0 = 25$、$y(0) = y_0 = 2$，并令 $\gamma = 1$、$\delta = 0.5$、$\alpha = 0.1$、$\beta = 0.02$，用 MATLB 绘制出 $x(t)$、$y(t)$ 走势（见图 6 - 1）及 $y(x)$ 相轨线（见图 6 - 2）。

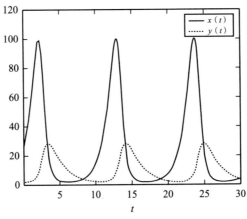

图 6 - 1　$x(t)$ 和 $y(t)$ 走势

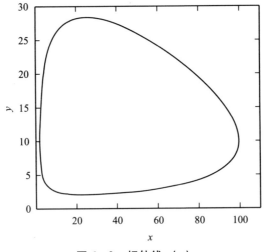

图 6 - 2　相轨线 $y(x)$

由图 6 - 1 和图 6 - 2 可推断 $x(t)$、$y(t)$ 是周期函数，有：

$$\begin{cases} \dfrac{\mathrm{d}x}{\mathrm{d}t} = x(\gamma - \alpha y) = \gamma x - \alpha xy \\[2mm] \dfrac{\mathrm{d}y}{\mathrm{d}t} = y(-\delta + \beta x) = -\mathrm{d}y + \beta xy \end{cases} \qquad (6-3)$$

记 $A = \begin{bmatrix} \gamma & -\alpha \\ -\delta & \beta \end{bmatrix}$ 为式（6 - 3）系数矩阵，λ 为特征根，特征方

程为 $Det(A - \lambda I) = 0$，有：

$$\begin{cases} \lambda^2 + \varphi \lambda + \psi = 0 \\ \varphi = -(\gamma + \beta) \\ \psi = detA = \gamma\beta - \alpha\delta \end{cases} \qquad (6-4)$$

由式（6 - 4）得式（6 - 3）的两个可能平衡点 $Q_1(0, 0)$、$Q_2(\delta/\beta, \gamma/\alpha)$。考虑 $\psi < 0$，$Q_1(0, 0)$ 不是稳定平衡点；为判断 $Q_2(\delta/\beta, \gamma/\alpha)$ 是否为平衡点，联立式（6 - 1）和式（6 - 2）得：

$$\frac{\mathrm{d}x}{\mathrm{d}y} = \frac{x(\gamma - \alpha y)}{y(-\delta + \beta x)} \qquad (6-5)$$

对式（6 - 5）分离变量得：

$$\frac{\beta x - \delta}{x}\mathrm{d}x = \frac{\gamma - \alpha y}{y}\mathrm{d}y \qquad (6-6)$$

对式（6 - 6）两边积分得式（6 - 1）和式（6 - 2）的相轨线函数：

$$(x^\delta e^{-\beta x})(y^\gamma e^{-\alpha y}) = C \qquad (6-7)$$

式（6 - 7）中，C 是由初始条件决定的常数。令 $f(x) = x^\delta e^{-\beta x}$，$g(y) = y^\gamma e^{-\alpha y}$，绘制 $f(x)$、$f(y)$ 的图像（见图 6 - 3 和图 6 - 4），(x_m, f_m)、(y_m, g_m) 为两函数各自的极值点。

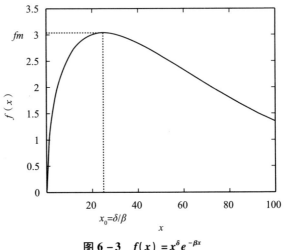

图 6 - 3 $f(x) = x^{\delta}e^{-\beta x}$

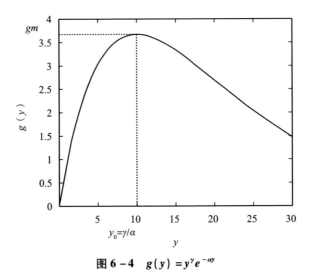

图 6 - 4 $g(y) = y^{\gamma}e^{-\alpha y}$

由图 6 - 3 和图 6 - 4 可得：

$$\begin{cases} f(x_m) = f_m, \ x_m = \delta/\beta \\ g(y_m) = g_m, \ y_m = \gamma/\alpha \end{cases} \quad (6 - 8)$$

由式（6-8）推定 $Q_2(\delta/\beta, \gamma/\alpha)$ 是式（6-1）和式（6-2）平衡点。由图 6-1 和图 6-2 推定 $x(t)$、$y(t)$ 为周期函数，变形式（6-3）得：

$$\begin{cases} x(t) = \dfrac{1}{\beta}\left(\dfrac{\mathrm{d}y}{y\mathrm{d}t} + \delta\right) \\[3mm] y(t) = \dfrac{1}{\alpha}\left(\gamma - \dfrac{\mathrm{d}x}{x\mathrm{d}t}\right) \end{cases} \qquad (6-9)$$

设 $x(t)$ 和 $y(t)$ 的周期为 T，则有 $x(0) = x(T)$、$y(0) = y(T)$，于是 $x(t)$ 和 $y(t)$ 在一个周期内的平均值为：

$$\begin{cases} \bar{x} = \dfrac{1}{T}\displaystyle\int_0^T x(t)\,\mathrm{d}t = \dfrac{1}{T}\int_0^T \dfrac{1}{\beta}\left(\dfrac{\mathrm{d}y}{y\mathrm{d}t} + \delta\right)\mathrm{d}t = \dfrac{\delta}{\beta} \\[3mm] \bar{y} = \dfrac{1}{T}\displaystyle\int_0^T y(t)\,\mathrm{d}t = \dfrac{1}{T}\int_0^T \dfrac{1}{\alpha}\left(\gamma - \dfrac{\mathrm{d}x}{x\mathrm{d}t}\right)\mathrm{d}t = \dfrac{\gamma}{\alpha} \end{cases} \qquad (6-10)$$

由此得 $(\bar{x}, \bar{y}) = (x_m, y_m) = Q_2(\delta/\beta, \gamma/\alpha)$，表明 $x(t)$ 和 $y(t)$ 是两条水涨船高、相互看齐的周期曲线，与现实中金融创新与金融监管情况高度契合。由图 6-1 和图 6-2 看出，随着金融科技创新日益活跃，监管科技被动创新会被相应激活，只要金融科技创新水平高于监管科技创新水平，金融科技和监管科技都会水涨船高，推高金融科技创新水平；但随着监管科技创新水平不断提高，对金融科技创新抑制作用日益强烈，金融科技创新水平会逐渐下降，甚至跌落至监管科技创新水平之下，这期间金融科技在监管科技严监管下会导致金融服务效率下降，放松监管的呼声增大，监管科技创新减弱，金融科技创新又逐渐活跃起来，出现"金融科技主动创新→监管科技被动追赶→金融科技创新受到抑制→监管科技主动减弱创新→金融科技创新活力恢复→监管科技被动创新→……"的循环，推动金融科技和监管科技水涨船高。

6.3　合规科技与狭义监管科技的互补关系

合规科技是金融机构采用"科技＋合规"手段满足合规要求和降低合规成本。监管科技是监管部门运用"科技＋监管"手段提高监管效率和能力。合规科技和监管科技同属于广义监管科技范畴，是金融科技的一个分支，是广义监管科技分别在监管部门端和金融机构端的应用实现。其中，在监管部门端主要运用于数据收集、整合与报送、风险监测分析与报告、监管规则数字化、消费者权益保护等，在金融机构端主要运用于监管法规变更、身份识别与管理、风险管理、合规分析与报告、金融交易监测等。

合规与监管科技的发展是适应金融科技发展的必然要求（见图6－5）。金融科技的发展使得金融风险的隐蔽性、传染性、破坏性增加，监管难度增加，倒逼监管部门引入监管科技开展针对性监管，

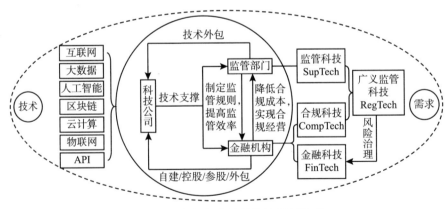

图6－5　合规与监管科技的创新体系

资料来源：相关资料整理所得。

缓解监管压力，提高监管效率，降低金融过度创新风险。随着监管法规陆续出台，监管工具不断创新，要求金融机构更充分理解金融法规和工具，倒逼金融机构开展合规科技创新满足合规要求、降低合规成本。由此可见，监管科技与合规科技具有水涨船高的协同性。

　　合规科技和监管科技作为跷跷板的两端，理论上应保持旗鼓相当的技术水平才能取得金融创新、金融稳定与金融安全的平衡。但实践中通常情况是合规科技水平略高于监管科技水平。设合规科技、监管科技同期技术水平分别为 L_c 和 L_s。当 $L_c - L_s > 0$ 时，监管科技滞后合规科技超过合理差距 L_0，金融机构有过度金融创新进行监管套利的动机。当 $L_s > L_c$，监管科技创新水平超过合规科技，金融机构因合规成本高而缺乏创新活力。只有当 $0 < L_c - L_s < L_0$，监管科技创新水平滞后合规科技在 L_0 这个合理范围内时，金融机构端有适当的创新活力推动金融创新，但监管科技又不能滞后合规科技太远，确保监管部门能对金融机构形成有效监管。

　　经济学上把只有同时或按一定比例配套使用才能发挥预期功效的不同物品互称作互补品。从技术进步要求相互看齐角度，可将合规科技和监管科技定性为互补品。事实上，由于监管科技与合规科技创新的技术依赖大体相同，都主要依靠人工智能、大数据、区块链、云计算、物联网等新兴技术（见图 6 - 5），监管科技与合规科技如同钥匙和锁一样具有很强的互补性，决定监管科技与合规科技创新必须协同，要求金融机构向监管部门共享数据，通过自然语言处理技术（NLP）、应用程序接口（API）、数据仓技术（ETL）建立有效沟通、审查和检查渠道，不然彼此各搞一套，技术标准不统一，接口不对接，应用不兼容，必然会相互拆台。

6.4 金融机构与监管部门的创新策略选择

6.4.1 金融机构与监管部门的策略

金融科技的创新主体包括金融机构和金融科技公司，监管科技的创新主体包括监管部门、金融机构和金融科技公司，科技公司一般作为第三方接受金融机构的技术外包，金融机构往往可以通过独资、合资或控股、参股形成对科技公司的控制成为利益共同体。为便于分析，可将监管科技与金融机构的协同创新简化为监管部门与金融机构的协同创新，而无需单独讨论金融科技公司，金融科技的利益诉求由金融机构一并表达，这与很多大型金融机构都有自己的金融科技公司的现实情况契合。

用 s 表示金融监管部门，q_s、p_s、π_s 分别表示金融市场对监管科技的引致需求量、市场价格（开发成本）和监管部门收益（体现为监管成本节约）；用 b 表示金融机构，q_b、p_b、π_b 分别表示金融科技（含合规科技）市场需求量、市场价格（开发成本）和金融机构收益（体现为合规成本降低），二者的创新需求函数为：

$$\begin{cases} q_b = Q_e - \eta p_b - \rho p_s \\ q_s = Q_e - \eta p_s - \rho p_b \end{cases} \tag{6-11}$$

其中，Q_e（$e \in \{H, L\}$，$Q_L < Q_H$）是随机变量，表示监管科技与金融科技创新产品的市场需求潜力，Q_e 先验概率分别为 θ 和 $1-\theta$（$0 < \theta < 1$）；ρ 为研发投入对金融科技和监管科技创新产出的影响系

数。金融科技与监管科技的共生关系决定它们的交叉价格敏感性小于产品本身价格，有 $\eta > \rho > 0$。

由于金融机构比监管部门拥有监管科技市场需求信息优势，金融机构在决策前能大体知道 Q_e 的取值。出于自身利益最大化，金融机构有动机向监管部门传递虚假信息出现逆向选择。不妨假设 $\rho = 1$，则 $\eta > 1$、θ、Q_L、Q_H 为监管部门和金融机构共同知识。

受行政体制机制束缚，监管部门一般不亲自参与监管科技研发，通常采取政府采购服务的形式委托金融机构及科技公司技术研发，并承诺按照比例为 $\tau \in (0, 1)$ 分担研发投入。监管部门分担监管科技研发投入的资金来源包括财政预算拨款，以及通过监管成本内部化要求各类金融机构按比例缴纳作为监管部门帮助金融机构维护金融市场公平竞争环境的必要支出。

设金融机构的研发投入为 I，带来金融科技创新产出为 z，满足 $I = kz^2/2$，其中 k 表示研发效率。设 $h \in (0, 1)$ 为引致需求系数，揭示监管科技与金融科技的剧场效应，金融科技有 z 的创新产出必然倒逼监管科技有 hz 的创新产出避免监管滞后。金融机构和监管部门的收益函数分别为：

$$
\begin{cases}
\pi_b = (Q_e - \eta p_b - p_s + z) p_b - \dfrac{k(1-\tau)}{2} z^2 \\[2mm]
\pi_s = (Q_e - \eta p_s - p_b + hz) p_s - \dfrac{k\tau}{2} z^2
\end{cases}
\tag{6-12}
$$

基于金融机构和监管部门追求自身"收益"最大化的行为逻辑，以下将根据式（6-12）的收益函数探讨它们在信息对称下的独立研发及合作研发、信息不对称下的合作研发及对逆向选择问题干预等情形，相应用数字 1~4 在式（6-12）主要变量右下角标注以示区分，以便通过比较研究确立最优策略选择。

6.4.2　信息对称下的独立研发

金融机构和监管部门各自独立研发时，监管部门会选择有利于自身利益最大化的 p_{1s}，金融机构根据观察到的 p_{1s} 选择使自己收益最大化的 p_{1b}、I_1、z_1 满足 $I_1 = kz_1^2/2$，此时金融机构和监管部门的收益函数分别为：

$$\pi_{1b} = (Q_e - \eta p_{1b} - p_{1s} + z_1)p_{1b} - \frac{k}{2}z_1^2 \qquad (6-13)$$

$$\pi_{1s} = (Q_e - \eta p_{1s} - p_{1b} + hz_1)p_{1s} \qquad (6-14)$$

求式（6-13）的一阶最优化条件得：

$$\begin{cases} z_1 = \dfrac{Q_e - p_{1s}}{2\eta k - 1} \\[3mm] p_{1b} = \dfrac{k(Q_e - p_{1s})}{2\eta k - 1} \end{cases} \qquad (6-15)$$

将式（6-15）带入式（6-14）得：

$$\pi_{1s} = \left(Q_e - \eta p_{1s} - \frac{k(Q_e - p_{1s})}{2\eta k - 1} + h\frac{Q_e - p_{1s}}{2\eta k - 1}\right)p_{1s} \qquad (6-16)$$

对式（6-16）求关于 p_{1s} 的一阶化条件得监管部门的最优 p_{1s}^* 为：

$$p_{1s}^* = \frac{Q_e(2\eta k - k + h - 1)}{2(2\eta^2 k - \eta - k + h)} \qquad (6-17)$$

将式（6-17）回代到式（6-15）得：

$$\begin{cases} z_1^* = \dfrac{Q_e(4\eta^2 k - 2\eta - 2\eta k - k + h + 1)}{2(2\eta k - 1)(2\eta^2 k - \eta - k + h)} \\[4mm] p_{1b}^* = \dfrac{Q_e \gamma(4\eta^2 k - 2\eta - 2\eta k - k + h + 1)}{2(2\eta k - 1)(2\eta^2 k - \eta - k + h)} \end{cases} \qquad (6-18)$$

由式（6 – 17）和式（6 – 18）得金融机构和监管部门各自单独及加总后的最优收益分别为：

$$\begin{cases} \pi_{1b}^{*} = \dfrac{Q_e^2\gamma(4\eta^2 k - 2\eta - 2\eta k - k + h + 1)^2}{8(2\eta^2 k - \eta - k + h)^2(2\eta k - 1)} \\[3mm] \pi_{1s}^{*} = \dfrac{Q_e^2(2\eta k - k + h - 1)^2}{4(2\eta k - 1)(2\eta^2 k - \eta - k + h)} \\[3mm] \pi_{1bs}^{*} = \pi_{1b}^{*} + \pi_{1s}^{*} \end{cases} \qquad (6-19)$$

6.4.3 信息对称下的合作研发

监管部门基于自身利益最大化选择 p_{2s} 和研发费分担比率 τ_2，金融机构根据监管部门的策略选择 p_{2b} 和 z_2 以实现自身收益最大化。金融机构和监管部门的收益函数分别为：

$$\pi_{2b} = (Q_e - \eta p_{2b} - p_{2s} + z_2)p_{2b} - \frac{k(1-\tau_2)}{2}z_2^2 \qquad (6-20)$$

$$\pi_{2s} = (Q_e - \eta p_{2s} - p_{2b} + hz_2)p_{2s} - \frac{k\tau_2}{2}z_2^2 \qquad (6-21)$$

求式（6 – 20）一阶最优化条件得金融机构的反应函数 p_{2b} 和 z_2 为：

$$\begin{cases} z_2 = \dfrac{Q_e - p_{2s}}{2\eta k(1-\tau_2) - 1} \\[3mm] p_{2b} = \dfrac{k(1-t_2)(Q_e - p_{2s})}{2\eta k(1-\tau_2) - 1} \end{cases} \qquad (6-22)$$

将式（6 – 22）代入式（6 – 21）得：

$$\pi_{2s} = \left(Q_e - \eta p_{2s} - \frac{k(1-\tau_2)(Q_e - p_{2s})}{2\eta k(1-\tau_2) - 1} + h\frac{Q_e - p_{2s}}{2\eta k(1-\tau_2) - 1} \right)$$

$$\times \frac{k(1-\tau_2)(Q_e-p_{2s})}{2\eta k(1-\tau_2)-1} - \frac{k\tau_2}{2}\left(\frac{Q_e-p_{2s}}{2\eta k(1-\tau_2)-1}\right)^2 \qquad (6-23)$$

对式（6-23）求关于 p_{2s} 和 t_2 的一阶化条件，得监管部门最优 p_{2s}^* 和 τ_2^* 为：

$$\begin{cases} p_{2s}^* = \dfrac{Q_e(16\eta^2 k + 4h\eta + 1 - 8\eta k - 8\eta)}{32\eta^3 k - 16\eta k - 16\eta^2 - 16h^2\eta^2 + 24h\eta - 1} \\[4mm] \tau_2^* = \dfrac{8h\eta^2 k - 4\eta^2 k - 4h\eta k - 2\eta k + 3k + 2\eta + 4h^2\eta - 4h\eta - 3h + 1}{k(8h\eta^2 + 4\eta^2 - 6\eta - 4h\eta + 1)} \end{cases}$$

$$(6-24)$$

将式（6-24）代入式（6-22）得：

$$\begin{cases} z_2^* = \dfrac{2Q_e(8h\eta^2 + 4\eta^2 - 4k\eta - 6\eta + 1)}{32\eta^3 k - 16\eta k - 16\eta^2 - 16h^2\eta^2 + 24h\eta - 1} \\[4mm] p_{2b}^* = \dfrac{2Q_e(8\eta^2 k - 4\eta k - 2k - 4h^2\eta + 4h\eta + 3h - 2\eta - 1)}{32\eta^3 k - 16\eta k - 16\eta^2 - 16h^2\eta^2 + 24h\eta - 1} \end{cases}$$

$$(6-25)$$

由式（6-24）和式（6-25）得金融机构和监管部门各自和汇总后的最优收益分别为：

$$\begin{cases} \pi_{2b}^* = \dfrac{2Q_e^2(48k - 4\alpha k - 2k + 4h\eta - 2\eta - 4h^2\eta - 1 + 3h)}{32\eta^3 k - 16\eta k - 16\eta - 16h^2\eta^2 + 24h\eta - 1} \\[3mm] \qquad \times \dfrac{(16\eta^3 k - 4\eta k - 8\eta^2 - 8h^2\eta^2 + 10h\eta - 1 - 8\eta^2 k + 4\eta)}{32\eta^3 k - 16\eta k - 16\eta^2 - 16h^2\eta^2 + 24h\eta - 1} \\[3mm] \pi_{2s}^* = \dfrac{Q_e^2(4h\eta - 2h + 8\eta^2 k - 3\eta - 8\eta k + 2k + 1)}{32\eta^3 k - 16\eta k - 16\eta^2 - 16h^2\eta^2 + 24h\eta - 1} \\[3mm] \pi_{2bs}^* = \pi_{2b}^* + \pi_{2s}^* \end{cases}$$

$$(6-26)$$

当合作研发是独立研发的帕累托改进（$\pi_{2b}^* \geqslant \pi_{1b}^*$ 与 $\pi_{2s}^* \geqslant \pi_{1s}^*$ 同时

成立），金融机构与监管部门的研发合作才具有稳定性。将式（6-19）和式（6-26）代入求解由 $\pi_{2b}^* \geq \pi_{1b}^*$ 与 $\pi_{2s}^* \geq \pi_{1s}^*$ 构成的不等式组得：

$$
\begin{cases}
0 < h < h_0, \text{不合作研发} \\
h_0 \leq h < 1, \text{合作研发} \\
h_0 = \dfrac{4\eta k - 8\eta^2 k + 4\eta + 3 + \sqrt{\begin{array}{l}16\eta k^2 - 64\eta^3 k^2 - 24\eta k + 16\eta^2 k \\ + 64\eta^4 k^2 - 16\eta^2 + 8\eta + 9\end{array}}}{8\eta}
\end{cases}
$$

由此看出，只有当金融科技与监管科技创新水平差距超过门槛值 h_0 之后，监管部门才会选择与金融机构合作开发监管科技。而当金融科技与监管科技创新水平差距小于 h_0 时，监管部门能够对金融机构的金融科技创新风险进行有效监管，监管部门缺少动力委托金融机构合作研发监管科技。

6.4.4　逆向选择下的合作研发

金融机构有信息优势，开展金融科技创新，不仅能满足最新监管要求，规避不合规受到的处罚，还能寻找到监管套利机会，降低金融监管的有效性甚至脱离金融监管。金融机构深入应用金融科技，若监管部门不懂算法和规则，会增加信息不对称程度。因此，很难保证金融机构在与金融监管部门的合作研发中不隐藏信息。

定义 $\mu = A_H/A_L$ 为监管科技与金融科技创新产品的市场需求波动系数。当 μ 在一定范围内，具有信息优势的金融机构存在着向监管部门隐瞒信息的可能。设金融机构在不隐瞒和隐瞒信息下的收益分别为 $\pi_{3b}^{'}$ 和 $\pi_{3b}^{''}$，当且仅当 $\pi_{3b}^{''} - \pi_{3b}^{'} > 0$ 时，金融机构才有隐瞒信息的动机，这时金融机构与金融监管部门之间的合约分别为（A_H；p_{3bH}^*，

I_{3bH}^*；p_{3sH}^*，τ_H^*）和（A_H；p_{3bL}^*，I_{3bL}^*；p_{3sL}^*，τ_L^*），将合约内容代入式（6-20）得：

$$\Delta\pi_{3b} = \pi_{3b}^{''} - \pi_{3b}^{'}$$

$$= \frac{2(Q_H - Q_L)(8k - 4\eta k - 2k - 4h^2\eta + 4h\eta + 3h - 2\eta - 1)G}{(32\eta^3 k - 16\eta k - 16\eta^2 - 16h^2\eta^2 + 24h\eta - 1)^2}$$

$$(6-27)$$

在式（6-27）中，$Q_H - Q_L > 0$，由式（6-24）可知 $8\eta^2 k - 4\eta k - 2k - 4h^2\eta + 4h\eta + 3h - 2\eta - 1 > 0$。$G = (-16\eta^3 k + 8h^2\eta^2 + 8\eta^2 k + 8\eta^2 - 10h\eta - 4\eta k - 4\eta + 1)Q_H + (16\eta^3 k - 8h^2\eta^2 - 8\eta^2 + 8\eta^2 k - 12\eta k + 14h\eta - 4\eta)Q_L$。由 $\mu = Q_H/Q_L$，Q_L 与 Q_H 的先验概率分别为 θ 和 $1-\theta$（$0 < \theta < 1$），可得监管科技的市场需求标准差 $\sigma = (Q_H - Q_L)\sqrt{\theta(1-\theta)} = Q_L(1-\mu)\sqrt{\theta(1-\theta)}$，可见 σ 与 μ 有相似的变化规律，不妨用 μ 代替 σ，于是有 $G = Q_L[(-16\eta^3 k + 8h^2\eta^2 + 8\eta^2 k + 8\eta^2 - 10h\eta - 4\eta k - 4\eta + 1)\mu + (16\eta^3 k - 8h^2\eta^2 - 8\eta^2 + 8\eta^2 k - 12\eta k + 14h\eta - 4\eta)]$。

令 $= \dfrac{16\eta^3 k - 8h^2\eta^2 - 8\eta^2 + 8\eta^2 k - 12\eta k + 14h\eta - 4\eta}{16\eta^3 k - 8h^2\eta^2 - 8\eta^2 - 8\eta^2 k + 4\eta k + 10h\eta + 4\eta - 1} > 1$，由此可知 $1 < \mu \leq \mu_0$ 时，$G \geq 0$，由此得式（6-27）$\pi_{3b}^{''} - \pi_{3b}^{'} \geq 0$，此时金融机构有动机隐瞒真实信息；只有当 $\mu > \mu_0$ 金融机构才没有动机隐瞒真实信息。

6.4.5 对逆向选择问题的干预

为了避免金融机构在与监管部门合作研发监管科技中的逆向选择，需要根据金融机构对监管科技创新需求的激励相容设计机制进行逆向选择问题干预。金融机构对监管科技创新的激励约束条件为式（6-28）～式（6-32）。

$$\max_{p_4, x_4} \theta \left[\left(Q_H - \eta p_{4sH} - p_{4bH} + hz_{4bH} \right) p_{4sH} - \frac{k\tau_{4H}}{2} z_{4H}^2 \right] +$$

$$(1 - \theta) \left[\left(Q_L - \eta p_{4sL} - p_{4bL} + hz_{4bL} \right) p_{4sL} - \frac{k\tau_{4L}}{2} z_{4L}^2 \right] \quad (6-28)$$

$$\text{s. t.} \begin{cases} \left(Q_H - \eta p_{4bH} - p_{4sH} + hz_{4bH} \right) p_{4bH} - \frac{k(1 - \tau_{4H})}{2} z_{4bH}^2 > \pi_{1bH}^* \quad (6-29) \\[2mm] \left(Q_L - \eta p_{4bL} - p_{4sL} + hz_{4bL} \right) p_{4bH} - \frac{k(1 - \tau_{4L})}{2} z_{4bL}^2 > \pi_{1bL}^* \quad (6-30) \\[2mm] \left(Q_H - \eta p_{4bH} - p_{4sH} + hz_{4bH} \right) p_{4bH} - \frac{k(1 - \tau_{4H})}{2} z_{4bH}^2 > \\[2mm] \qquad \left(Q_H - \eta p_{4bL} - p_{4sL} + hz_{4bL} \right) p_{4bL} - \frac{k(1 - \tau_{4L})}{2} z_{4bL}^2 \quad (6-31) \\[2mm] \left(Q_L - \eta p_{4bL} - p_{4sL} + hz_{4bL} \right) p_{4bL} - \frac{k(1 - \tau_{4L})}{2} z_{4bL}^2 \geqslant \\[2mm] \qquad \left(Q_L - \eta p_{4bH} - p_{4sH} + hz_{4bH} \right) p_{4bH} - \frac{k(1 - \tau_{4H})}{2} z_{4bH}^2 \quad (6-32) \end{cases}$$

式（6-29）和式（6-30）是金融机构的参与约束，体现金融机构参与金融科技与监管科技的协同创新收益大于自身单独研发的收益。式（6-31）和式（6-32）是金融机构的激励相容约束，体现金融机构创新合作的是监管科技的研发合作。此处是关于逆向选择问题，委托人主要担心代理人参与约束的低效率问题，委托人并不关心式（6-29）的参与约束问题，所以式（6-29）条件可以不予考虑。

对式（6-28）～式（6-32）构成的激励约束函数构建拉格朗日（Lagrangian）函数：

$$L = \theta \left[\left(Q_H - \eta p_{4sH} - p_{4bH} + hz_{4bH} \right) p_{4sH} - \frac{k\tau_{4H}}{2} z_{4H}^2 \right]$$

$$+ (1 - \theta) \left[\left(Q_L - \eta p_{4sL} - p_{4bL} + hz_{4bL} \right) p_{4sL} - \frac{k\tau_{4L}}{2} z_{4L}^2 \right]$$

$$+ \xi_1 \left[(Q_L - \eta p_{4bL} - p_{4sL} + h z_{4bL}) p_{4bH} - \frac{k(1 - \tau_{4L})}{2} z_{4bL}^2 > \pi_{1bL}^* \right]$$

$$+ \xi_2 \left\{ \left[(Q_H - \eta p_{4bH} - p_{4sH} + h z_{4bH}) p_{4bH} - \frac{k(1 - \tau_{4H})}{2} z_{4bH}^2 \right] \right.$$

$$\left. - \left[(Q_H - \eta p_{4bL} - p_{4sL} + h z_{4bL}) p_{4bL} - \frac{k(1 - \tau_{4L})}{2} z_{4bL}^2 \right] \right\}$$

$$+ \xi_3 \left\{ \left[(Q_L - \eta p_{4bL} - p_{4sL} + h z_{4bL}) p_{4bL} - \frac{k(1 - \tau_{4L})}{2} z_{4bL}^2 \right] \right.$$

$$\left. - \left[(Q_L - \eta p_{4bH} - p_{4sH} + h z_{4bH}) p_{4bH} - \frac{k(1 - \tau_{4H})}{2} z_{4bH}^2 \right] \right\} \qquad (6-33)$$

由式（6-28）~式（6-33）构成的激励约束函数的最优化条件需满足 $\partial L/\partial P_{4bH} = 0$、$\partial L/\partial P_{4bL} = 0$、$\partial L/\partial P_{4sH} = 0$、$\partial L/\partial P_{4sL} = 0$、$\partial L/\partial z_{4bH} = 0$、$\partial L/\partial z_{4bL} = 0$、$\partial L/\partial \tau_{4H} = 0$、$\partial L/\partial \tau_{4L} = 0$。联立 $\partial L/\partial \tau_{4H} = 0$ 和 $\partial L/\partial \tau_{4L} = 0$ 得：

$$\begin{cases} -(1 - \theta) + \xi_1 - \xi_2 + \xi_3 = 0 \\ -\theta + \xi_2 - \xi_3 = 0 \end{cases} \qquad (6-34)$$

求解式（6-34）得 $\xi_1 = 1$，$\xi_2 - \xi_3 = \theta > 0$。关于 ξ_2 和 ξ_3 的取值，有可能是 $\xi_2 > 0$ 且 $\xi_3 \geq 0$，或者 $\xi_2 > 0$ 且 $\xi_3 \leq 0$，或者 $\xi_2 \leq 0$ 且 $\xi_3 < 0$。

根据拉格朗日乘数非负的条件要求，只存在 $\xi_2 > 0$ 且 $\xi_3 \geq 0$ 这一种可能。如果激励相容条件式（6-31）和式（6-32）同时成立，则要求 $\xi_2 > 0$ 且 $\xi_3 > 0$，即要求 $\partial L/\partial \xi_2 = 0$、$\partial L/\partial \xi_3 = 0$ 成立，也即要求 $p_{4bH} = p_{4bL}$，但从式（6-31）和式（6-32）两个不等式的结构上看应是 $p_{4bH} > p_{4bL}$，所以 $\xi_2 > 0$ 且 $\xi_3 > 0$ 不能满足拉格朗日函数要求，只可能是 $\xi_2 = \theta > 0$ 且 $\xi_3 = 0$。

将 $\xi_2 = \theta > 0$ 且 $\xi_3 = 0$ 代入拉格朗日最优化条件 $\partial L/\partial P_{4bH} = 0$、$\partial L/\partial P_{4bL} = 0$、$\partial L/\partial P_{4sH} = 0$、$\partial L/\partial P_{4sL} = 0$、$\partial L/\partial x_{4bH} = 0$、$\partial L/\partial z_{4bL} = 0$ 联立

求解得式 (6 − 34)。

将式 (6 − 34) 代入 $\partial L/\partial \xi_2 = 0$ 和 $\partial L/\partial \xi_3 = 0$，联立求得监管部门的监管科技研发投入分担费率为：

$$
\begin{cases}
p_{4bL}^* = \dfrac{(h - 2k + 2\eta k - h^2)Q_L + \theta(h^2 Q_H - 2\alpha k Q_H + 2k Q_L - h Q_L)}{2(1 - \theta)(2\eta^2 k - h^2 \eta - \eta + 2h - 2k)} \\[3mm]
p_{4bH}^* = \dfrac{(h^2 - h + 2k - 2\eta k)Q_H}{2(h^2 \eta - 2h - 2\eta^2 k + 2k + \eta)} \\[3mm]
p_{4sL}^* = \dfrac{(1 - h - 2\eta k + 2k)Q_L + \theta(h Q_H - 2k Q_H + 2\eta k Q_L - Q_L)}{2(1 - \theta)(h^2 \eta - 2h + \eta - 2\eta^2 k + 2k)} \\[3mm]
p_{4sH}^* = \dfrac{(2\eta k - 2k + h - 1)Q_H}{2(2\eta^2 k - h^2 \eta - \eta + 2h - 2k)} \\[3mm]
z_{4L}^* = \dfrac{(h + 1)(1 - \eta)Q_L + \theta(\eta h Q_L - h Q_H + \eta Q_H - Q_L)}{(1 - \theta)(h^2 \eta - 2h + \eta - 2\eta^2 k + 2k)} \\[3mm]
z_{4H}^* = \dfrac{(h + 1)(1 - \eta)Q_H}{h^2 \eta - 2h + \eta - 2\eta^2 k + 2k}
\end{cases}
\tag{6 − 35}
$$

$$
\begin{cases}
\tau_{4L}^* = \dfrac{2\pi_{1bH}^* - 2p_{4bL}^* Q_L + 2\alpha(p_{4bL}^*)^2 + 2p_{4bL}^* p_{4sL}^* - 2p_{4bL}^* z_{4bL}^*}{k(z_{4bL}^*)^2} \\[4mm]
\tau_{4H}^* = \dfrac{\begin{array}{l} 2\pi_{1bH}^* - 2p_{4bH}^* Q_H + 2\eta(p_{4bH}^*)^2 + 2p_{4bH}^* p_{4sH}^* \\ -2p_{4bH}^* z_{4bH}^* + 2p_{4bL}^* Q_H - 2p_{4bL}^* Q_L + k(z_{4bH}^*)^2 \end{array}}{k(z_{4bH}^*)^2}
\end{cases}
\tag{6 − 36}
$$

将式 (6 − 35) 和式 (6 − 36) 分别代入式 (6 − 12) 得金融机构和监管部门的最优收益为：

$$
\begin{cases}
\pi_{4be}^* = (Q_e - \eta p_{4be}^* - p_{4se}^* + z_{4e}^*)p_{4be}^* - \dfrac{k(1 - \tau_{4e}^*)}{2}(z_{4be}^*)^2 \\[4mm]
\pi_{4se}^* = (Q_e - \eta p_{4se}^* - p_{4be}^* + h z_{4e}^*)p_{4se}^* - \dfrac{k\tau_{4e}^*}{2}(z_{4be}^*)^2
\end{cases}
\tag{6 − 37}
$$

由式 (6 − 37) 与式 (6 − 26) 比较得知 $\pi_{4bH}^* > \pi_{2bH}^*$、$\pi_{4bL}^* > \pi_{2bL}^*$，

表明在参数 η、k、h 及 μ 满足 $h_0 \leqslant h < 1$、$1 < \mu \leqslant \mu_0$ 时，合约 $\{(p_{4bL}^*, I_{4bL}^*, p_{4sL}^*, \tau_{4L}^*), (p_{4bH}^*, I_{4bH}^*, p_{4sH}^*, \tau_{4H}^*)\}$ 能保证金融机构不隐瞒自己的真实信息，金融机构和监管部门能够建立基于研发费用分担的金融科技与监管科技协同创新。

6.4.6 创新主体最优策略选择

通过信息对称下的独立研发、信息对称下的合作研发、信息不对称下的合作研发和逆向选择问题合作干预等四种情形的讨论，可以看出金融机构和监管部门在金融科技与监管科技的研发问题上，具有信息优势的金融机构会根据不同的条件相机决策（见表6-1），监管部门应清楚并根据金融机构在不同情形下的决策采取相应的干预措施，确保金融机构能积极参与到监管科技与金融科技协同创新中来（见图6-6）。

表6-1　　　　　不同情形下创新主体的最优策略选择

条件	最优策略选择
$0 < h < h_0$	金融机构和监管部门分别选择独立研发金融科技和独立研发监管科技
$h_0 \leqslant h < 1$、$\mu_0 < \mu$	双方选择信息对称下的协同创新，合作合约为 $(Q_e, p_{3be}^*, I_{3e}^*, p_{3se}^*, \tau_{3e}^*)$，$e \in \{H, L\}$
$h_0 \leqslant h < 1$、$1 < \mu \leqslant \mu_0$	选择逆向选择下的协同创新策略为 $(p_{4bL}^*, I_{4bL}^*, p_{4sL}^*, \tau_{4L}^*)$，$(p_{4bH}^*, I_{4bH}^*, p_{4sH}^*, \tau_{4H}^*)$

注：h 的门槛值 $h_0 = \dfrac{4\eta k - 8\eta^2 k + 4\eta + 3 + \sqrt{16\eta k^2 - 64\eta^3 k^2 - 24\eta k + 16\eta^2 k + 64\eta^4 k^2 - 16\eta^2 + 8\eta + 9}}{8\eta}$；

μ 的门槛值 $\mu_0 = \dfrac{16\eta^3 k - 8h^2\eta^2 - 8\eta^2 + 8\eta^2 k - 12\eta k + 14h\eta - 4\eta}{16\eta^3 k - 8h^2\eta^2 - 8\eta^2 - 8\eta^2 k + 4\eta k + 10h\eta + 4\eta - 1}$。

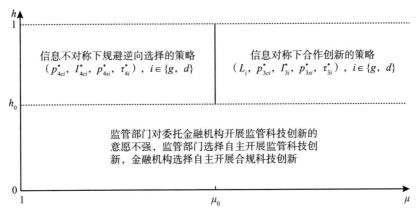

图 6-6 不同情形下合规与监管科技创新主体的策略空间

6.5 金融机构与监管部门的协同创新示例

近年来，金融科技与监管科技的协同创新不断涌现，呈现多元融合、多向赋能的特点。"一行两会"及其在全国各地的分支机构和地方金融监管部门作为我国金融治理体系的主导者，通过打造包容审慎的创新监管机制、有序开展金融科技创新监管试点、加快完善金融科技监管框架，为金融科技与监管科技的协同创新营造良好的合作氛围。以国有商业银行、股份制银行及旗下科技子公司为主体，涵盖城市商业银行、农村商业行业、证券公司、保险公司、科技公司、清算机构、电信运营商等创新主体，积极投入信息流、资金流、物流等创新资源，集成运用人工智能、区块链、大数据、多方安全计算等多种前沿技术，产出一大批金融科技和监管科技创新成果，例如，由中国工商银行等多家单位合作研发的基于智能机器人的移动金融服务、由中国银行等多家单位合作研发的基于区块链的产业金融服务、由上海富数科技等多家单位合作研发的基于多方安全图计算的中小微企业融资服务等金融科技创新产品，显著提升金融服务实体经济的效能（李伟，2022）；又如，由中国建设银行等多家单位合作开发的反欺诈反洗钱智能监测系统、由拉卡拉公司等多家单位合作研发的基于数据挖掘技术构建可疑交易健康系统、由深圳前海微众银行等多家单位合作开发的明镜境外业务合规管理系统等监管科技显著提升金融监管效能（孙国锋，2021）。这些研究成果展现出金融科技与监管科技的协同创新赋能金融健康可持续发展的巨大潜能。

为验证研究结论，结合金融科技与监管科技协同创新的实践经验，对式（6-12）的相关参数赋值，取 $\eta = 3$、$\theta = 0.3$、$Q_L = 50$、$Q_H = 60$。由于金融科技和监管科技的产品价格 p、研发费用分担比例 τ、创新产出和效益 π 只可能非负，而 $0 < h < 1$，由式（6-17）、式（6-18）要求同时满足 $p_{1s}^* > 0$、$p_{1b}^* > 0$，可得 $k \geq \max(3/17,\ 1/5,\ 5/29,\ 1/6) = 3/17$；由式（6-24）~式（6-26）要求同时满足 $p_{2s}^* > 0$、$p_{2b}^* > 0$、$\tau_2^* > 0$、$z_2^* > 0$，可得 $k \geq \max(23/120,\ 217/816,\ 7/58,\ 7/34,\ 103/348) \approx 1/3$。由式（6-37）要求同时满足 $p_{4sH}^* > 0$、$p_{4sL}^* > 0$、$p_{4bH}^* > 0$、$p_{4bL}^* > 0$、$z_{4H}^* > 0$、$z_{4L}^* > 0$，可得 $k \geq \max(61/126,\ 1/4,\ 10/41,\ 1/6) = 61/126$，$\mu_0 > 1$ 要求 $k > 23/96 \approx 1/3$，综合这些条件取 $k = 0.7$ 并连同 $\eta = 3$ 代入式（6-27）得 $h_0 \approx 0.59$。将 $k = 0.7$、$\eta = 3$ 代入式（6-19）得：

$$\pi_{1b}^* = 74\left[1 + 6.4/(8.9 + h)\right]^2,\quad \pi_{1s}^* = 211(2.5 + h)^2/(8.9 + h)$$

代入式（6-26）得：

$$\pi_{2b}^* = 2 \times \frac{52^2(33.6 - 12h^2 + 15h)(182.6 - 72h^2 + 30h)}{(426.2 - 144h^2 + 72h)^2},$$

$$\pi_{2S}^* = 52^2(27 + 10h)/(426.2 - 144h^2 + 72h)$$

于是可得金融机构与监管部门在信息对称下的独立研发和合作研发两种情况下的收益与 h 值之间的关系曲线（见图 6 - 7 和图 6 - 8）。

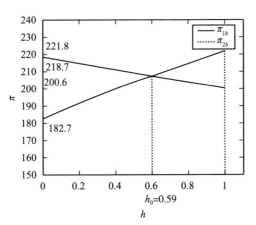

图 6 - 7 金融机构独自与合作研发的收益比较

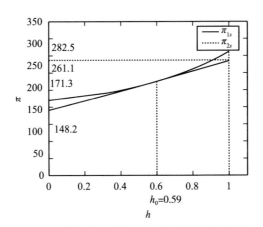

图 6 - 8 监管部门独自与合作研发的收益比较

从图 6 - 7 和图 6 - 8 可以看出，当 $0.59 \leqslant h < 1$ 时，金融机构和监管部门合作研发的收益均大于独立研发的收益，表明协同创新能实现金融机构和监管部门的帕累托改进，所以监管部门会通过分摊金融机

构研发费用来协同创新合作。当 $0 < h < 0.59$ 时，独立研发的收益要高于合作研发的收益，金融机构和监管部门没有建立协同创新的动力。由此可见，监管部门是否应与金融机构协同创新取决于金融科技与监管科技水平，只有当监管科技落后于金融科技差距较大时，监管部门才会选择通过分担研发经费与金融机构开展合作。

取模型参数 $\eta = 3$、$\theta = 0.3$、$Q_L = 50$、$Q_H = 60$、$k = 0.7$、$h = 0.8$，代入 μ_0 算式计算出金融机构隐瞒与不隐瞒真实信息的临界值 $\mu_0 \approx 1.44$，代入式（6 – 28）得 $\Delta\pi_{3b} \approx 250(\mu - 1)(1.44 - \mu)$，表明在 $1 < \mu < \mu_0 \approx 1.44$ 时，金融机构隐瞒信息的收益比不隐瞒信息的收益高，金融机构有动机隐瞒真实信息，影响两类创新主体在金融科技与监管科技协同创新中的长期合作；在 $\mu > \mu_0 \approx 1.44$ 时，金融机构隐瞒信息的收益没有不隐瞒信息的收益高，金融机构没有动机隐瞒真实信息，金融机构与监管部门的协同创新得以持续稳定开展。

将 $\eta = 3$、$\theta = 0.3$、$Q_L = 50$、$Q_H = 60$、$k = 0.7$、$h = 0.8$ 代入式（6 – 17）~式（6 – 19）、式（6 – 24）~式（6 – 26）、式（6 – 37）~式（6 – 39），计算金融机构、监管部门在信息对称下的独立研发和合作研发以及逆向选择合约时的收益（见表 6 – 2）。由表 6 – 2 可知，金融机构在逆向选择下的最优合约可以保证其收益不小于独立决策时的收益。因此，逆向选择下的最优合约可以保证金融机构和监管部门基于研发费用分担的监管科技协同创新关系建立，确保金融机构向监管部门真实传递监管科技市场应用需求信息；同时，由于在逆向选择下的最优合约可以保证监管部门与金融机构合作研发监管科技的收益大于自身研发以及对称信息下合作研发的收益，因此，监管部门也愿意接受基于研发费用分担的协同创新。对于金融机构来说，其收益较完全信息下合作研发的收益略有减少，但都比独立研发的收益强，所以金融机构也有动力与金融监管部门开展协同创新。

表 6-2　　　金融机构和监管部门在不同情形下的最优决策及收益

情形	p_{bL}^*	z_L^*	π_{bL}^*	p_{bH}^*	z_H^*	π_{bH}^*	p_{sL}^*	τ_L^*	π_{sL}^*	p_{sH}^*	τ_H^*	π_{sH}^*
1	9.1	13.0	188.3	10.9	15.6	271.2	8.5	–	219.3	10.2	–	315.8
2	9.7	17.1	198.4	11.6	20.5	285.7	9.1	0.19	223.4	10.8	0.19	321.7
4	8.4	21.6	274.4	11.3	27.4	272.6	8.4	0.20	250.6	9.9	0.16	362.5

注：情形 1 为信息对称下独立研发；情形 2 为信息对称下协同创新；情形 4 为逆向选择干预后协同创新。

6.6　本 章 小 结

从金融机构与监管部门的功能和角色定位出发，构建金融科技与监管科技协同创新的互惠共生模型揭示金融科技与监管科技协同创新的互惠共生逻辑：随着金融科技创新日益活跃，监管科技被动创新会相应活跃起来；随着监管科技创新水平不断提高，监管科技对金融科技创新的抑制作用日益增强，金融科技创新水平会趋于下降，乃至严重影响金融服务效率，倒逼金融监管放松，诱致新一轮的金融科技创新提速，由此产生监管科技创新与金融科技创新的波浪式水涨船高和相互看齐的剧场效应。

进一步探讨了监管科技与金融科技协同创新剧场效应下金融机构与监管部门的最优策略选择，通过比较分析信息对称下的独立研发、信息对称下的合作研发、信息不对称下的合作研发和对逆向选择问题干预等策略空间确立金融监管部门和金融机构在监管科技与金融科技协同创新中的最优策略选择，运用机制设计原理构建缺乏信息优势的监管部门诱导金融机构讲真话的逆向选择干预机制和信任机制，确保不对称信息情形下基于监管部门委托金融机构开展监管科技创新并分摊金融机构投入研发费用的协同创新具有稳定性和可持续性。

第 7 章

金 融 科 技 与 监 管 科 技
协 同 创 新 机 制 设 计

金融科技时代的金融创新要平衡效率与风险，有赖于金融科技与监管科技的协同创新，关键是要有一套系统化的机制来推动金融科技与监管科技的协同创新。本章从金融科技与监管科技协同创新需求出发，重点设计金融科技与监管科技协同创新的组织形成机制、工作运行机制、利益协调机制和数据共享机制，为金融科技与监管科技协同创新提供机制保障。

7.1 协同创新的组织形成机制

7.1.1 协同创新组织的形成机理

（1）协同创新的网络组织具有自组织特性。

金融科技与监管科技协同创新是一项复杂的创新组织方式，是金融监管部门、金融机构及其金融科技公司等创新主体进行系统优化、合作创新的动态过程，涉及知识、技术、人力、资金等创新资源在组织系统中生成、流动和循环，需要建立有效的组织机制保证要素有序流动，引导创新活动从混沌状态向有序状态演化发展。协同创新网络为每个参与主体将协同创新伙伴的技术和能力内部化，通过技术共享、成本共摊降低研发成本、提高成功率、提高研发回报率。协同创新网络具有自组织特性，能够与外界进行物质、能量和信息交换，促进组织要素彼此耦合获得整体放大效应。

（2）创新主体参与协同创新的激励约束条件。

获得互补性技术是创新主体加入协同创新网络的根本动机，也是协同创新网络吸纳创新主体加入的决策依据。创新主体加盟协同创新网络的激励约束条件包括：一是从创新网络中获取创新优势，金融机构加入金融科技与监管科技协同创新网络是为了获得合规科技降低合规成本，监管部门加入则是为了获得监管科技提高监管效率；二是各创新主体的创新行为和技术能力得到有效的协调并产生协同效应；三是组织产生的创新效应和创新效应剩余与成员主体整体素质和组织化水平有关；四是组织运作的协调成本或交易费用与组织成员的技术互补性负相关。

（3）创新主体加入协同创新网络的决策依据。

设创新主体 i 的技术能力为 B_i，协同创新网络的技术水平为 L，创新主体 i 加入协同创新网络后通过发挥自身主观学习能力和吸收能力使自己的技术能力变为 $W_i(L)$，显然有 $W_i(L) > B_i$，假定创新主体加盟协同创新网络后的技术能力增益系数为 $\alpha(\alpha > 1)$，有 $W_i(L) = \alpha B_i$。创新主体加入协同创新网络后新增的协调或交易费用为 $T_i(L)$，则获得创新效应剩余为 $\pi_i = W_i(L) - T_i(L) - B_i$。$\pi_i$ 的大小取决于创

新主体 i 与其他成员主体技术能力的互补性，用参数 $\tau(0 \leqslant \tau \leqslant 1)$ 表示这种技术能力互补性，$\tau = 0$ 表示彼此的技术能力没有互补性导致相互的协调或交易费用高，当 $\tau = 1$ 表示双方技术能力互补性强易产生协同创新效应。可设协调或交易费 $T_i(L) = (1 - \tau)B_i$，得创新主体 i 加入协同创新网络的创新剩余函数为：

$$\pi_i = W_i(L) - T_i(L) - B = \alpha B_i - (1 - \tau)B_i - B_i = (\alpha + \tau - 2)B_i$$

$$(7 - 1)$$

（4）协同创新网络吸纳创新主体的决策依据。

技术互补性强的创新主体在协调创新网络中经过良好协作往往能够产生技术能力协同共振，不妨假设产生技术能力共振的协同效应系数为 $\beta(\beta > 1)$，β 的大小由成员主体间的协作水平和协同创新网络治理效率等协同创新环境所决定。由此得整个协同创新网络的技术能力 $W = \beta \sum W_i(L) = \alpha \beta \sum B_i$。协同创新网络产生的协调费用 T 主要取决于创新成员主体与协同创新网络技术能力的互补性。假定 $(1 - \tau) \sum B_i$，则协同创新网络的效益函数为：

$$\pi = W - \sum W(L) - T = [\alpha(\beta - 1) - (1 - \tau)] \sum B_i$$

$$(7 - 2)$$

联立式（7 - 1）和式（7 - 2）有：$\pi_i \geqslant 0$、$\alpha + \tau \geqslant 2$、$\pi \geqslant 0$、$\alpha(\beta - 1) \geqslant 1 - \tau \geqslant 0$，由于 $\alpha > 1$、$\beta > 1$、$0 \leqslant \tau \leqslant 1$，所以要求 α 和 τ 必须足够大，意味着只有具备很强吸收能力和学习能力的创新主体加盟协同创新网络才会获益，协同创新网络也只有吸收技术能力互补的成员主体加入才能确保协同创新网络产生协同效应吸引更多优秀成员加入。

对 $W_i(L)$ 和 $T_i(L)$ 求关于 L 的一阶偏导数，联立 $\partial W_i/L = \partial T_i/L$ 可知：当外部主体加入协同创新网络的边际技术能力 $\geqslant$ 增加的边际交易费用，外部主体都愿意加入协同创新网络；随着外部主体不断加入，协同创新网络变得日益拥挤，内部成员间协调日益困难，交易费用不断增加，一旦达到加入协同创新网络获得的技术能力≤相应协调费用临界点，此时协同创新网络组织达到饱和状态，协同创新网络的组织边界趋于稳定。

7.1.2 协同创新网络的形成过程

（1）从被组织向自组织的演进。

早期的监管科技创新主要指金融机构"通过创新技术的应用以更加高效的方式满足监管合规要求"，内容仅限于合规科技，监管科技协同创新网络中只有金融机构和金融科技公司两类创新主体，设金融机构为创新网络的主导参量 F，科技公司为主导参量 S，两个主导参量随时间的变化率与作用力成正比，得协同动力学方程：

$$
\begin{cases}
\dfrac{\mathrm{d}F}{\mathrm{d}t} = -r_F F + f_F(t) \\[2mm]
\dfrac{\mathrm{d}S}{\mathrm{d}t} = -r_s S + f_S(t)
\end{cases}
\tag{7-3}
$$

式（7-3）中，$-r_F F$、$-r_s S$ 表示阻碍子系统演化的回弹力，$f_F(t)$ 和 $f_S(t)$ 分别表示金融机构和金融科技公司通过反馈机制所产生的矫正力。根据系统演化原理，要求二者至少有一个子系统的参量参数非线性作用，不妨假设 $f_F(t) = a_F F S^2$、$f_S(t) = a_S F$，得协同创新网络中金融机构和金融科技公司之间的动力学方程为：

$$
\begin{cases}
\dfrac{\mathrm{d}F}{\mathrm{d}t} = -r_F F + a_F F S^2 \\[2mm]
\dfrac{\mathrm{d}S}{\mathrm{d}t} = -r_s S + a_S F
\end{cases}
\tag{7-4}
$$

当 $r_s > |r_F|$ 时，令 $\dfrac{dS}{dt} = 0$，解 $-r_sS + a_sF = 0$ 得 $S = \dfrac{a_s}{r_S}F$，于是有：

$$\frac{dF}{dt} = -r_FF + \frac{a_Fa_S^2}{r_S^2}F^3 \qquad (7-5)$$

式（7-4）表明，监管科技（主要是合规科技）协同创新网络的组织演化是受金融机构与金融科技公司的合作关系作用（见图7-1）。

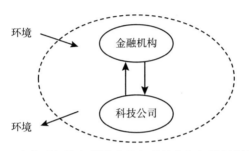

图 7 - 1　由金融机构和科技公司组成的自组织协同创新系统

式（7-5）和图7-1表明，在只有金融机构和科技公司参与的合规科技创新系统中，金融机构往往会成为系统的序参量，在整个创新系统中占据主导地位。金融机构的主导权体现在：一是主导合规科技创新的合作方是金融机构。金融机构主导的关键在研究项目选择，金融机构要以合规科技为中心协调运行机制。二是金融机构确定好合规科技研究项目后提供给科技公司研发所需要的经费和测算条件，以便研究成果尽快熟化应用到金融机构的合规管理中。三是金融机构还要主导和保障利益分配及运行机制，涉及投资主体、利益分配主体、风险承担主体和经济受益主体，是确保研究成果市场化的关键。

监管部门对监管科技创新的介入有利于防止监管科技创新野蛮生长，相当于给由金融机构主导的监管科技创新注入影响力。这种监管科技创新系统是一个被组织（见图7-2），设金融监管部门对金融机

构的作用力为 $R(t)$，对金融科技公司的非线性作用力为 bF^3，即：

$$\begin{cases} \dfrac{\mathrm{d}F}{\mathrm{d}t} = -r_F F + a_F F S^2 + R(t) \\ \dfrac{\mathrm{d}S}{\mathrm{d}t} = -r_s S + a_S F + bF^3 \end{cases} \tag{7-6}$$

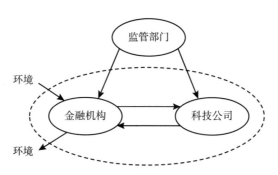

图 7 - 2　引入监管部门的被组织创新系统

　　监管部门仅作为外部干预力量容易造成被组织内耗，干预过度会抑制创新，干预不足又容易加深监管部门与金融机构之间的信息不对称，容易引起金融机构的监管套利，难以恰到好处地促进金融机构与科技公司的监管科技创新合作，有必要将监管部门从局外人身份转入系统的创新主体，将外力影响纳入系统与其他创新主体相互关联和作用，将监管科技创新系统从被组织演化为自组织。这时监管部门的外部干预力量转为系统的序参量，引导监管科技创新系统良性运转。式（7-6）转化为：

$$\begin{cases} \dfrac{\mathrm{d}R}{\mathrm{d}t} = -r_R R(t) \\ \dfrac{\mathrm{d}F}{\mathrm{d}t} = -r_F F + a_F F S^2 \\ \dfrac{\mathrm{d}S}{\mathrm{d}t} = -r_s S + a_S F + bF^3 \end{cases} \tag{7-7}$$

相应地，协同创新网络组织机构由图 7 - 2 转化为图 7 - 3。

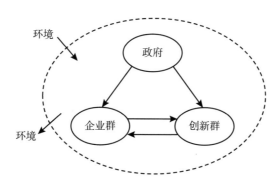

图 7 - 3　加入监管部门的监管科技协同创新系统

在由金融机构、科技公司和监管部门组成的监管科技协同创新系统中，监管部门既是科技公司的需求方，又是金融机构合规科技的监管方，还是监管科技创新政策环境的供给方，多重身份决定监管部门应当是监管科技协同创新的主导者。在宏观方面，监管部门应当实施优惠政策，完善规章制度，增强经费资助，鼓励金融创新，为监管科技协同创新营造良好的环境和条件。在微观方面，监管部门直接介入监管科技协同创新系统，通过监管规则制定和监管技术需求减少合作交易成本，提高合作经济效益。将创新系统中参与主体按能否与全体成员相关联来划分，将能够与其他所有成员相关联的子系统用 G 表示，不能与其他所有成员相关联的子系统用 g 表示。则系统的动力学方程为：

$$
\begin{cases}
\dfrac{\mathrm{d}G}{\mathrm{d}t} = -r_G F + a_G g G^2 \\[2mm]
\dfrac{\mathrm{d}g}{\mathrm{d}t} = -r_g g + a_g G
\end{cases}
\tag{7 - 8}
$$

当 $r_g > |r_G|$ 时，令 $\dfrac{\mathrm{d}g}{\mathrm{d}t} = 0$，解 $-r_g g + a_g G = 0$ 得 $g = \dfrac{a_g}{r_g}G$，于是有：

$$\frac{\mathrm{d}G}{\mathrm{d}t} = -r_G G + \frac{a_G a_g^2}{r_g^2}G^3 \qquad\qquad (7-9)$$

此时监管科技协同创新网络演化为图 7-4 所示的组织结构。

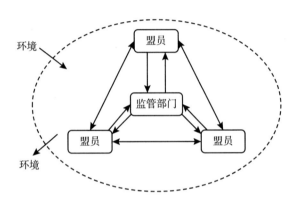

图 7-4　监管部门主导的监管科技协同创新网络系统

对式 (7-9) 的相反数求积分可得系统的势函数 $V(G) = \dfrac{1}{2}r_G G^2 -$

$\dfrac{a_G a_g^2}{4r_g^2}G^4$，得创新网络系统的稳态解为 $G = 0$，$G = \pm\sqrt{\dfrac{a_G a_g^2}{r_G r_g^2}}$（见图 7-5），表明协同创新网络系统在随机力作用下可能向任何一个点跃迁，进而实现系统进化。

监管部门是该系统的盟主表现为：监管部门根据金融发展的整体利益和长远利益，制定监管科技发展规划，用项目招标等方式将金融机构、科技公司等集合一起。监管科技创新以监管部门为中心，接受监管科技创新联盟关系。在协同创新中，监管部门是各方利益的代表，既代表金融机构向科技公司提出金融合规的要求，又代表自己提出金融健康发展的监管要求，同时动员各金融机构筹集研发经费。联盟各方与监管部门发生项目合同关系，并据此实现监管科技的协同创新。监管部门的行为直接影响协同创新网络各参与主体的利益。

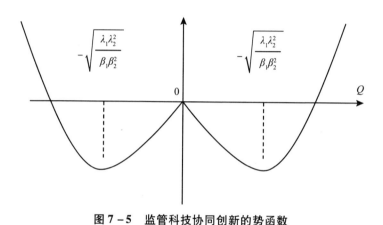

图 7 - 5　监管科技协同创新的势函数

（2）协同创新网络的构成。

假设协同创新网络由 n 个参与创新主体组成（见图 7 - 6），创新主体 i 的知识用向量 $v_i = \{v_{i,1}, \cdots, v_{i,k}, \cdots, v_{i,s}\}$ 表示，$i \in N = \{1, 2, \cdots, n\}$，$k \in S = \{1, 2, \cdots, s\}$，$N$ 为创新主体集合、S 为创新技术种类集合。若创新主体 i 与创新主体 j 之间有合作，则 $x(i, j) = 1$，否则 $x(i, j) = 0$。

基于有限理性，在合作之初创新主体通常只选择与自己空间距离较近的创新主体合作，且只有当合作研发总绩效不低于各自独立研发绩效之和时才有可能开展研发合作，而且一般倾向选择有名气和实力的创新主体开展合作。

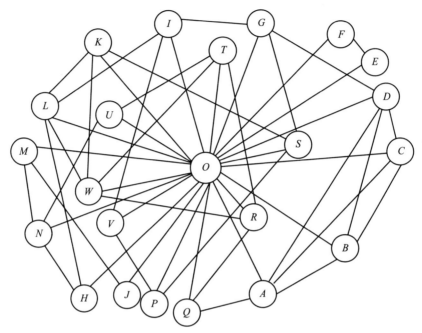

图 7 - 6　协同创新网络的构成

用 $p^+_{ij,t}$ 表示 t 时刻创新主体 i 选择与创新主体 j 合作研发的概率；用 $p^a_{ij,t}$ 表示 t 时刻创新主体 i 与创新主体 j 合作研发的总绩效大于他们各自独立研发的绩效的概率；用 $p^b_{ij,t}$ 表示 t 时刻创新主体 i 选择的创新主体 j 是所有合作伙伴中创新实力最强的概率。于是有：

$$\begin{cases} p^+_{ij,t+1} = p^a_{ij,t} \cdot p^b_{ij,t} \\[2mm] p^a_{ij,t} = p\left(\left[\prod\limits_{k=1}^{s} v_{ij} E_{g_i,k} + \prod\limits_{k=1}^{s} v_{ij} E_{g_j,k} \geqslant \prod\limits_{k=1}^{s} v_{ij} E_{g_i,k} + \prod\limits_{k=1}^{s} v_{ij} E_{g_j,k} \right] \right) \\[4mm] p^b_{ij,t} = \dfrac{(h_{j,t} + \mu)\, \max\limits_{k}(\Delta v_{j,k,t}/v_{j,k,t})}{\sum\limits_{i=1}^{n} (h_{i,t} + \mu)\, \max\limits_{k}(\Delta v_{i,k,t}/v_{i,k,t})} \end{cases}$$

$$(7 - 10)$$

其中，$h_{j,t}$ 表示 t 时刻创新主体 j 的合作伙伴数，即创新网络中节

点 j 的度；用 $\Delta v_{j,k,t} = v_{j,k,t} - v_{j,k,t-1}$ 表示 t 时刻创新主体 j 的 k 类技术增量，μ 为大于零的常数。

创新主体与其他创新主体建立研发合作关系是需要花费一定经济成本、时间成本、精力成本和心理成本的，所以合作伙伴数目的增加是有限的，但当其发现与某合作伙伴合作绩效不佳时则会选择"抛弃"部分原有合作伙伴，以便为寻找新的合作伙伴腾出位置。于是可定义 $t+1$ 时刻创新主体 i 选择中止与创新主体 j 合作研发的概率为：

$$p_{ij,t+1}^{-} = \left[1 - \frac{(h_{j,t} + \mu) \max_k (\Delta v_{j,k,t}/v_{j,k,t})}{\sum_{j \in \tau_{i,t}} (h_{j,t} + \mu) \max_K (\Delta v_{j,k,t}/v_{j,k,t})} \right] / (h_{j,t} - 1),$$

$$\tau_{i,t} = \{j \in S \mid x(i,\ j) = 1\} \qquad (7-11)$$

7.1.3　协同创新的组织结构选择

（1）协同创新网络的组织结构类型。

协同创新网络有项目型、互助型、公司型、控制型、协调型等多种组织形式（见表 7 – 1）。

表 7 – 1　　　　　　　　　　协同创新的组织形式

组织形式	协同创新网络的组织特征
项目型	围绕明确的技术创新目标，节约研发成本，降低开发风险，资源互补性成员交叉管理、交叉合作作业与资源交叉依附，增强技术创新实力
购买型	通过专利许可、设备采购等方式从创新网络中的其他成员主体购买技术并获得技术培训，补充自身技术实力的弱项
服务型	通过接受技术咨询的方式获得接触和学习创新网络中的其他成员主体的新技术、新产品来缩小自身的技术差距
生产型	为同在协同创新网络中的成员生产新技术产品，获得新产品、新技术及新特色，通过"干中学"获得技术提高

组织形式	协同创新网络的组织特征
公司型	共同出资成立法人自主开展技术创新活动通过有偿技术服务反哺出资的成员主体
控制型	成员主体通过入股其他成员主体从其开展的技术创新活动中获得利益
协调型	联合起来制定行业技术标准，倡导行业先锋，确保技术在行业领先
委托研究型	提出创新的具体内容与要求委托给协同创新网络内成员进行"产品定制"
技术组合型	各成员主体分别贡献出自己的优势技术实现优势组合与叠加维持协同创新网络的技术领先优势
技术加强型	成立专门技术创新组织关注行业动态，获取机会并进行技术创新，确保协同创新网络技术始终处在行业领先地位

依据创新主体自身情况和加入创新网络的动机不同，协同创新网络组织形式又分为自我保护型、轻重缓急型、风险规避型和结构调适型。

第一，自我保护型选择。每个成员均有一定的专利或市场等优势条件，是该创新主体的核心能力。处于绝对优势的创新主体，要尽量避免知识外溢。在项目型、控股型等创新网络中，各创新主体管理权限相互交叉，资源全面流通，加大知识转移机会，创新主体担心合作会失去管理风格等无形资产。而委托研究、协调型等创新网络中相互接触少，可有效保护无形资产。第二，轻重缓急型选择。创新主体若只注重新技术的获取，一般会采用购买型和委托开发型创新网络，分别用于技术需求紧迫和不紧迫时。若创新主体注重技术获取过程和结果时，需考虑项目型和技术加强型。第三，风险规避型选择。在项目型组织结构中，各创新主体水平相当，共同实施且风险和收益共担，能规避风险；购买型和委托开发型中技术接受方无技术风险但技术提供方却有。第四，组织变动型选择。协同创新由所有成员共同发起，所有成员共同商讨确定组织形式。但无论采取哪种组织形式，都会或多或少影响创新主体自身的组织结构变化。特别是在项目型组织机构中，成员主体的上层决策者、职能部门、作业层都会影响原有组织结构。相对而言，委托开发和生产型创新组织对创新参与主体自身组织机构影响要小一些。因此，创新主体可根据自身组织结构特征和对组织结构变化的承受能力，选择合适的协同创新组织形式。

（2）监管科技协同创新网络的组织选择。

根据监管科技协同创新的特点，监管科技协同创新网络适宜用项目型组织结构为框架融合其他类型的组织结构，确保创新主体间实现技术共享、知识共享、数据共享。

第一，成员主体共同决策、交叉管控（见图 7 - 7）。决策层是成员主体共同组成创新网络决策团体，安排联合技术创新活动相关事宜；在组织作业层，成员听从于组织决策层，其决策结果对所有成员有效。

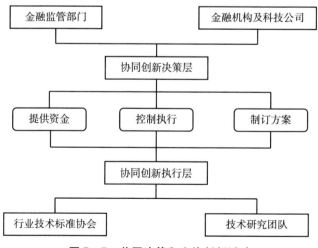

图 7 - 7　共同决策和实施创新活动

第二，创新主体在创新过程中交叉合作（见图7-8）。让技术实力雄厚的成员完成技术开发，生产能力强的成员将创新技术产品化，市场开拓能力强的成员将创新成果商品化。

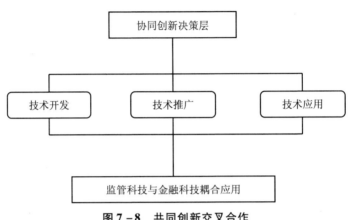

图7-8　共同创新交叉合作

第三，成员在创新资源上交叉依附（见图7-9）。协同创新网络需要的资金、技术、人员、标准、场所等创新资源在成员主体间征集，共同完成技术创新活动，这些资源突破个体成员的组织界限在整个创新网络内流动，实现资源与创新活动的最佳配合。

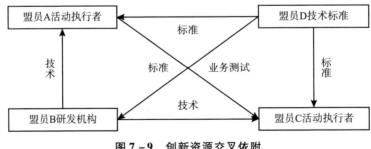

图7-9　创新资源交叉依附

7.2　协同创新的工作运行机制

7.2.1　协同创新的工作内容

（1）协同创新过程。

协同创新过程由四个主要环节构成（见图 7 - 10）：一是摆问题，提出研究任务或问题供大家共讨论达成初步共识；二是精分析：如果共识只有一个则直接进行科学和逻辑分析，如果有不同争议则需要形成几个争议点或重点分别进行科学的逻辑分析；三是求共识，从几个定量共识中充分协商取得一致性同意实施的方案；四是细分工，根据实施方案要求各方分工协作共同完成。

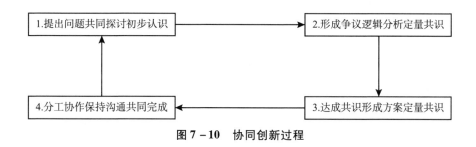

图 7 - 10　协同创新过程

（2）开展技术整合。

用 v_{ij} 表示创新主体 i 和创新主体 j 合作后表现出来的整体技术水平。用分量法整合技术，用 $\alpha \in [0，1]$ 表示技术整合效率。该参数与技术和知识特性、技术研发和知识整合投入以及具体研发过程有关。于是有：

$$\begin{cases} v_{ij} = \{v_{ij.1}, \cdots, v_{ij.k}, \cdots, v_{ij.s}\} \\ v_{ij.k} = (1-\alpha)\min\{v_{i.k}, v_{j.k}\} + \alpha\max\{v_{i.k}, v_{j.k}\} \end{cases}$$

$$i, j \in \{1, 2, \cdots, n\}, \quad k \in \{1, 2, \cdots, s\} \qquad (7-12)$$

从式（7-12）可以看出：技术整合效率 α 越大，合作后整体的技术水平越接近合作主体之间的最高水平；若合作创新过程分解为一系列可单独完成的离散任务，创新主体可选择各自最能胜任的创新模块，则合作后共有技术接近创新主体间最高水平（$\alpha \approx 1$）；若研发过程具有很强的系统性，需要创新主体间共同参与，则合作后共有技术水平为创新主体间最低水平（$\alpha \approx 0$）。

（3）开展产品研发。

假定各创新主体能独立研发各自主导的监管科技产品，其中金融机构研发合规科技产品，监管部门研发监管科技产品。金融机构、监管部门、金融科技公司在研发过程中需要使用技术种类集合 S 中的某些技术，但各自使用技术的强度不同。假定每种产品的研发符合 CD 生产函数，则创新主体 i 研发创新产品 g_i 的创新绩效 y_{i,g_i} 可表示为：

$$y_{i,g_i} = \prod_{k=1}^{s} v_i E_{g_i,k} \qquad (7-13)$$

其中，$E_{g_i,k}$ 表示研发 g_i 种金融科技产品时使用 k 类技术的弹性系数，$\sum_{k=1}^{s} E_{g_i,k} = 1$，$i \in \{1, 2, \cdots, n\}$，$k \in \{1, 2, \cdots, s\}$，$g = \{g_1, \cdots, g_i, \cdots, g_M\}$ 表示各创新主体主导产品组成的集合。

当创新主体 i 与 j 进行技术整合后，他们各自研发产品 g_i 和 g_j 的绩效 $y_{ij,g_i} = \prod_{k=1}^{s} v_{ij} E_{g_i,k}$、$y_{ij,g_j} = \prod_{k=1}^{s} v_{ij} E_{g_j,k}$。考虑到两创新主体只有当总研发绩效不小于各自独立研发的绩效时，他们才可能开展技术整合。

于是得合作研发后的总绩效 Y_{ij} 为：

$$Y_{ij} = \prod_{k=1}^{s} v_{ij} E_{g_i,k} + \prod_{k=1}^{s} v_{ij} E_{g_j,k} \geq y_{i,g_i} + y_{j,g_j}, \ i, j \in \{1, 2, \cdots, n\}$$

$$(7-14)$$

通常情况下，两个创新主体各自的主导产品所需技术越接近以及两主体间的知识距离越小，则两创新主体的技术互补性就越小，反之则越大。可定义创新主体 i 与创新主体 j 的技术互补程度 r_{ij} 为：

$$r_{ij} = 1 - \frac{\sum_{k \in S} E_{g_i,k} E_{g_j,k}}{\sqrt{\sum_{k \in S} E_{g_i,k}^2} \sqrt{\sum_{k \in S} E_{g_j,k}^2}}, \ i, j \in \{1, 2, \cdots, n\} \quad (7-15)$$

由式（7-15）可以看出：$r_{ij} \in [0, 1]$；创新主体与自身没有互补程度，即 $r_{ij} = 0$，$i, j \in \{1, 2, \cdots, n\}$；若创新主体 i 和 j 之间对应的主导产品不存在共同技术，则两主体之间技术互补性最强，即 $r_{ij} = 1$，$i, j \in \{1, 2, \cdots, n\}$。进一步可定义创新网络的互补程度 $r_{n \times n}$ 为：

$$r_{n \times n} = \begin{bmatrix} r_{11} & r_{12} & \cdots & r_{1n} \\ r_{21} & r_{22} & \cdots & r_{2n} \\ \vdots & \vdots & \ddots & \vdots \\ r_{n1} & r_{n2} & \cdots & r_{nn} \end{bmatrix} \quad (7-16)$$

剔除创新网络中创新主体与自身的互补程度（$r_{ij} = 0$，$i, j \in \{1, 2, \cdots, n\}$），由式（7-16）可计算出监管科技协同创新网络的互补程度 R 为：

$$R = \frac{\sum_{i,j \in N, i \neq j} r_{ij}}{n(n-1)} \quad (7-17)$$

7.2.2　协同创新的成本收益函数

金融科技与监管科技协同创新首先是研发主体根据应用主体的技

术需求开展研发活动，研发出来的创新产品应用价值和市场价格量化，应用主体协助研发主体开展研发活动；接着是应用主体推广创新产品应用，以降低金融机构的合规成本或金融监管部门的监管成本，研发主体提供售后技术服务。在这过程中，根据参与主体投入创新活动中的投入成本不同，把创新过程中投入的人力、知识、技术、资金等资源作为开发成本，把动员不同参与主体将协同创新所需资源整合到协同创新体系的成本叫协同成本，前者与各创新主体努力水平相关；后者与创新主体的努力水平相关。但是不是所有努力都会带来期望的创新产出，往往有一个比例表征努力水平转化为期望的创新成果，这个比例也会对创新主体预期付出多大努力有影响，于是设置表 7 - 2 的模型参数。

表 7 - 2　　　　　　　　监管科技协同创新效益提升模型参数

符号	描述	符号	描述
e_S	创新研发主体的努力水平	k_S	创新研发主体协同创新努力成本系数
e_D	成果应用主体的努力水平	k_D	成果应用主体协同创新努力成本系数
L	e_D/e_S 为创新主体努力水平比值	γ	创新主体协同成本系数
φ	创新研发主体协同创新收益分配比例（$0 < \varphi < 1$）	θ	创新研发主体在协同中的地位（$0 < \theta < 1$）
$1 - \varphi$	成果应用主体协同创新收益分配比例（$0 < 1 - \varphi < 1$）	$1 - \theta$	成果应用主体在协同中的地位 $0 < 1 - \theta < 1$
n	创新产出转化为创新产品的效率（$0 < n < 1$）	m	创新产出转化为市场利润的系数 $m > \varphi/(1 - \theta) - 1$

运用柯布—道格拉斯（Cobb - Douglas）生产函数构建监管科技协同创新产出函数 $W = e_S^\theta e_D^{1-\theta}$，得协同创新总价值 $\pi = n e_S^\theta e_D^{1-\theta}$，研发主体

的价值 $\pi_S = \varphi n e_S^\theta e_D^{1-\theta}$，由于成果应用主体获得的创新价值还应包括成果应用主体通过市场交易增加利润，所以成果应用主体最终获得价值为 $\pi_D = (1 - \varphi + m) n e_S^\theta e_D^{1-\theta}$。

参照巴斯卡兰和克里希曼（Bhaskaran and Krishnan，2009）将协同创新成本分为开发成本和协同成本，将创新研发方和成果应用方参与监管科技协同创新的开发成本分别设为 $k_S e_S^2/2$、$k_D e_D^2/2$，将协同成本设为 $\gamma e_S e_D$，于是得创新研发主体和成果应用主体的收益函数为：

$$\begin{cases} E_S(e_S,\ e_D) = \varphi n e_S^\theta e_D^{1-\theta} - \dfrac{1}{2} k_S e_S^2 - \gamma e_S e_D \\ E_D(e_S,\ e_D) = (1 - \varphi + m) n e_S^\theta e_D^{1-\theta} - \dfrac{1}{2} k_D e_D^2 - \gamma e_S e_D \end{cases} \quad (7-18)$$

7.2.3　创新主体的工作激励模型

为了解创新研发主体和成果应用主体的创新努力情况，对方程组（7 – 18）分别求关于 e_S、e_D 的一阶最优化条件得：

$$\begin{cases} e_S^* = \dfrac{\varphi n \theta L^{1-\theta}}{k_S + \gamma L} \\ e_D^* = \dfrac{\varphi n \theta L^{2-\theta}}{k_S + \gamma L} \\ L = e_D^*/e_S^* \end{cases} \quad (7-19)$$

代入式（7 – 18）中 $\dfrac{\partial E_S}{\partial e_S} = 0$、$\dfrac{\partial E_D}{\partial e_D} = 0$ 得方程：

$$k_D \frac{\varphi \theta}{(1-\varphi+m)(1-\theta)} L^2 - \gamma \left[1 - \frac{\varphi \theta}{(1-\varphi+m)(1-\theta)} \right] L - k_S = 0$$

$$(7-20)$$

令 $\varphi\theta/[(1-\varphi+m)(1-\theta)] = F$，要使方程（7-20）有解，须有 $\gamma^2(1-F)^2 - 4k_Dk_SF \geqslant 0$，由此可得 $0 < F < F^* = [\gamma^2 + 2k_Dk_S - \sqrt{k_Dk_S(\gamma^2 + k_Dk_S)}]/\gamma^2$ 时，方程（7-20）恒有 $L = [\gamma(1-F) \pm \sqrt{\gamma^2(1-F)^2 - 4k_Dk_SF}]/(2k_DF)$。由 L 的定义可知：$0 < L < 1$ 表示创新研发方比成果应用方更努力，属于监管科技产品研发阶段；$1 < L$ 表示成果应用方比创新研发方更努力，属于监管科技成果推广应用阶段；$L = 1$ 表示创新研发方与成果应用方付出的努力相等。于是可得：

$$\begin{cases} L_1 = \dfrac{\gamma(1-F) - \sqrt{\gamma^2(1-F)^2 - 4k_Dk_SF}}{2k_DF}, \ L_1 \in (0, 1) \\[4mm] L_2 = \dfrac{\gamma(1-F) + \sqrt{\gamma^2(1-F)^2 - 4k_Dk_SF}}{2k_DF}, \ L_2 \in (1, +\infty) \\[4mm] 0 < F = \dfrac{\varphi\theta}{(1-\varphi+m)(1-\theta)} < F^* = \dfrac{\gamma^2 + 8k_Dk_S - \sqrt{k_Dk_S(\gamma^2 + k_Dk_S)}}{\gamma^2} \end{cases}$$

$$(7-21)$$

7.2.4 创新主体的激励因子分析

（1）创新研发方所处的地位对创新努力水平的影响。

由式（7-21）得 $\partial L_1/\partial\theta > 0$、$\partial L_2/\partial\theta < 0$。$\partial L_1/\partial\theta > 0$，表明在监管科技研发阶段，提升创新研发方在协同创新中的地位，创新努力水平较低的成果应用方会提高创新努力水平；$\partial L_2/\partial\theta < 0$，表明监管科技推广应用阶段，提升创新研发方在协同创新中的地位，创新研发方会努力提升创新努力水平以缩小与成果应用方创新努力的差距。由此可见无论在监管科技创新研发阶段还是成果推广应用阶段，只要提高

创新研发方在协同创新中的地位，创新不够努力方都会加快提升创新努力水平缩小与创新努力水平高的一方的创新努力差距。

（2）创新研发方获得收益比对创新努力水平的影响。

由式（7-21）得 $\partial L_1/\partial\varphi > 0$、$\partial L_2/\partial\varphi < 0$。$\partial L_1/\partial\varphi > 0$，表明在监管科技研发阶段，提升创新研发方分享创新收益的比例，创新努力水平较低的成果应用方会提高创新努力水平，积极配合创新研发方多出创新成果；$\partial L_2/\partial\varphi < 0$，表明监管科技推广应用阶段，提升创新研发方分享协同创新的比例，创新研发方会努力提升创新努力水平以缩小与成果应用方创新努力的差距，确保有更多的创新成果推广应用。由此可见，无论在监管科技创新研发阶段还是创新成果推广应用阶段，只要提高创新研发方分享协同创新的收益，创新努力程度较弱的一方都会加快提升创新努力水平缩小与创新努力水平高的一方的创新努力差距。对成果应用方而言，看似分享收益的比例在减少，但收益的绝对量不一定就是在减少，相反由于研发方获得更高收益比例的激励必然会有更多创新成果产出及应用，由此给成果应用方带来更大效益。

（3）创新成果推广转化率对创新努力水平的影响。

由式（7-21）得 $\partial L_1/\partial m < 0$、$\partial L_2/\partial m > 0$。$\partial L_1/\partial m < 0$，表明在监管科技研发阶段，创新研发方会更加努力争取更多的创新产出，整个创新工作的重点是产出更多创新成果而不是推广应用，所以提高创新产出转化为市场利润比例，并不能激励创新研发方提高创新努力水平，结果是提高创新产出转化为市场利润的系数，创新努力水平比值不升反降；$\partial L_2/\partial m > 0$，表明在监管科技推广应用阶段，提高创新产出转化为市场利润的比例，技术推广方会有更大的利益驱动努力提高创新努力水平、扩大技术创新成果的推广应用。

7.2.5　创新主体的协同激励方法

（1）协同激励推导。

协同激励因子分析表明，提高创新研发方的地位和创新收益比例能激发创新努力相对不足方提高协同创新努力，可见创新研发方在整个协同创新中的关键作用。事实上，尽管监管科技协同创新可分为研发和应用两个阶段，但最主要的还是研发，成果应用能降低金融机构合规成本、监管部门监管成本，提升监管部门的监管效率，成果应用方有动力自觉推广应用。因此，有必要把协同创新模型改造成委托代理模型，重点研究委托方（成果应用方）对代理方（创新研发方）的契约激励。

设创新研发方的创新努力所创造的收益 π 由努力水平 e_S 和外生随机变量 $x[\,x \in N(0, \delta_x^2)\,]$ 共同决定，取 $\pi = e_S + x$ 的线性形式。假设成果应用方为风险中性，创新研发方为风险规避，得创新研发方的收益函数 $\pi_s = \alpha + \varphi\pi$，$\alpha$ 为成果应用方给创新研发方的保底收益承诺，此时成果应用方的期望收益 $E(\pi_D) = E(\pi - \pi_s) = -\alpha + (1-\varphi)e_S$。

假定创新研发方的效用函数为 $\mu = e^{-\rho\omega}$，ρ 为绝对风险规量，ω 为实际货币收入，于是有 $\omega = \alpha + \varphi(e_S + x) - k_s e_S^2/2$。此时，创新研发方的确定性等价收益为 $E(\pi_S) = E(\omega) - \rho Var(\omega)/2 = \alpha + \varphi e_S - \rho\varphi^2\delta_x^2/2 - k_s e_S^2/2$，其中，$E(\omega)$ 为创新研发方的期望收入，$\rho\varphi^2\delta^2/2$ 是创新研发方的风险成本。设创新研发方接受合同的期望收益 $E(\omega) \geqslant \bar{\omega}$。因成果应用方一般难以观测到创新研发方的努力水平 e_S，成果应用方的问题是选择 α、φ 和 e_S 实现自身利益最大化，得委托代理模型：

$$\max_{\alpha,\varphi,e_s} E(\pi_D) = -\alpha + (1-\varphi)e_S \qquad (7-22)$$

$$\text{s. t.} \begin{cases} (IC)\max_{e_S}\alpha + \varphi e_S - \rho\varphi^2\delta_x^2/2 - k_Se_S^2/2 \\[2mm] (IR)\ \alpha + \varphi e_S - \rho\varphi^2\delta_x^2/2 - k_Se_S^2/2 \geqslant \bar{\omega} \end{cases}$$

求解式（7-22）得：

$$\begin{cases} e_S = \varphi/k_S = \dfrac{1}{k_S(1+k_S\rho\delta_x^2)} \\[4mm] \varphi = \dfrac{1}{1+k_S\rho\delta_x^2} \\[4mm] \alpha \geqslant \bar{\omega} - \dfrac{\varphi^2}{2k_S}(1-k_S\rho\delta_x^2) \end{cases} \qquad (7-23)$$

由式（7-23）可以看出，"保底分红"能有效激励创新研发方朝着成果应用方期望的方向创新努力，其中保底收益至少应达到 $\bar{\omega} - \varphi^2(1-k_S\rho\delta_x^2)/(2k_S)$，分红比例 φ 为 $1/(1+k_S\rho\delta_x^2)$，进而实现创新研发方与成果应用方的风险共担，当 $k_S\rho\delta_x^2 > 1$ 时意味着要增加保底收益，$k_S\rho\delta_x^2 < 1$ 时则意味着要减少保底收益。

由于成果应用方一般不容易观测到创新研发方的努力水平 e_S，所以式（7-22）的委托代理存在信息不对称，相比于信息对称必然增加风险成本和激励成本等两个方面的代理成本。信息对称条件下，e_S 易被观测，最优 $e_S^0 = 1/k_S$，风险成本为 0，信息不对称时，e_S 难被观测，最优 $e_S = 1/[k_S(1+k_S\rho\delta_x^2)]$，风险成本增加为 $RC = \rho\varphi^2\delta_x^2/2 = \rho\delta_x^2/[2(1+k_S\rho\delta_x^2)^2]$，导致净产出减少为 $\Delta\pi = e_S^0 - e_S = k_S\rho\delta_x^2/[k_S(1+k_S\rho\delta_x^2)]$，但同时也让创新研发方减少努力成本为 $\Delta EC = k_S[(e_S^0)^2 - (e_S)^2]/2 = (2\rho\delta_x^2 + k_S\rho\delta_x^2)/[2(1+k_S\rho\delta_x^2)^2]$，增减相抵后的余额为激励成本 $IC = \Delta\pi - \Delta EC = k_S(\rho\delta_x^2)^2/[2(1+k_S\rho\delta_x^2)^2]$，于是可得信息不对称下的风险成本 RC^*、激励成本 IC^* 和代理成本 AC^* 为：

$$\begin{cases} RC^* = \dfrac{\rho\delta_x^2}{2(1+k_S\rho\delta_x^2)^2} \\[3mm] IC^* = \dfrac{k_S(\rho\delta_x^2)^2}{2(1+k_S\rho\delta_x^2)^2} \\[3mm] AC^* = RC^* + IC^* = \dfrac{\rho\delta_x^2}{2(1+k_S\rho\delta_x^2)} = \dfrac{1}{2[k_S+1/(\rho\delta_x^2)]} \end{cases} \qquad (7-24)$$

由式（7-24）可以看出，减少 $\rho\delta_x^2$ 就能减少代理成本 AC，因此可从两个方面着手降低代理成本。一方面是改变创新研发方的风险态度，尤其是当研发方的风险规避态度为风险中性时（$\rho=0$）代理成本为零；另一方面是降低产出方差 δ_x^2，可通过加强监管科技创新过程的内控管理和外部监督实现。从可操作性而言，成果应用方可选的策略是监管科技创新过程的内部管控激励和市场信号激励。

（2）加强内部管控激励。

在委托代理模型中加入一个与创新研发方创新努力 e_S 有关的内控信号 g 表示创新研发方投入的高级研发人员数量，假定 $g=e_S+y$，$[y\in N(0,\delta_y^2)]$ 表示内控信号的准确度，和 x 一样，y 是一个不可控制的随机变量，y 和 x 相互独立，即 $\mathrm{cov}(x,y)=0$，这时研发方的收益为 $\alpha+\varphi\pi+\mu g$，μ 为支付给高级研发人员的工资，这样得到创新研发方的确定性等价收益为 $E(\pi_S)=E(\omega)-\rho\mathrm{Var}(\omega)/2=\alpha+(\varphi+\mu)e_S-\rho(\varphi^2\delta_x^2+\mu^2\delta_y^2)/2-k_Se_S^2/2$，于是式（7-22）的委托代理模型改造为：

$$\max_{\alpha,\varphi,\mu,e_S} E(\pi_D) = -\alpha + (1-\varphi-\mu)e_S \qquad (7-25)$$

$$\text{s. t.} \begin{cases} (IC)\max_{e_s}\alpha+(\varphi+\mu)e_S-\rho(\varphi^2\delta_x^2+\mu^2\delta_y^2)/2-k_Se_S^2/2 \\[2mm] (IR)\,\alpha+(\varphi+\mu)e_S-\rho(\varphi^2\delta_x^2+\mu^2\delta_y^2)/2-k_Se_S^2/2\geqslant\bar{\omega} \end{cases}$$

求解式（7-25）得：

$$\begin{cases} e_s^{**} = \dfrac{\delta_x^2 + \delta_y^2}{k_S(\delta_x^2 + \delta_y^2 + k_S\rho\delta_x^2\delta_y^2)} = \dfrac{1}{k_S\left(1 + \dfrac{k_S\rho\delta_x^2}{1 + \delta_x^2/\delta_y^2}\right)} > \dfrac{1}{k_S(1 + k_S\rho\delta_x^2)} = e_s^* \\[4mm] \varphi^{**} = \dfrac{\delta_y^2}{\delta_x^2 + \delta_y^2 + k_S\rho\delta_x^2\delta_y^2} = \dfrac{1}{1 + k_S\rho\delta_x^2 + \delta_x^2/\delta_y^2} < \dfrac{1}{1 + k_S\rho\delta_x^2} = \varphi^* \\[4mm] \mu = \dfrac{\delta_x^2}{\delta_x^2 + \delta_y^2 + k_S\rho\delta_x^2\delta_y^2} \end{cases}$$

$$(7-26)$$

根据式（7-25）和式（7-26）得风险成本 RC^{**}、激励成本 IC^{**} 和代理成本 AC^{**} 为：

$$\begin{cases} RC^{**} = \dfrac{1}{2}\rho(\varphi^2\delta_x^2 + \mu^2\delta_y^2) = \dfrac{\rho\delta_x^2\delta_y^2(\delta_x^2 + \delta_y^2)}{2(\delta_x^2 + \delta_y^2 + k_S\rho\delta_x^2\delta_y^2)^2} < \dfrac{\rho\delta_x^2}{2(1 + k_S\rho\delta_x^2)^2} = RC^* \\[4mm] IC^{**} = \Delta\pi^{**} - \Delta EC^{**} = \dfrac{k_S(\rho\delta_x^2)^2}{2(1 + k_S\rho\delta_x^2 + \delta_x^2/\delta_y^2)^2} < \dfrac{k_S(\rho\delta_x^2)^2}{2(1 + k_S\rho\delta_x^2)^2} = IC^* \\[4mm] AC^{**} = RC^{**} + IC^{**} = \dfrac{1}{2[k_S + (1 + \delta_x^2/\delta_y^2)/(\rho\delta_x^2)]} < \dfrac{1}{2[k_S + 1/(\rho\delta_x^2)]} \\[4mm] \qquad = AC^* \end{cases}$$

$$(7-27)$$

由式（7-26）和式（7-27）可看出，通过将创新研究方的研发人力资源投入情况写入合同，虽然合同的激励强度有所下降（$\varphi^{**} < \varphi^*$），但创新研发方的创新努力水平提高，创新产出增加，并且风险成本（$RC^{**} < RC^*$）、激励成本（$IC^{**} < IC^*$）都降低，进而代理成本下降（$AC^{**} < AC^*$）。对委托人（成果应用方）而言，用较小的监控诱使代理人（创新研发方）采取委托人所要求的行动，实现式（7-22）委托代理的帕累托改进。

（3）引入市场反馈信号。

在式（7-22）委托代理模型中加入一个反映创新成果应用的市场反馈变量 z 揭示合规科技、监管科技成果应用后金融机构合规成本、监管部门监管成本的增长率，加入 z 的目的是对创新研发方进行业绩比较。通过将创新研发方的创新成果投放市场后的效果反馈引入激励合同，可以排除更多外部不确定性的影响，增强创新研发方的收益与创新努力的关联性，激发创新研发方的创新努力。假定 $z \in N(0, \delta_z^2)$，考虑线性合同 $\pi_S = \alpha + \varphi(\pi + rz)$，$r$ 代表创新研发方的收益与 z 的关系，显然 z 与 π 是负相关，即 $\mathrm{cov}(\pi, z) < 0$，所以 $r > 0$ 表示合规科技、监管科技成果应用显著降低金融机构的合规成本、监管部门的监管成本，$r \leqslant 0$ 表示合规科技、监管科技应用降低金融机构的合规成本、监管部门的监管成本成效不明显。由此得创新研发方的确定性等价收益为 $E(\pi_S) = \alpha + \varphi e_S - \rho\varphi^2 \mathrm{Var}(\pi + rz)/2 - k_S e_S^2/2 = \alpha + \varphi e_S - \rho\varphi^2 [\delta_x^2 + r^2\delta_z^2 + 2r\mathrm{cov}(\pi, z)]/2 - k_S e_S^2/2$，将式（7-22）改造成：

$$\max_{\alpha,\varphi,r,e_S} E(\pi_D) = -\alpha + (1 - \varphi)e_S \qquad (7-28)$$

$$\text{s. t.} \begin{cases} (IC) \max_{e_S} \alpha + \varphi e_S - \rho\varphi^2 [\delta_x^2 + r^2\delta_z^2 + 2r\mathrm{cov}(\pi, z)]/2 - k_S e_S^2/2 \\ (IR)\, \alpha + \varphi e_S - \rho\varphi^2 [\delta_x^2 + r^2\delta_z^2 + 2r\mathrm{cov}(\pi, z)]/2 - k_S e_S^2/2 \geqslant \bar{\omega} \end{cases}$$

求解式（7-28）得：

$$\begin{cases} e_S^{***} = \dfrac{\varphi^{***}}{k_S} = \dfrac{1}{k_S[1 + k_S\rho(\delta_x^2 - \mathrm{cov}^2(\pi, z)/\delta_z^2)]} > \dfrac{1}{k_S(1 + k_S\rho\delta_x^2)} = e_S^* \\[4mm] \varphi^{***} = \dfrac{1}{1 + k_S\rho(\delta_x^2 - \mathrm{cov}^2(\pi, z)/\delta_z^2)} > \dfrac{1}{1 + k_S\rho\delta_x^2} = \varphi^* \\[4mm] r = -\dfrac{\mathrm{cov}(\pi, z)}{(\varphi^{***})^3\delta_z^2} > 0 \end{cases}$$

$$(7-29)$$

由式（7 – 28）和式（7 – 29）得风险成本 RC^{***}、激励成本 IC^{***} 和代理成本 AC^{***} 为：

$$
\begin{cases}
RC^{***} = \dfrac{\rho\varphi^2 \mathrm{Var}(\pi + rz)}{2} \\[2mm]
\quad = \dfrac{\rho(\delta_x^2 - \mathrm{cov}^2(\pi,\ z)/\delta_z^2)}{2[1 + k_S\rho(\delta_x^2 - \mathrm{cov}^2(\pi,\ z)/\delta_z^2)]^2} < \dfrac{\rho\delta_x^2}{2(1 + k_S\rho\delta_x^2)^2} = RC^* \\[3mm]
IC^{***} = \Delta\pi^{***} - \Delta EC^{***} \\[2mm]
\quad = \dfrac{k_S[\rho(\delta_x^2 - \mathrm{cov}^2(\pi,\ z)/\delta_z^2)]^2}{2[1 + k_S\rho(\delta_x^2 - \mathrm{cov}^2(\pi,\ z)/\delta_z^2)]^2} < \dfrac{k_S(\rho\delta_x^2)^2}{2(1 + k_S\rho\delta_x^2)^2} = IC^* \\[3mm]
AC^{***} = RC^{***} + IC^{***} \\[2mm]
\quad = \dfrac{1}{2\{k_S + 1/[\rho(\delta_x^2 - \mathrm{cov}^2(\pi,\ z)/\delta_z^2)]\}} < \dfrac{1}{2[k_S + 1/(\rho\delta_x^2)]} = AC^*
\end{cases}
$$

$$(7 - 30)$$

由式（7 – 29）和式（7 – 30）可以看出，将反映创新成果应用的市场反馈变量 z 写进合同，一方面提高了创新研发方分享产出的比例（$\varphi^{***} > \varphi^*$），提高了合同激励的强度，创新研发方的创新努力水平提高（$e_s^{***} > e_s^*$），进而提高了协同创新产出；另一方面，风险成本（$RC^{***} < RC^*$）和激励成本（$IC^{***} < IC^*$）都有减少，进而代理成本降低（$AC^{***} < AC^*$）。当然，前提是选择的控制变量必须与 π 相关，即 $\mathrm{cov}(\pi,\ z) \neq 0$，更为特殊的情况是 z 与 π 完全相关，即 $\mathrm{cov}^2(\pi,\ z) = \delta_x^2\delta_z^2$，这时的代理成本为零，实现监管科技创新研发方与成果应用方协同创新的帕累托最优。

在监管科技协同创新中，创新参与主体的创新努力，特别是创新研发方的创新努力，能够提升监管科技协同创新产出水平。通过协同创新中创新研发方与成果应用方的收益函数可以看出：提升创新研发方在协同创新中的地位，赋予独立的第三方科技公司或金融机构旗下的金融科技公司更多话语权，能够有效提升协同创新任何一方创新参与主体的协同创新努力水平；无论在创新研发阶段还是成果应用阶段，提高创新研发方分享协同创新的收益，创新努力程度薄弱方都会加快提升创新努力水平，缩小与努力水平高方的创新努力差距；在监管科技推广应用阶段，提高创新产出转化为市场利润的比例，成果应用方会有更大利益驱动提高创新努力水平，扩大技术创新成果的推广应用。

提高创新研发方的创新努力是提高创新产出水平的关键，考虑到协同创新中创新研发方具有信息优势，作为成果应用方的监管部门可同时在报酬合同中写入创新研发方的内部管控信号和市场反馈信号，通过降低风险成本和激励成本降低代理成本。将创新研发方的研发人力资源投入作为内部管控信号写入报酬合同虽然会导致激励强度下降，但会促使创新研发方提高创新努力水平增加创新产出。将创新成果应用的市场反馈变量写入报酬合同，不仅降低协同创新的风险成本、激励成本和代理成本，还能提高合同激励强度、增加创新产出，但前提是写入报酬合同的市场反馈信号必须与协同创新收益相关，比如金融机构的合规成本变化、监管部门的监管成本变化等。

7.3 协同创新的利益协调机制

7.3.1 利益主体协同创新的利益调整

金融科技、监管科技协同创新涉及金融监管部门、金融机构和金融科技公司等创新主体。金融科技公司利用机器学习、人工智能、分布式账本、生物识别技术、数字加密技术以及大数据、云计算、区块链等现代数字技术，为金融机构的合规科技和监管部门的狭义监管科技创新提供技术支撑。金融机构适应监管需要委托科技公司提供现代数字技术降低合规成本。金融监管部门应对金融机构的金融科技和合规科技创新带来的监管压力和挑战，委托科技公司提供现代数字技术提升监管水平和效率。

　　在监管科技协同创新组织体系中，监管部门既是金融科技公司的需求方，又是金融机构合规科技的监管方，还是监管科技创新政策环境的供给方，多重身份决定监管部门应当是监管科技协同创新的主导者和核心主体。由于一般大型金融机构会通过自建、参股或控股形式实现对科技公司内部化以解决自身技术力量薄弱问题，因此可以把金融机构和科技公司的角色归为同一类，而金融机构和科技公司的创新行为都要接受监管部门的监管，所以金融机构和科技公司只能是监管科技协同创新的参与者和成员主体。于是可将监管部门与科技公司、金融机构与科技公司的两组委托—代理关系简化为监管部门与金融机构和科技公司之间的一组委托—代理关系，其中监管部门是委托方、金融机构和科技公司是代理方，通过构建委托—代理模型协调监管部门与金融机构和科技公司之间的利益分配。

　　监管科技是"监管＋科技"的深度融合应用，运用现代科技手段以更加经济和高效的方式降低金融机构合规成本和监管部门监管成本，提升合规效率和监管效率，包括金融机构端的合规科技和监管部门端的狭义监管科技两个主要方面，需要通过恰当的利益安排调动金融机构、监管部门和科技公司三类创新主体协同参与。Shapley 值法是协同多主体利益的一种经典方法，但该方法假设各成员主体具有对称性，对成员主体的个体差异考虑不足，因此需要根据各成员主体的创新努力水平进行改进。

7.3.2　创新主体的目标函数

设 $e \in E$ 是金融机构或科技公司的某个可选择行动。当他们选择该具体行动表示他们为创新付出努力，这种努力产出的创新成果为他们带来市场化的货币收益 $\pi(e, \varepsilon)$，ε 为外生变量表示由政府、行业协会和金融消费者构成的创新环境，ε 的分布函数和概率密度函数分布为 $H(\varepsilon)$ 和 $h(\varepsilon)$。

由于任何 e 行动都会或多或少造成金融机构或科技公司的物质或精力耗费，因此，可将这种耗费用可被测度的单调递增凸函数 $c(e)$ 表示，作为成本函数，即有 $c'(e) > 0$、$c''(e) > 0$，表示 e 行动付出的成本单调递增且边际成本也递增。

设 $\partial\pi(e, \varepsilon)/\partial e > 0$，表示金融机构和科技公司越努力越容易出创新成果。但由于 $c'(e) > 0$、$c''(e) > 0$ 意味着他们单位创新成果产出的成本付出越来越大，需要监管部门提供公平合理的激励才能促进他们的持续努力。监管部门可考虑将自己收益的一部分 $\Delta\pi(e, \varepsilon)$ 作为奖励支付给金融机构或科技公司，以便激励金融机构和科技公司向监管部门效用最大的方向努力。这时监管部门的实际收益为 $y = \pi(e, \varepsilon) - \Delta\pi(e, \varepsilon)$。

设 $v(y)$ 为监管部门的效用函数，表示监管部门在收入为 y 下的效用水平；$\mu(z)$ 为金融机构或科技公司的效用函数，表示他们在收入为 z 下的效用水平。$v(y)$ 和 $\mu(z)$ 分别满足 $v'(y) > 0$ 且 $v''(y) \leqslant 0$、$\mu'(z) > 0$ 且 $\mu'' \leqslant 0$，表示 $v(y)$ 和 $\mu(z)$ 是单调递增凹函数，意味着监管部门与金融机构或科技公司的效用均随着收入的增加而增加，但边际收入递减。由于金融机构和科技公司的行动 e 对监管部门而言是不可观测变量，但金融机构和科技公司的工作努力 $x(e, \varepsilon)$ 可观测，于是得监管部门的效用函数为：

$$\int v\{\pi(e, \varepsilon) - \Delta\pi[x(e, \varepsilon)]\}h(\varepsilon)\mathrm{d}\varepsilon \qquad (7-31)$$

设金融机构或科技公司放弃与监管部门合作的最差效用为 $\underline{\mu}$，则金融机构或科技公司的参与约束（IR）和激励相容约束（IC）函数分别为：

$$\int \mu\{\Delta\pi[x(e, \varepsilon)]\}h(\varepsilon)\mathrm{d}\varepsilon - c(e) \geqslant \underline{\mu} \qquad (7-32)$$

$$\int \mu\{\Delta\pi[x(e, \varepsilon)]\}h(\varepsilon)\mathrm{d}\varepsilon - c(e) \geqslant \int \mu\{\Delta\pi[x(\tilde{e}, \varepsilon)]\}h(\varepsilon)\mathrm{d}\varepsilon - c(\tilde{e}),$$
$$\forall e, \tilde{e} \in E \qquad (7-33)$$

由式（7-31）~式（7-33）得监管科技协同创新激励约束目标函数：

$$\max_{e,x} \int v\{\pi(e, \varepsilon) - \Delta\pi[x(e, \varepsilon)]\}h(\varepsilon)\mathrm{d}\varepsilon \qquad (7-34)$$

$$\text{s. t.} \begin{cases} (IR) \int \mu\{\Delta\pi[x(e, \varepsilon)]\}h(\varepsilon)\mathrm{d}\varepsilon - c(e) \geqslant \underline{\mu} \\ (IC) \int \mu\{\Delta\pi[x(e, \varepsilon)]\}h(\varepsilon)\mathrm{d}\varepsilon - c(e) \geqslant \\ \int \mu\{\Delta\pi[x(\tilde{e}, \varepsilon)]\}h(\varepsilon)\mathrm{d}\varepsilon - c(\tilde{e}), \forall e, \tilde{e} \in E \end{cases}$$

7.3.3　创新绩效影响因子分析

监管科技创新绩效取决于参与创新的金融机构及科技公司努力水

平 $x(e, \varepsilon)$，$x(e, \varepsilon)$ 是行动 e 和环境 ε 的结合。行动 e 包括金融机构及科技公司的研发投入成本（e_1）、创新协同能力（e_2）、知识吸收能力（e_3）、技术溢出能力（e_4）、风险抵抗能力（e_5）等方面。考虑到环境因素 ε 受信息技术、科技中介服务及政策综合影响，是每个创新参与主体都会面对的，故将其纳入 e_5 一起讨论。

于是，$x(e, \varepsilon) = x(e_1, e_2, e_3, e_4, e_5)$。其中，研发投入成本（$e_1$）是指参与创新的金融机构及科技公司投入资金、研发人员、研究条件为监管科技协同创新提供资源支持；创新协同能力（e_2）把创新网络中的网络中心度作为参与创新的金融机构及科技公司协同能力系数，旨在促进研究成员更好地协同参与创新工作；知识吸纳能力（e_3）是指参与创新的金融机构及科技公司学习新知识的吸收效果，反映知识在网络中流动的有效性；技术溢出能力（e_4）用来反映创新网络的关系情况，主要受创新网络中的信息流通渠道、知识传播能力等因素影响；风险抵抗能力（e_5）是指参与创新的金融机构及科技公司对研发过程中的不确定性的抵御能力，他们承担的风险越大，分配到的利益值越大。

7.3.4　Shapley 值法的创新收益分配

协同创新属于多主体合作创新，利益分配可用 Shapley 值法。设成员主体 i，$k \in I = \{1, 2, \cdots, m\}$，对于 I 的任一子集 s 的创新价值 $\pi(s)$，满足 $\pi(s_i \cup s_k) \geq \pi(s_i) + \pi(s_k)$，且 $s_i \cap s_k = \varnothing$。则创新主体 i 从协同创新的最大收益 $\pi(I)$ 中应得的收益 π_i^0 有：

$$\sum_{i=1}^{m} \pi_i^0 = \pi(I), \ \pi_i^0 \geq \pi(i), \ i = 1, 2, \cdots, m \qquad (7-35)$$

为了计算式（7 - 35）中 π_i^0 的大小，构建 Shapley 值函数 $\omega(\pi) = (\pi_1^0, \pi_2^0, \cdots, \pi_m^0)$，于是成员主体 i 初始分配收益额为：

$$\pi_i^0 = \sum_{s \in s(i)} w(|s|)[\pi(s) - \pi(s \backslash i)],$$

$$w(|s|) = \frac{(m - |s|)! \, (|s| - 1)!}{m!}, i = 1, 2, \cdots, m \qquad (7 - 36)$$

其中，$s(i)$ 是指 I 中含有创新主体 i 的所有创新组合，$|s|$ 是 s 中的成员主体数目，$w(|s|)$ 是加权因子，$s \backslash i$ 表示创新组合 s 中去掉成员主体 i 后的集合。

7.3.5　修订 Shapley 值法的利益调整

由于 Shapley 值理论假设是成员主体具有对称性，导致式（7 - 36）的初始利益分配没有考虑到成员主体的个体差异，对合作中成员主体贡献的异质性没有考虑。因此，为了使成员主体间利益分配更加公平合理，需要根据成员主体努力情况调整初始分配利益，调整步骤如下：

（1）测定创新行动利益分配调整率。

设有 n 个因素可显示成员主体创新努力程度，则第 j（$j = 1, 2, \cdots, n$）个因素显示创新主体 i 的创新努力因子为 e_{ij}，于是可构建显示成员主体努力程度的矩阵 $X_{m \times n}$。根据前面对创新绩效的影响因子分析，主要考虑研发投入成本、创新协同能力、知识吸纳能力、技术溢出能力和风险抵抗能力等五个主要方面（取 $n = 5$）。

研发投入成本构成。假设成员主体 i 在合作中的创新投入为 x_i，考虑到创新投入存在规模报酬递减效应，不妨设成员主体 i 的创新成

本函数为 $\rho x_i^2 (\rho > 0)$（王昱等，2022），于是得成员主体 i 的创新成本分摊创新收益的实际份额即为成员主体 i 创新投入成本 ρx_i^2 占所有成员主体创新投入成本总和比率：

$$e_{i1} = \frac{\rho x_i^2}{\sum\limits_{i=1}^{m} \rho x_i^2} = \frac{x_i^2}{\sum\limits_{i=1}^{m} x_i^2}, \ i = 1, 2, \cdots, m \qquad (7-37)$$

协同创新能力构成。由于网络节点的中心度可直接体现合作研发中各成员主体的协同能力，可将成员主体 i 的中心度 $\theta(i)$ 用 Shapley 值计算的初始收益 π_i^0 表示（蒋开东和詹国彬，2022），得成员主体 i 对协同创新能力的贡献率为：

$$e_{i2} = \frac{\pi_i^0}{\sum\limits_{i=1}^{m} \pi_i^0} = \frac{\pi_i^0}{\pi(I)}, \ i = 1, 2, \cdots, m \qquad (7-38)$$

知识吸纳能力水平。成员主体 i 的网络知识吸收能力 δ_i 反映该成员主体与创新网络中其他成员主体间的合作关系，因此可用成员主体两两合作创造的价值和表示，即 $\delta_i = \sum\limits_{k=1}^{m} \pi(i \cup k)$，$i, k = 1, 2, \cdots, m$，$i \neq k$，于是得成员主体 i 知识吸纳能力占整个协同创新网络知识吸纳能力的比率为：

$$e_{i3} = \frac{\delta_i}{\sum\limits_{i=1}^{m} \delta_i} = \frac{\sum\limits_{k=1, k \neq i}^{m} \pi(i \cup k)}{\sum\limits_{i=1}^{m} \sum\limits_{k=1, k \neq i,}^{m} \pi(i \cup k)}, \ i = 1, 2, \cdots, m \qquad (7-39)$$

技术溢出效应测评。成员主体 i 的技术溢出可用技术溢出系数 β_i 与创新投入 x_i 的积 $\beta_i x_i$ 表示（陈南旭和王林涛，2022）。在协同创新中，由于不同的成员主体都处在同一个创新网络中，具有相同的技术溢出系数，于是可得成员主体 i 技术溢出占整个协同创新网络技术溢出的比率为：

$$e_{i4} = \frac{\beta x_i}{\sum\limits_{i=1}^{m} \beta x_i} = \frac{x_i}{\sum\limits_{i=1}^{m} x_i}, \ i = 1, 2, \cdots, m \qquad (7-40)$$

承受创新风险能力。成员主体承受风险大小可用成员主体 i 单独工作时创造的价值与全体创新主体单独创造的价值之和的比值表示为：

$$e_{i5} = \frac{\pi(i)}{\sum\limits_{i=1}^{m} \pi(i)}, \ i = 1, 2, \cdots, m \qquad (7-41)$$

根据式（7-37）~式（7-41）得显示成员主体创新努力程度的矩阵为：

$$(e_{ij})_{m \times 5} = \begin{bmatrix} \dfrac{x_1^2}{\sum\limits_{i=1}^{m} x_i^2} & \dfrac{\pi_1^0}{\pi(I)} & \dfrac{\sum\limits_{k=2}^{m} \pi(1 \cup k)}{\sum\limits_{i=1}^{m} \sum\limits_{k=1, k \neq i}^{m} \pi(i \cup k)} & \dfrac{x_1}{\sum\limits_{i=1}^{m} x_i} & \dfrac{\pi(1)}{\sum\limits_{i=1}^{m} \pi(i)} \\ \vdots & \vdots & \vdots & \vdots & \vdots \\ \dfrac{x_i^2}{\sum\limits_{i=1}^{m} x_i^2} & \dfrac{\pi_i^0}{\pi(I)} & \dfrac{\sum\limits_{k=1, k \neq i}^{m} \pi(i \cup k)}{\sum\limits_{i=1}^{m} \sum\limits_{k=1, k \neq i}^{m} \pi(i \cup k)} & \dfrac{x_i}{\sum\limits_{i=1}^{m} x_i} & \dfrac{\pi(i)}{\sum\limits_{i=1}^{m} \pi(i)} \\ \vdots & \vdots & \vdots & \vdots & \vdots \\ \dfrac{x_m^2}{\sum\limits_{i=1}^{m} x_i^2} & \dfrac{\pi_m^0}{\pi(I)} & \dfrac{\sum\limits_{k=1}^{m-1} \pi(m \cup k)}{\sum\limits_{i=1}^{m} \sum\limits_{k=1, k \neq i}^{m} \pi(i \cup k)} & \dfrac{x_m}{\sum\limits_{i=1}^{m} x_i} & \dfrac{\pi(m)}{\sum\limits_{i=1}^{m} \pi(i)} \end{bmatrix}$$

$$(7-42)$$

（2）确定创新主体利益分配调整率。

由于 Shapley 值法假设成员主体是对称的，导致成员主体间异质性创新努力被同等看待，调整各成员主体的创新收益应先剔除已在初始分配时均分给各成员主体的份额，于是得成员主体创新努力调节矩阵为：

$$\Delta E = \left(\Delta e_{ij}\right)_{m \times 5} =$$

$$
\begin{bmatrix}
\dfrac{x_1^2}{\sum\limits_{i=1}^{m} x_i^2} - \dfrac{1}{m} & \dfrac{\pi_1^0}{\pi(I)} - \dfrac{1}{m} & \dfrac{\sum\limits_{k=2}^{m} \pi(1 \cup k)}{\sum\limits_{i=1}^{m}\sum\limits_{k=1,k \neq i}^{m} \pi(i \cup k)} - \dfrac{1}{m} & \dfrac{x_1}{\sum\limits_{i=1}^{m} x_i} - \dfrac{1}{m} & \dfrac{\pi(1)}{\sum\limits_{i=1}^{m} \pi(i)} - \dfrac{1}{m} \\
\vdots & \vdots & \vdots & \vdots & \vdots \\
\dfrac{x_i^2}{\sum\limits_{i=1}^{m} x_i^2} - \dfrac{1}{m} & \dfrac{\pi_i^0}{\pi(I)} - \dfrac{1}{m} & \dfrac{\sum\limits_{k=1,k \neq i}^{m} \pi(i \cup k)}{\sum\limits_{i=1}^{m}\sum\limits_{k=1,k \neq i}^{m} \pi(i \cup k)} - \dfrac{1}{m} & \dfrac{x_i}{\sum\limits_{i=1}^{m} x_i} - \dfrac{1}{m} & \dfrac{\pi(i)}{\sum\limits_{i=1}^{m} \pi(i)} - \dfrac{1}{m} \\
\vdots & \vdots & \vdots & \vdots & \vdots \\
\dfrac{x_m^2}{\sum\limits_{i=1}^{m} x_i^2} - \dfrac{1}{m} & \dfrac{\pi_m^0}{\pi(I)} - \dfrac{1}{m} & \dfrac{\sum\limits_{k=1}^{m-1} \pi(m \cup k)}{\sum\limits_{i=1}^{m}\sum\limits_{k=1,k \neq i}^{m} \pi(i \cup k)} - \dfrac{1}{m} & \dfrac{x_m}{\sum\limits_{i=1}^{m} x_i} - \dfrac{1}{m} & \dfrac{\pi(m)}{\sum\limits_{i=1}^{m} \pi(i)} - \dfrac{1}{m}
\end{bmatrix}
$$

$$(7-43)$$

不同的影响因子对创新绩效的影响程度不同，需要对不同影响因子赋不同权重，可采用专家评分法（Delphi）结合模糊数学（fuzzy comprehensive evaluation）方法确定各影响因子分摊创新收益的比重，设 $w_j(j = 1, 2, \cdots, 5)$ 为影响因子 j 分摊创新收益的比重，满足 $w_j > 0$ 且 $\sum\limits_{j=1}^{5} w_j = 1$，则影响因子比重矩阵 W 为：

$$W = (w_1, w_2, w_3, w_4, w_5)^T \qquad (7-44)$$

由式（7-43）和式（7-44）得成员主体利益分配调节矩阵为：

$$\Delta e = (\Delta e_i)_{m \times 1} =$$

$$
\begin{bmatrix}
\dfrac{x_1^2}{\sum\limits_{i=1}^{m} x_i^2} - \dfrac{1}{m} & \dfrac{\pi_1^0}{\pi(I)} - \dfrac{1}{m} & \dfrac{\sum\limits_{k=2}^{m} \pi(1 \cup k)}{\sum\limits_{i=1}^{m} \sum\limits_{k=1, k \neq i}^{m} \pi(i \cup k)} - \dfrac{1}{m} & \dfrac{x_1}{\sum\limits_{i=1}^{m} x_i} - \dfrac{1}{m} & \dfrac{\pi(1)}{\sum\limits_{i=1}^{m} \pi(i)} - \dfrac{1}{m} \\
\vdots & \vdots & \vdots & \vdots & \vdots \\
\dfrac{x_i^2}{\sum\limits_{i=1}^{m} x_i^2} - \dfrac{1}{m} & \dfrac{\pi_i^0}{\pi(I)} - \dfrac{1}{m} & \dfrac{\sum\limits_{k=1, k \neq i}^{m} \pi(i \cup k)}{\sum\limits_{i=1}^{m} \sum\limits_{k=1, k \neq i}^{m} \pi(i \cup k)} - \dfrac{1}{m} & \dfrac{x_i}{\sum\limits_{i=1}^{m} x_i} - \dfrac{1}{m} & \dfrac{\pi(i)}{\sum\limits_{i=1}^{m} \pi(i)} - \dfrac{1}{m} \\
\vdots & \vdots & \vdots & \vdots & \vdots \\
\dfrac{x_m^2}{\sum\limits_{i=1}^{m} x_i^2} - \dfrac{1}{m} & \dfrac{\pi_m^0}{\pi(I)} - \dfrac{1}{m} & \dfrac{\sum\limits_{k=1}^{m-1} \pi(m \cup k)}{\sum\limits_{i=1}^{m} \sum\limits_{k=1, k \neq i}^{m} \pi(i \cup k)} - \dfrac{1}{m} & \dfrac{x_m}{\sum\limits_{i=1}^{m} x_i} - \dfrac{1}{m} & \dfrac{\pi(m)}{\sum\limits_{i=1}^{m} \pi(i)} - \dfrac{1}{m}
\end{bmatrix}
\begin{bmatrix} w_1 \\ w_2 \\ w_3 \\ w_4 \\ w_5 \end{bmatrix}
$$

$$(7-45)$$

（3）计算创新主体实际应得创新收益。

由式（7-45）可得成员主体需要调整的创新收益额 $\Delta \pi$ 为：

$$\Delta \pi = \pi(I) \times \Delta e = \pi(I) \times$$

$$
\begin{bmatrix}
\dfrac{x_1^2}{\sum\limits_{i=1}^{m} x_i^2} - \dfrac{1}{m} & \dfrac{\pi_1^0}{\pi(I)} - \dfrac{1}{m} & \dfrac{\sum\limits_{k=2}^{m} \pi(1 \cup k)}{\sum\limits_{i=1}^{m} \sum\limits_{k=1, k \neq i}^{m} \pi(i \cup k)} - \dfrac{1}{m} & \dfrac{x_1}{\sum\limits_{i=1}^{m} x_i} - \dfrac{1}{m} & \dfrac{\pi(1)}{\sum\limits_{i=1}^{m} \pi(i)} - \dfrac{1}{m} \\
\vdots & \vdots & \vdots & \vdots & \vdots \\
\dfrac{x_i^2}{\sum\limits_{i=1}^{m} x_i^2} - \dfrac{1}{m} & \dfrac{\pi_i^0}{\pi(I)} - \dfrac{1}{m} & \dfrac{\sum\limits_{k=1, k \neq i}^{m} \pi(i \cup k)}{\sum\limits_{i=1}^{m} \sum\limits_{k=1, k \neq i}^{m} \pi(i \cup k)} - \dfrac{1}{m} & \dfrac{x_i}{\sum\limits_{i=1}^{m} x_i} - \dfrac{1}{m} & \dfrac{\pi(i)}{\sum\limits_{i=1}^{m} \pi(i)} - \dfrac{1}{m} \\
\vdots & \vdots & \vdots & \vdots & \vdots \\
\dfrac{x_m^2}{\sum\limits_{i=1}^{m} x_i^2} - \dfrac{1}{m} & \dfrac{\pi_m^0}{\pi(I)} - \dfrac{1}{m} & \dfrac{\sum\limits_{k=1}^{m-1} \pi(m \cup k)}{\sum\limits_{i=1}^{m} \sum\limits_{k=1, k \neq i}^{m} \pi(i \cup k)} - \dfrac{1}{m} & \dfrac{x_m}{\sum\limits_{i=1}^{m} x_i} - \dfrac{1}{m} & \dfrac{\pi(m)}{\sum\limits_{i=1}^{m} \pi(i)} - \dfrac{1}{m}
\end{bmatrix}
\begin{bmatrix} w_1 \\ w_2 \\ w_3 \\ w_4 \\ w_5 \end{bmatrix}
$$

$$(7-46)$$

由式（7-45）和式（7-46）可以看出：当 $\Delta e_i \geq 0$ 时表示成员

主体 i 实际创新贡献超过用 Shapley 值法计算的初始值，需要在初始分配额的基础上增加 $\Delta\pi_i$ 的收益；当 $\Delta e_i < 0$ 时表示成员主体 i 实际创新贡献低于用 Shapley 值法计算的初始值，需要从初始分配额里调减 $\Delta\pi_i$ 的收益出去。

联立式（7 - 36）和式（7 - 46）得利益分配调整以后成员主体实际应得创新收益矩阵为：

$$
\pi^* = (\pi_i^*)_{m \times 1} = (\pi_i^0)_{m \times 1} + (\Delta\pi_i)_{m \times 1} = \begin{bmatrix} \pi_1^0 \\ \vdots \\ \pi_i^0 \\ \vdots \\ \pi_m^0 \end{bmatrix} + \begin{bmatrix} \Delta\pi_1^0 \\ \vdots \\ \Delta\pi_i \\ \vdots \\ \Delta\pi_m \end{bmatrix} = \begin{bmatrix} \pi_1^0 + \Delta\pi_1^0 \\ \vdots \\ \pi_i^0 + \Delta\pi_i \\ \vdots \\ \pi_m^0 + \Delta\pi_m \end{bmatrix}
$$

$$(7 - 47)$$

由式（7 - 47）可得利益分配调整以后成员主体实际应得创新收益为：

$$
\pi_i = \pi_i^0 + \Delta\pi_i = \sum_{s \in S_i} w(|s|)[\pi(s) - \pi(s \backslash i)] + \pi(I) \times \Delta e_i,
$$
$$
i = 1, 2, \cdots, m \qquad (7 - 48)
$$

由式（7 - 48）得 $\sum_{i=1}^{m} \pi_i = \sum_{i=1}^{m} \pi_i^0 = \pi(I)$，$\sum_{i=1}^{m} \Delta e_i = 0$，$\sum_{i=1}^{m} \Delta\pi_i = 0$，表明 Shapley 值利益初始分配后的利益调整只是实际贡献小的创新主体调整一部分收益给实际贡献大的创新主体，调整以后各创新主体收益之和仍维持 $\pi(I)$ 不变。

7.3.6 利益调整后的激励约束相容

在由金融监管部门、金融机构及科技公司构成的监管科技协同创新网络中，监管部门作为创新网络的核心主体，宏观方面通过实施优惠政策、完善法律制度、增强经费资助和建立相应机构为监管科技协同创新营造良好的环境和条件，微观方面通过监管规则制定、监管技术需求直接介入监管科技协同创新系统，通过建议和评价等手段减少合作中的机会主义行为，降低合作中的交易成本，提高合作的经济效益。由于体制机制、资金和技术的限制，监管部门的监管科技创新只能求助于拥有现代数字科技的金融机构及科技公司的成员主体进行技术外包，并承诺向成员主体 i 转移支付 $t_i \in \{t_d, t_g\}$ $(t_d < t_g)$ 的固定收入，成员主体根据监管部门转移支付 t_i 自主选择工作努力水平 x_i，获得 π_i 的实际创新收益。监管部门转移给成员主体的资金主要靠财政预算拨款，同时通过监管成本适度内部化要求各类金融机构按比例缴纳分摊一部分监管科技研发费作为监管部门帮助金融机构维护金融市场公平竞争环境的必要支出。

由于成员主体 i 对 x_i 的选择动机是获取 π_i 的收益，因此只要 $\pi_i > 0$ 就可认定成员主体付出创新努力，反过来可通过 $x_i = \pi_i / \sum_{i=2}^{m} \pi_i = \pi_i / \pi(I)$ 求得成员主体 i 的努力水平 x_i。当 $x_i \geq 0$ 即意味着 $\pi_i \geq 0$，就可认定成员主体 i 创新努力，否则 $x_i = 0$ 就代表成员主体创新未努力。由于创新主体间独立同分布，个体分布与总体分布的函数形式相同，为表述简洁起见以下表达式中省略 i。

由于创新努力意味着成员主体需要投入时间、精力和物质等资源，因而对成员主体而言有一定负效用，但成员主体对监管部门的转移支付则有一定正效用，于是得金融机构及科技公司的效用函数表述为：

$$U(t, x) = \mu(t) - \omega(x) \tag{7-49}$$

设金融机构及科技公司的创新努力水平 $e \in \{e_d, e_g\}$ $(e_d < e_g)$ 的分布函数为：

$$\begin{cases} prob\{e = e_d \mid x = 0\} = p_d \\ prob\{e = e_g \mid x > 0\} = p_g \end{cases}, \quad p_d > p_g \qquad (7-50)$$

联立式（7-49）和式（7-50）得金融机构及科技公司的研发效用函数为：

$$U(t, x) = \begin{cases} P_d \mu(t_g) + (1 - P_d)\mu(t_d), \ x = 0 \\ P_g \mu(t_g) + (1 - P_g)\mu(t_d) - \omega, \ x > 0 \end{cases} \qquad (7-51)$$

由此得金融机构及科技公司创新努力工作的激励约束函数为：

$$(IC): \ P_g \mu(t_g) + (1 - P_g)\mu(t_d) - \omega \geqslant P_d \mu(t_g) + (1 - P_d)\mu(t_d)$$

$$(7-52)$$

若金融机构及科技公司的保留效用为 0，则其参与约束函数为：

$$(IR): \ P_g \mu(t_g) + (1 - P_g)\mu(t_d) - \omega \geqslant 0 \qquad (7-53)$$

此时监管部门的效用函数为：

$$V(t, x) = P_g[\pi(e_g) - t_g] + (1 - P_g)[\pi(e_d) - t_d] \qquad (7-54)$$

由于转移支付 t 为货币形式，加上金融机构及科技公司在协同创新过程中是风险共担，于是可假设成员主体风险中性，令效用函数 $\mu(t) = t$，联立式（7-52）～式（7-54）得监管科技协同创新中监管部门与金融机构及科技公司的目标约束函数为：

$$\max_{t_g, t_d} P_g[\pi(e_g) - t_g] + (1 - P_g)[\pi(e_d) - t_d] \qquad (7-55)$$

$$\text{s. t.} \begin{cases} (IC): \ P_g t_g + (1 - P_g) t_d - \omega \geqslant P_d t_g + (1 - P_d) t_d \\ (IR): \ P_g t_g + (1 - P_g) t_d - \omega \geqslant 0 \end{cases}$$

由式（7-55）得均衡状态下监管部门向金融机构及科技公司等成员主体的转移支付函数为：

$$t_g^* = \frac{1-P_d}{P_g-P_d}\omega > 0 > t_d^*$$

$$= -\frac{P_d}{P_g-P_d}\omega \tag{7-56}$$

由式（7-56）可以看出，金融机构及科技公司在高创新努力水平 e_g 下获得的转移支付 $t_g^* > 0$、在低创新努力水平 e_d 下获得的转移支付 $t_d^* < 0$，监管部门的期望支付为 $P_g t_g - (1-P_g) t_d = \omega$，表明成员主体创新收益与承担风险挂钩，高创新收益获得奖励、低收益受到惩罚，体现出监管部门对金融机构及科技公司的激励约束相容。

7.3.7　一个示范性算例

监管科技包括监管部门端的狭义监管科技和金融机构端的合规科技，涉及监管规则的数字化表达、监管数据的自动化采集、金融风险的智能化分析、合规与监管应用的平台化部署以及结果的综合化利用，实现风险类型自动分类与最优化处置、系统性风险自动预警与缓释、欺诈交易的自动干预与中断、监管信息平台化共享与事前事中事后全场景可视化等（孙国锋，2021），技术和场景开发工作量大，实践中监管科技创新网络往往由很多创新主体组成。本案例旨在验证模型构建及机制设计的科学性和合理性，所以仅选取由 1 家金融监管部门（核心主体，用 O 表示）、2 家金融机构和 2 家金融科技公司（成员主体，用 A、B、C、D 表示）构成的监管科技协同创新局部网络。假设四家成员主体分别独立完成其中某个子课题的创新投入分别为 2、3、4、5，可创造的价值分别为 3、4、5、6。若成员主体间展开创新合作，AB 合作可创造价值 9、AC 合作可创造价值 11、AD 合作可创造价值 12、BC 合作可创造价值 11、BD 合作可创造价值 13、CD 合作可创造价值 14、ABC 合作可创造价值 20、BCD 合作可创造价值 23、ACD 合作可创造价值 22、ABD 合作可创造价值 21、ABCD 合作可创造价值 30。

将案例数据代入式（7 - 36），取 $m = 4$，$I = \{A，B，C，D\}$，则 $\pi(I) = 30$，运用 Shapley 值法可计算出 ABCD 四个成员主体的初始利益分配值（见表 7 - 3 ~ 表 7 - 6）。为防止与案例中的数值混淆，案例分析中改用字母代替数字对协同创新成员主体进行编号。

表 7 - 3　　　　　　　　成员主体 A 利益分配 π_A^0 的计算

$s(A)$	$\{A\}$	$\{A，B\}$	$\{A，C\}$	$\{A，D\}$	$\{A，B，C\}$	$\{A，B，D\}$	$\{A，C，D\}$	$\{A，B，C，D\}$
$\pi(s)$	3	9	11	12	20	21	22	30
$\pi(s \backslash A)$	0	4	5	6	11	13	14	23
$\pi(s) - \pi(s \backslash A)$	3	5	6	6	9	8	8	7
$\|s\|$	1	2	2	2	3	3	3	4
$w(\|s\|)$	$\frac{1}{4}$	$\frac{1}{12}$	$\frac{1}{12}$	$\frac{1}{12}$	$\frac{1}{12}$	$\frac{1}{12}$	$\frac{1}{12}$	$\frac{1}{4}$
$w(\|s\|)[\pi(s) - \pi(s \backslash A)]$	$\frac{3}{4}$	$\frac{5}{12}$	$\frac{6}{12}$	$\frac{6}{12}$	$\frac{9}{12}$	$\frac{8}{12}$	$\frac{8}{12}$	$\frac{7}{4}$
π_A^0	$\frac{3}{4} + \frac{5}{12} + \frac{6}{12} + \frac{6}{12} + \frac{9}{12} + \frac{8}{12} + \frac{8}{12} + \frac{7}{4} = \frac{72}{12} = 6 > 3$							

表 7 - 4　　　　　　　　成员主体 B 利益分配 π_B^0 的计算

$s(B)$	$\{B\}$	$\{B，C\}$	$\{B，D\}$	$\{B，A\}$	$\{B，C，D\}$	$\{B，C，A\}$	$\{B，D，A\}$	$\{B，C，D，A\}$
$\pi(s)$	4	11	13	9	23	20	21	30
$\pi(s \backslash B)$	0	5	6	3	14	11	12	22
$\pi(s) - \pi(s \backslash B)$	4	6	7	6	9	9	9	8

续表

$s(B)$	{B}	{B, C}	{B, D}	{B, A}	{B, C, D}	{B, C, A}	{B, D, A}	{B, C, D, A}
$\lvert s \rvert$	1	2	2	2	3	3	3	4
$w(\lvert s \rvert)$	$\frac{1}{4}$	$\frac{1}{12}$	$\frac{1}{12}$	$\frac{1}{12}$	$\frac{1}{12}$	$\frac{1}{12}$	$\frac{1}{12}$	$\frac{1}{4}$
$w(\lvert s \rvert)[\pi(s) - \pi(s \backslash B)]$	$\frac{4}{4}$	$\frac{6}{12}$	$\frac{7}{12}$	$\frac{6}{12}$	$\frac{9}{12}$	$\frac{9}{12}$	$\frac{9}{12}$	$\frac{8}{4}$
π_B^0	\multicolumn{8}{c}{$\frac{4}{4} + \frac{6}{12} + \frac{7}{12} + \frac{6}{12} + \frac{9}{12} + \frac{9}{12} + \frac{9}{12} + \frac{8}{4} = \frac{82}{12} \approx 6.84 > 4$}

表 7-5　　　　成员主体 C 利益分配 π_C^0 的计算

$s(C)$	{C}	{C, D}	{C, A}	{C, B}	{C, D, A}	{C, D, B}	{C, A, B}	{C, D, A, B}
$\pi(s)$	5	14	11	11	22	23	20	30
$\pi(s \backslash C)$	0	6	3	4	12	13	9	21
$\pi(s) - \pi(s \backslash C)$	5	8	8	7	10	10	11	9
$\lvert s \rvert$	1	2	2	2	3	3	3	4
$w(\lvert s \rvert)$	$\frac{1}{4}$	$\frac{1}{12}$	$\frac{1}{12}$	$\frac{1}{12}$	$\frac{1}{12}$	$\frac{1}{12}$	$\frac{1}{12}$	$\frac{1}{4}$
$w(\lvert s \rvert)[\pi(s) - \pi(s \backslash C)]$	$\frac{5}{4}$	$\frac{8}{12}$	$\frac{8}{12}$	$\frac{7}{12}$	$\frac{10}{12}$	$\frac{10}{12}$	$\frac{11}{12}$	$\frac{9}{4}$
π_C^0	\multicolumn{8}{c}{$\frac{5}{4} + \frac{8}{12} + \frac{8}{12} + \frac{7}{12} + \frac{10}{12} + \frac{10}{12} + \frac{11}{12} + \frac{9}{4} = \frac{96}{12} = 8 > 5$}

表 7-6　　　　成员 D 利益分配 π_D^0 的计算

$s(D)$	{D}	{D, A}	{D, B}	{D, C}	{D, A, B}	{D, A, C}	{D, B, C}	{D, A, B, C}
$\pi(s)$	6	12	13	14	21	22	23	30
$\pi(s \backslash D)$	0	3	4	5	9	11	11	20
$\pi(s) - \pi(s \backslash D)$	6	9	9	9	12	11	12	10
$\lvert s \rvert$	1	2	2	2	3	3	3	4
$w(\lvert s \rvert)$	$\frac{1}{4}$	$\frac{1}{12}$	$\frac{1}{12}$	$\frac{1}{12}$	$\frac{1}{12}$	$\frac{1}{12}$	$\frac{1}{12}$	$\frac{1}{4}$

续表

$s(D)$	{D}	{D, A}	{D, B}	{D, C}	{D, A, B}	{D, A, C}	{D, B, C}	{D, A, B, C}
$w(\mid s\mid)[\pi(s) - \pi(s\backslash D)]$	$\dfrac{6}{4}$	$\dfrac{9}{12}$	$\dfrac{9}{12}$	$\dfrac{9}{12}$	$\dfrac{12}{12}$	$\dfrac{11}{12}$	$\dfrac{12}{12}$	$\dfrac{10}{4}$
π_D^0	$\dfrac{6}{4} + \dfrac{9}{12} + \dfrac{9}{12} + \dfrac{9}{12} + \dfrac{12}{12} + \dfrac{11}{12} + \dfrac{12}{12} + \dfrac{10}{4} = \dfrac{110}{12} = 9.16 > 6$							

将各成员主体的创新投入代入式（7－37）和式（7－40），将表7－3～表7－6计算的初始分配收益代入式（7－38），将成员主体两两合作创造的价值代入式（7－39），将各成员主体单独创造的价值代入式（7－41），计算式（7－43）的成员主体创新努力水平调整矩阵 ΔE。采用专家意见法得创新绩效影响因子权重矩阵 $W = (30\%, 25\%, 20\%, 15\%, 10\%)$ 代入式（7－45）得：

$$\Delta e = \Delta E \begin{bmatrix} w_1 \\ w_2 \\ w_3 \\ w_4 \\ w_5 \end{bmatrix} = \begin{bmatrix} \Delta e_A \\ \Delta e_B \\ \Delta e_C \\ \Delta e_D \end{bmatrix} = \begin{bmatrix} \dfrac{-19}{108} & \dfrac{-1}{20} & \dfrac{-3}{140} & \dfrac{-3}{28} & \dfrac{-3}{36} \\ \dfrac{-9}{108} & \dfrac{-1}{45} & \dfrac{-2}{140} & \dfrac{-1}{28} & \dfrac{-1}{36} \\ \dfrac{5}{108} & \dfrac{1}{60} & \dfrac{1}{140} & \dfrac{1}{28} & \dfrac{1}{36} \\ \dfrac{23}{108} & \dfrac{1}{18} & \dfrac{4}{140} & \dfrac{3}{28} & \dfrac{3}{36} \end{bmatrix} \begin{bmatrix} 0.30 \\ 0.25 \\ 0.20 \\ 0.15 \\ 0.10 \end{bmatrix} = \begin{bmatrix} -0.0940 \\ -0.0415 \\ +0.0276 \\ +0.1079 \end{bmatrix}$$

将 Δe 及 $\pi(I)$ 代入式（7－46）得：

$$\Delta \pi = \pi(I) \times \Delta e = \begin{bmatrix} \pi_A^\Delta \\ \pi_B^\Delta \\ \pi_C^\Delta \\ \pi_D^\Delta \end{bmatrix} = \begin{bmatrix} -2.82 \\ -1.25 \\ +0.83 \\ +3.24 \end{bmatrix}$$

将 $\Delta\pi$ 连同表 7 - 3 ~ 表 7 - 6 计算的成员主体初始利益分配值代入式（7 - 47），得调整后各成员主体的最终分配值为：

$$\pi^* = \begin{bmatrix} \pi_A^* \\ \pi_B^* \\ \pi_C^* \\ \pi_D^* \end{bmatrix} = \begin{bmatrix} \pi_A^0 \\ \pi_B^0 \\ \pi_C^0 \\ \pi_D^0 \end{bmatrix} + \begin{bmatrix} \pi_A^\Delta \\ \pi_B^\Delta \\ \pi_C^\Delta \\ \pi_D^\Delta \end{bmatrix} = \begin{bmatrix} 6.00 \\ 6.84 \\ 8.00 \\ 9.16 \end{bmatrix} + \begin{bmatrix} -2.82 \\ -1.25 \\ +0.83 \\ +3.24 \end{bmatrix} = \begin{bmatrix} 3.18 \\ 5.59 \\ 8.83 \\ 12.4 \end{bmatrix}$$

由 π^* 值可见，$\pi_A^0 = 6.00 > \pi_A^* = 3.18 > \pi(A) = 3$、$\pi_B^0 = 6.84 > \pi_B^* = 5.59 > \pi(B) = 4$，而 $\pi_C^* = 12.4 > \pi_C^0 = 8.00 > \pi(C) = 5$、$\pi_D^* = 12.4 > \pi_D^0 = 9.16 > \pi(D) = 6$，表明成员主体 A 和 B 在协同创新中的实际贡献低于直接按照 Shapley 法计算的贡献值，C 和 D 在协同创新中的实际贡献高于直接按照 Shapley 法计算的贡献值，所以需要将成员主体 A 和 B 分别多得的收益 2.82 和 1.25 调出，给成员主体 C 和 D 分别追加 0.83 和 3.24，2.82 + 1.25 = 0.83 + 3.24 表明修订后的 Shapley 值法使"蛋糕"分配更合理，但并未做大"蛋糕"。可见改进后的 Shapley 值法只是希克斯改进，而非帕累托改进。

由于 $\pi_i^* > 0$，$\pi_i^* > \pi(i)$，$i \in I = \{A, B, C, D\}$，表明所有成员主体在协同创新中均付出了创新努力，所以尽管根据贡献值不同进行了收益调整，但大家都得到了比单独创新多的收益。由于监管科技创新不仅使金融监管部门降低监管成本和提高监管效率，也使金融机构降低合规成本和提高合规效率，可假设监管科技协同创新价值使金融机构和监管部门同等收益，所以有 $0 \leq \omega \leq \pi(I)/2 = 15$，由式（7 - 50）得 $p_d = 0$、$p_g = 1$，代入式（7 - 56）得 $t_g^* = \omega = -t_d^*$，由此可见用改进后的 Shapley 值法协调监管科技协同创新多主体利益分配确实实现了监管部门对金融机构及科技公司的激励约束相容。

7.4 协同创新的数据共享机制

7.4.1 数据共享的重要价值

（1）金融业是数据驱动的产业。

数字经济时代，数据已成为与土地、劳动力、资本、技术同等重要的生产要素，海量的数据规模、快速的数据流转、动态的数据体系和多样的数据类型赋予数据前所未有的价值，以至于著名杂志《经济学人》称"数据已经取代石油成为当今世界最有价值的资源"，将数据比作21世纪的新石油。金融业是数据密集型产业，对数据的依赖程度很高。如果说金融是实体经济的血液，那么金融数据就是金融的血液。金融数据是指金融机构在业务过程中获得的数据。从金融活动看，金融数据可分为银行业务数据、证券业务数据、保险业务数据以及信托、咨询数据。从信息来源看，金融数据可分为金融机构内部数据、市场数据和社会数据，其中金融机构内部数据是指金融机构业务活动产生的数据，市场数据是指在金融市场交易过程中产生的数据，社会数据是指金融机构从政府、企业、事业单位、个人等渠道获取的有关收入、支出、信用等方面的数据。

金融业依赖金融数据可实现大数据征信、精准营销、产品定价、运营优化、风险控制等多个方面。大数据征信是金融机构采集社会公共部门、工商企业、电商平台、社交网络、搜索引擎的数据，结合金融系统自身积累的数据，可以全面了解个人和机构的征信情况，通过构建应用模型提供信用报告、信用分、增值服务等产品服务，用于网络信贷、网络保险、催收账款、反欺诈业务活动，最大限度降低业务风险。精准营销是指通过金融数据进行用户画像（persona），全面把握用户真实需求，根据用户需求精准研发产品、精准广告投放和精准产品推送。产品定价是指运用金融数据分析客户的支付意愿，并以支付意愿为基础实行差异化合理定价，实现供需双方的量价匹配。运营优化是指运用金融数据分析客户的风险偏好、用户习惯、客户个性特征，分析产品推广效果和渠道出货能力，分析社会舆情，为改进运营提供竞争情报支撑。但这些功能的实现有赖于跨部门、跨行业金融数据融合成大数据。目前，行业内各家银行、保险等企业对自有数据已经做了比较充分的挖掘。面对同质化竞争，传统金融创新需要向融合机构内、外部数据以支持面向线上场景的转型。

（2）金融数据的价值在于共享。

孤立的数据毫无意义，只有数据共享并融合流通才能激发数据价值。传统金融机构在数据共享融合、可全面掌握客户数据后可为客户画像精准营销、精准风控、精准运营，效率更高收益更好，客户体验也更好。同时，数据融合有利于更好地防范金融风险，由于数据来源广泛，金融机构能更全面更客观地确定用户信用状况，还能更有效地将对业务过程中违规行为的整改、检查相融合，降低金融机构的信用风险和操作风险。

金融科技公司的数据来源广泛，但包含大量非金融属性数据，这极大降低了数据含金量。因此有必要与银行共享数据，真正实现大数据风控，加大金融发展深度。当非金融属性数据和金融属性数据大量融合后，可激发新的价值，创新更多业态和产品。比如，第一家纯互联网保险公司众安保险，就是将保险与电子商务数据融合，并利用客户在互联网上的行为数据研发出更多保险产品，为客户提供纯线上的保险服务。

金融监管部门可利用共享的数据实现全方位、动态化的监管。与企业共享并融合数据，可减少数据孤岛，挖掘数据价值，降低运营成本的同时还可以提升效率。并且，共享数据信息有助于降低金融垄断，实现公平竞争，帮助初创企业成长。与企业共享数据，金融监管不再是监管部门单一治理，而是利益共同体共治，可提早发现问题并提早处理，极大降低系统性风险发生的概率。

对金融消费者而言，金融数据融合可以实现支付、借贷、记账和理财等金融服务和场景无缝连接，人工智能和大数据等技术将找到施展的天地，金融产品越来越丰富多样，成本越来越低。金融消费者可以通过简单的统一界面管理所有的金融账户，各种金融产品和服务之间的比较一目了然，智能资产管理门户将成为个人金融活动唯一的入口，客户可以更方便快捷高效地选择金融产品。

7.4.2 金融数据共享的主要痛点

（1）缺乏共享导致的信息孤岛和信息垄断。

信息孤岛和信息垄断，可能存在如下方面的原因。一是数据隐私问题导致企业不愿共享数据。金融数据敏感性强，可能包含客户身份信息、资产信息等隐私内容，数据融合要求数据能够跨行业、跨部门流通与共享，容易造成隐私信息泄露。很多机构不愿与外界共享数据信息，造成数据壁垒加深，数据孤岛化越发严重，不利于数据价值挖掘。二是数据可能影响企业竞争力。一些企业担心数据被复制会降低自身竞争力，所以很多企业不愿意分享自身核心数据。现有的央行征信体系中只有银行等金融属性数据，却没有日常消费和交易等非金融属性数据，所以不能满足共享金融发展所需的信用数据体系。比如百度、阿里巴巴、腾讯、京东（BATJ）等互联网巨头，拥有大量客户的信息型数据、交易型数据和关系型数据，各自为营、互不共享，导致"数据孤岛"的局面无法破解。若各企业都自己建立信用评价体系，势必会耗费大量成本且因为数据维度单一而导致效果不尽如人意，很难帮助企业给出正确决策。2018 年央行向百行征信颁发第一张个人征信业务牌照便在事实上开启了中国金融科技平台巨头数据共享实践。百行征信通过市场化运营与央行征信系统错位互补，让金融数据共享迈开一大步。①

随着技术在金融领域应用的不断演进，金融科技市场垄断化现象越发明显。金融数据垄断（data-opolies）类型多样，可能是因为市场主体拥有大量数据，可能是拥有与技术优势密切关联的算法合谋、个人信息保护水平固化等。出于自身利益考虑，利用金融数据进行垄断复杂且不易被察觉，极易催生依托于算法的、基于数据聚集的合谋。大的金融科技公司有规模效应，能借助数据垄断传导到相邻或上下游市场，实现平台纵向一体化。以第三方支付平台为例，第三方支付平台依托互联网生态系统，支付功能涉及互联网电商平台、社交平台等让支付场景化，形成庞大数据，并据此开展用户画像、精准营销等活动。丰富多元的场景模式催生了大量支付需求，同时触达其他场景，并培养客户金融习惯，强化平台锁定效应。数据垄断的坏处是平台对金融机构收取过高的技术服务费用，并且金融科技数据垄断平台对其他类型主体的竞争威胁，借助网络效应、赢家通吃、平台生态系统作

---

① 资料来源：新浪财经，《百行征信落地，消除个人征信"信息孤岛"》，2018－01－04.

为竞争保障，中小型金融科技企业发展受到压制。金融科技数据垄断对消费者福利会产生潜在侵害，出现数据滥用等侵害消费者的行为。数据垄断正在成为金融科技创新发展的系统性节点。

（2）不当融合导致的信息安全和隐私泄露。

当前，我国金融数据融合应用属初始阶段，并未形成统一的数据融合应用模式，因此各种数据相对而言非常分散。并且，金融数据敏感性高，还涉及客户隐私，因此简单地将数据直接融合可能导致数据信息被滥用、客户身份泄露、违规交易等问题。并且，金融机构违规收集和利用客户数据，可能出现诈骗等金融问题，给金融消费者带来损失。中国互联网络信息中心发布的第 46 次《中国互联网络发展状况统计报告》显示，截至 2020 年 6 月，有 20.4% 的网民表示遭遇过个人信息泄露。而中国互联网协会对外公布的《中国网民权益保护调查报告（2020）》则显示，近一年网民由于诈骗信息、垃圾信息和个人信息泄露等现象，导致遭受的经济损失达人均 124 元，总体损失约 805 亿元。

金融机构有必要对客户进行尽职保护。虽然数据信息共享和隐私保护之间存在一定矛盾，但是金融机构应该重视客户信息被泄露和滥用的问题。实践中，金融机构为了自己能最大限度地使用个人信息，会在条款中要求客户授权。比如蚂蚁花呗，消费者在其官网上点击"开通蚂蚁花呗"确认键即被认为同意《蚂蚁花呗用户服务合同》《芝麻信用服务协议及授权》中"当您违反本协议约定时，为维护服务商的合法权益，向与服务商合作的律师事务所、催收公司，及服务商认为可向您传达信息的亲戚朋友、联系人等披露您的违约信息"。尽管关系人催收是信贷业务通用做法，金融机构在欠款人逾期时一般会以短信、语音、人工电话等方式提醒用户还账，当欠款人失联后则会采取联系关系人甚至法律手段进行施压性催收，但对关系人的指导和联系的可能性会在签订贷款合同时征得借款人同意和明确，且人数只限一至二名。用户一旦违约将可能导致在其整个社交圈的声誉减损，用户所能获得的信贷服务质量与可能承担的违约风险之间可能存在不均衡。

7.4.3　数据共享面临的主要挑战

金融业急需大量数据资源，而各种大数据挖掘技术的发展让数据共享成为必然趋势，但其仍然受到很多的挑战，比如数据需要确权、数据标准不一、客户隐私泄露、数据流通弱等。因此，需要制定数据共享规范，让金融行业借助数据共享实现高质量发展。

商业银行不愿数据共享，因为很多机构认为这会把自己最宝贵的东西让给他人。近些年，虽然商业银行自身在发展金融科技，但是仍然无法避免地会遭受金融科技公司对银行业务的蚕食，若开放金融数据，银行客户可能进一步流失，盈利能力进一步下降，所以很多银行拒绝数据共享。并且，一些中小商业银行认为自身规模小，数据共享会让自身负担过重；一些银行认为共享数据相当于交出了客户，对自身不公；一些银行认为目前没有明文规定必须共享数据所以暂时持等待观望的态度。因此，有必要打消商业银行顾虑，采用激励机制激发银行积极性和主动性，为金融数据共享提供保障。

之所以进行数据共享，是为了打破数据壁垒，破解数据孤岛，减少垄断竞争和不公，但却可能因为共享中的不当操作而产生新的不公。比如，数据共享会给金融科技公司带来极大好处，若让银行来承担数据接口技术研发，就会让商业银行感觉不公。并且，数据共享之后是否会产生"强者愈强，弱者愈弱"的局面？是否会令中小商业银行更难生存？是否能在金融效率和公平上寻求到平衡点？金融科技公司是否会像商业银行愿意接受同等监管？是否会由此产生监管套利？如何解决这些问题为金融数据共享扫清第二道屏障？

金融数据共享渠道上可借鉴一下国际经验。美国与英国刚好采用的是两种相反的渠道，前者自下而上，后者自上而下。比较而言，第一种渠道以市场为主导，更容易激发创新，也更容易均衡各方利益，但即使政府推动也很难提高银行主动性；第二种渠道效果更好，但可能会存在不公，对中小商业银行可能造成额外负担。因此，有必要在考虑本国实际状况后，选择一条适合本国数据共享的渠道。

另外，金融数据共享本身可能带来监管挑战。一是很难确定监管模式。美国采用限制监管，适用于对有技术优势的金融市场进行监管；中国采用被动监管，适合对有市场优势的进行监管；其他情况就更适合采用英国的主动监管。如何结合本国实际状况选择一条更适合本国数据共享的监管模式，存在一定难度。二是很难平衡效率和公平。金融数据共享是为了推动金融快速发展，但又要充分保护消费者权益，并考虑过程中产生的新的不公，本身存在难度。三是很难避免共享中的无序。金融数据共享中可能存在漏洞，被不法分子利用来进行侵犯客户隐私等犯罪活动，如何杜绝这类问题的发生？

7.4.4 金融数据融合的法律规范

（1）数据融合治理的法理依据。

2020年4月9日，中共中央、国务院印发《关于构建更加完善的要素市场化配置体制机制的意见》，将数据定义为一种新型生产要素，与土地、劳动力、资本、技术要素并列。当数据成为与土地、劳动力、资本、技术同等重要的生产要素，两个问题也随之而来。一是如何在数据融合治理中保护各方权益，二是如何让大家主动共享数据破解数据孤岛。当前，金融行业数据生态建设还处于探索阶段，为促进金融数据跨界、跨机构融合发展，有必要在各行业中实现各数据的融合。但是，数据融合涉及多方利益，金融数据生态还面临许多挑战，特别是广大金融消费者的隐私信息极有可能被金融经营者滥用。即便是关联企业之间的信息共享，如果不加约束也可能对个人基本的隐私权益造成侵害。正因为有这方面顾虑，大多数数据很难流动和共享起来，需要建立安全、合理的数据流动规则。因此，要合理开发、保护和利用好数据，构建和谐的金融生态，让数据在监管框架下合规流通起来，既能保护用户隐私，又能提高数据的使用效率。促进不同公司、产品和行业之间的数据共享，提升商业服务质量和政府的数据治理水平，是金融数据治理亟待解决的关键问题。

金融数据融合必须以隐私保护为前提。金融经营者必须承担起保护金融消费者隐私信息不泄露的责任。金融行业需要数据，借助客户数据信息可以更好地控制风险、精准营销，从而低成本高效率地为客户提供更多更好的金融产品和服务。基于隐私权保护及侵权责任理论，金融交易信息属于客户个人隐私，金融机构有责任和义务保密，否则一旦泄露就属于侵权，因此需要金融机构和客户建立明确的合同关系，并通过合同明确各方权利和义务。信息共享与隐私保护也并非不可调和，执其两端，用其中于民。借助必要的技术手段，并确定相关法律条款，一定可以实现数据共享和隐私保护的兼得。

（2）国内法律规范的实践进展。

一直以来，金融数据融合是监管部门关注的内容，国家也陆续出台过相关政策法规，对金融数据安全保护与合规审查的重视程度与日俱增。

其实我国已实行金融数据保护的立法和实践多年。在早期的《中华人民共和国中国人民银行法》《中华人民共和国商业银行法》《证券法》《保险法》中，均明确提出了保护个人金融信息的要求。《中华人民共和国商业银行法》第二十九条规定，商业银行办理个人储蓄存款业务，应当遵循存款自愿、取款自由、存款有息、为存款人保密的原则。《中华人民共和国证券法》第四十一条规定，证券交易所、证券公司、证券登记结算机构必须依法为客户所开立的账户保密。《信托投资公司管理办法》第八十三条规定，信托投资公司应当为委托人、受益人以及处理信托事务的情况和资料保密。

2019 年 8 月，中国人民银行发布《金融科技（FinTech）发展规划（2019—2021 年）》，提出"科学规划运用大数据""稳步应用人工智能""增强金融业务风险防范能力""加大金融信息保护力度"。2020 年 2 月，全国金融标准化技术委员会出台《个人金融信息保护技术规范》，对金融信息全生命周期的保护提出安全防护要求，包括对第三方受委托者要求具备足够的数据安全能力提供足够的安全保护措施等。2020 年 4 月，国务院印发《关于构建更加完善的要素市场化配置体制机制的意见》首次将数据与土地、劳动力、资本及技术并列正式纳入生产要素范畴，要求"加强数据资源整合和安全保护""制定数据隐私保护制度和安全审查制度"。2020 年 5 月，国务院印发《关于新时代加快完善社会主义市场经济体制的意见》中明确提出："加快培育发展数据要素市场""加强数据有序共享，依法保护个人信息"。2020 年 12 月，国家发展和改革委员会联合三部门印发《关于加快构建全国一体化大数据中心协同创新体系的指导意见》，明确提出要"推动核心技术突破及应用"，要求"强化大数据安全保障"，规定在数据开发利用时应保护个人和组织的合法权益，维护国家主权安全和发展利益。2021 年 6 月，国家出台《中华人民共和国数据安全法》，要求"国家机关应当遵循公正、公平、便民的原则，按照规定及时、准确地公开政务数据。依法不予公开的除外"。但并没有强制要求企业必须公开相关数据给对方企业。2021 年 11 月，我国第一部个人信息保护方面的专门法律《中华人民共和国个人信息保护法》正式生效，规定了个人信息处理应当坚持知情同意、合法正当诚信、处理必要、目的特定、个体参与、保证质量、公开透明、安全保障等基本原则。2021 年 12 月，中国人民银行发布《金融科技发展规划（2022—2025 年）》，明确提出从强化数据能力建设、推动数据有序共享、深化数据综合应用、做好数据安全保护方面充分释放数据要素潜能，并陆续出台了金融数据安全相关标准。

这些法律法规对金融数据传输和使用过程中的安全问题都提出了明确的要求，对用户隐私保护起到了重要的作用，同时也为金融业更好地促进数据融合指明了方向，鼓励金融业利用技术手段，解决数据隐私保护问题，促进安全的数据流通，平衡好数据融合利用和数据安全及隐私保护间的关系。相信，随着这些法律法规的正式实施，金融数据共享机制会逐渐形成，金融企业跨界合作会更顺畅。

7.4.5　金融数据共享的技术实现

法律规范只是对金融数据融合共享提出了原则要求，金融数据融合的技术要求高，技术的问题还得依靠技术手段来实现。如何在数据共享融合与隐私保护间寻求平衡，需要借助让数据"可用而不可见"的隐私计算。

（1）核心技术。

隐私计算技术对原始数据的隐私信息进行处理，可实现在不贡献原始数据时也能使用数据，且数据脱敏不可逆，实现"可用而不可见、可算而不可识"。在软件层面，包括多方安全计算（secure multi-party computation）和联邦学习（federated learning）等（见表7-7）。

表7-7   隐私计算的技术图谱

技术名称	多方安全计算	联邦学习	可信执行环境	传统手段
技术基础	密码学	统计学	可信硬件	数据脱敏
技术构成	不经意传输、秘密共享、混淆电路、零知识证明、同态加密	差分隐私和分布式机器学习（联邦学习）	Intel SGX 和 ARM Trust Zone 等	脱敏技术、去标识化、密码技术、假名技术、抑制技术、泛化技术等
应用场景	隐私求交、匿踪查询	联合统计、联合建模		
工作效率	单个运算可达秒级，每秒最多几百次计算，比明文计算慢2个数量级，随着多方的参与，速度减慢	相比传统本地建模，目前技术水平所消耗的时间是传统方式的10倍甚至100倍	比明文计算慢10%左右	
适用条件	集中对特定算法和高安全要求的敏感数据进行处理，速度慢，适合企业级或有限参与方的场景	推进一些复杂模型训练较为困难，效率损失较大，尚不能大规模商业应用	适合计算量大、需求变动快，面向客户端用户的商业落地和大规模应用	数据脱敏在保留一定的数据可用性、统计性等基础上，适用于大数据量处理
实施难度	开发人员需熟练掌握密码学知识，还需要理解底层原理	处于快速发展阶段，已有平台出现，存在两种框架	底层系统对开发人员有要求	
主要问题	计算和通信开销较大，导致实际应用中效率低、性能差	断点训练、训练效率低下、集群扩张问题	依赖硬件厂商，容易被攻击	可追溯性差，脱敏后的去向和使用难以从技术上有效控制

资料来源：相关资料整理所得。

第一，多方安全技术：是指在分布式网络环境下，不依赖可信第三方代替各参与方进行计算，而是由各对等的参与方通过网络协同共同完成某一计算任务。在分布式协同计算网络中，n 个互不信任的参与者中，$X_i(i=1，2，\cdots，n)$ 是参与者 i 拥有的秘密数据，Y_i 是参与者 i 想要得到的结果，通过协同计算函数 $(Y_1，Y_2，\cdots，Y_n)=F(X_1，X_2，\cdots，X_n)$，参与者 i 只能获得 Y_i 这个结果，不能获得除 Y_i 之外的其他秘密信息（见图 7 – 11）。

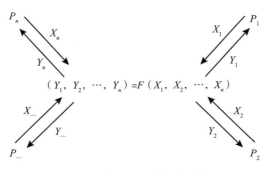

图 7 – 11　多方安全计算技术原理

第二，联邦学习技术：也称为隐私保护机器学习，可以保证多方的数据不离开自己定义的安全域，是一种只通过传输中间结果（一般为学习模型的梯度信息）进行信息交换、模型聚合的联合训练机器学习模型方法。按照合作的数据特点，联邦学习可分为横向联邦学习、纵向联邦学习（见图 7 – 12）和联邦迁移学习（见图 7 – 13）。横向联邦学习是通过增加样本数量的方式获得高质量模型的方法。纵向联邦学习是通过增加样本特征维度的方式获得高质量模型的方法。联邦迁移学习是应用于样本和特征均重叠较少的情况下，利用迁移学习技术来学习不同数据集的"知识"的方法。

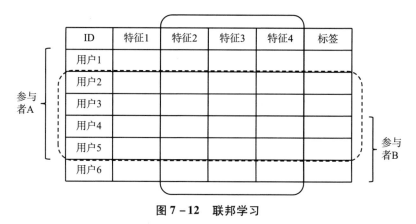

图 7 – 12 联邦学习

注：实线框表示横向联邦学习，虚线框表示纵向联邦学习。
资料来源：相关资料整理所得。

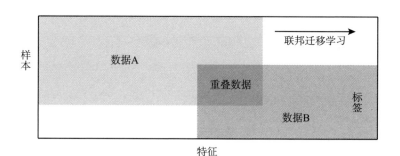

图 7 – 13 联邦迁移学习

资料来源：相关资料整理所得。

第三，可信执行环境：是基于硬件实现隐私计算，在计算机硬件平台上引入安全芯片架构，构建安全硬件区域，各方数据汇聚到该区域内进行计算，通过其安全性提高终端系统的安全性。可信执行环境目前有在英特尔（Intel）的中央处理器（CPU）上实现的英特尔的软件保护扩展技术（Software Guard Extensions，SGX）、在手机 CPU 上运行高级精简指令集机器有限公司（Advanced RISC Machines Ltd，ARM）的信任带（TrustZone）技术，以及先进微设备公司（Advanced Micro Devices

InC.，AMD）的安全内存加密、安全加密虚拟化技术等。

第四，不经意传输：是一种可保护各方隐私的秘密选择协议（见图 7 – 14）。假定信息需方向拥有 n 条信息的供方索要其中 m 条信息，则信息需方只能获得那 m 条信息内容，得不到其他 $n - m$ 条信息内容，信息供方只知道信息需方索要的 m 条信息，但无法知道是哪 m 条信息。从隐私保护的角度来看，不经意传输最大限度保护了信息拥有者拥有的信息，也保护了信息需求者索要信息的意图。不经意传输简单形式包括 n 选 1 不经意传输协议、2 选 1 不经意传输协议。

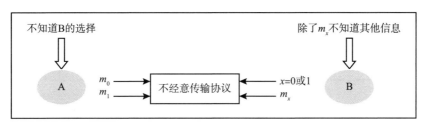

图 7 – 14　不经意传输的技术原理

资料来源：相关资料整理所得。

第五，秘密共享：也称秘密分割，是一种对秘密信息的管理方式，将秘密拆解成多个子秘密分别由不同参与者管理，各参与者无法恢复，需要多个参与者协作合并才能恢复秘密 S（见图 7 – 15）。

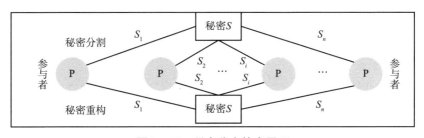

图 7 – 15　秘密分享技术原理

资料来源：相关资料整理所得。

第六，混淆电路（garbled circuit，GC）：是将计算任务转化为门电路的形式，并且对每一条线路进行加密，在很大程度上保障了参与者的隐私安全。典型的混淆电路方案包括将安全计算函数转化为布尔电路的电路生成阶段和通过使用不经意传输（OT）、加密等方法执行电路阶段。

第七，同态加密（homomorphic encryption）：是基于数学难题的计算复杂性理论的密码学技术，能实现密文间的多种计算功能，即先计算后解密等同先解密后计算，输出结果一致。明文数据同态加密后可基于密文进行计算。密文计算结果通过解密与明文数据直接计算结果一致，实现数据"可算不可见"（见图7-16）。

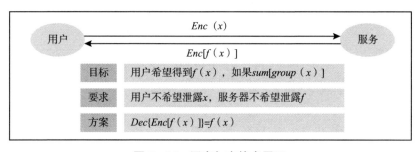

图7-16　同态加密技术原理

资料来源：相关资料整理所得。

第八，差分隐私（differential privacy，DP）：在不损害个人隐私的前提下实现了最大限度利用数据资源的核心诉求。差分隐私分为全局差分隐私和本地化差分隐私，全局差分隐私可以实现加入很小的噪声保护数据集中所有用户的隐私。常见的机器学习算法是DPSGD（differentially private stochastic gradient descent），即基于差分隐私的随机梯度下降法。该算法通过干预模型用来更新权重的梯度来保护训练集的隐私，每次迭代中向梯度添加噪声，在多个批次训练以后，噪声自然会被抵消。

（2）辅助技术。

第一，脱敏技术。脱敏技术一般常用于敏感数据的处理，将某些敏感信息通过脱敏规则进行数据的变形，从而降低数据敏感度，减少敏感数据被精确识别的风险，从而实现对敏感数据的保护。数据脱敏在保留一定的数据可用性、统计性等基础上，通过失真等变换降低数据敏感度。脱敏数据需要进行传输通信，而在传输过程中或者之后，攻击者或数据获取方仍可通过特定的技术手段对脱敏后的数据进行推理，进而获取部分乃至全部原始信息。

第二，去标识化技术。去标识化属于脱敏技术中的一种，一般是针对个人信息的脱敏处理。通过去标识化计算，使其在不接触额外信息的情况下，达到无法识别个人信息主体的效果。

第三，密码技术。通过密码学的加密算法将数据进行加密完成变形脱敏。采用密码技术脱敏后的数据是可以还原的，用相同的算法输入密钥即可完成还原。

第四，假名技术。一般由原始数据通过某种算法规则进行运算后生成，或直接随机生成假名数据完成脱敏。利用假名技术脱敏后的数据无法直接还原，但是可通过建立原始数据与假名数据的映射表来实现假名数据还原。

第五，抑制技术。对需要脱敏的数据项进行删除或进行屏蔽，完成对具有可识别性特征的属性字段的脱敏处理。

第六，泛化技术。通过分层、取整等手段，降低数据集的属性粒度消除原始数据的唯一性，使原始数据中的多个数值都对应到泛化后的同一个值上实现脱敏。脱敏后的数据无法还原。

第七，随机化技术。保持数据集的统计特性不变，通过噪声添加、置换等手段修改原始数据的属性实现数据脱敏。脱敏后的数据无法还原。

第八，统计技术。保留数据集的统计特性，通过数据抽样或数据聚合将属性数据进行脱敏。数据抽样是在数据集中选择具有代表性的子集来对原始数据集进行分析和评估。数据聚合则是利用统计值替代属性的具体数值。脱敏后的数据无法还原。

第九，数据合成技术。以人工的方式生成数据，使其符合该属性的取值范围，常用于测试数据的生成，规避用真实数据进行测试造成敏感数据泄露的风险。

（3）配套技术。

第一，隐私计算+区块链技术。隐私计算保障多方协作计算中对输入数据的隐私保护，区块链保障数据传输安全、数据一致性和防篡改。将隐私计算与区块链融合，实现多方安全计算、信息分布式存储、网络去中心化节点互信等，整个计算过程均可加密于区块链便于日后监督。使用智能合约，可将数据各种操作记录上链且不可篡改，实现全程闭环的安全和隐私服务。

第二，隐私计算+深度学习技术。传统的深度学习技术以数据归集后形成的大数据资源池为基础，往往面临因"数据孤岛"问题导致深度学习技术的效能和应用发展受到桎梏。隐私深度学习技术可看作是广义的隐私计算技术在深度学习技术领域的特定应用，确保在不泄露多参与方私有数据隐私前提下实现深度学习模型的训练和推理，通过"可用"和"不可见"实现数据多源共享（见图7-17）。隐私深度学习技术方向包括基于模型预测控制（MPC）的深度学习路线和联邦学习路线。基于MPC的深度学习是通过可证明安全的密码算法、密码协议实现对交互数据和计算结果的隐私保护。联邦学习是一种分布式机器学习架构，通过数据切分和模型迁移实现数据不共享前提下协作构建机器学习模型，该方法的安全性目前尚难严格证明。因此，基于 MPC 的深度学习路线是学术界和产业界发展的重要方向。运用基于 MPC 的深度学习，一般基于算术电路，采用秘密分享技术，对数据进行碎片化处理，设计各类基础算子和衍生算子用于构建复杂的深度学习模型。基于算术电路和秘密分享的 MPC 协议，适用于机器学习类复杂计算任务。

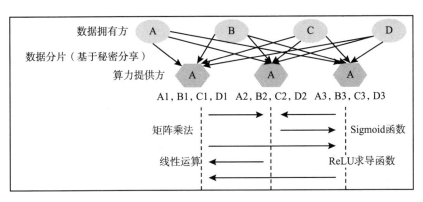

图 7 – 17　基于 MPC 的深度学习框架

资料来源：相关资料整理所得。

第三，隐私计算 + 知识图谱技术。知识图谱是由数字、文字、图像、符号等，经过筛选、分析、归纳、总结等知识组合构建形成，提炼出各种有用的知识，进而可以构建机器的先验知识，用于智能搜索、深度问答、智能决策等场景任务推理。目前知识图谱的应用都是基于单一完整图谱的理想状态进行设计，但在实际应用场景中，构成知识图谱的知识往往散落在不同的机构或个人手中，形成一个个数据孤岛。如果仅基于自身数据来构建图谱，由于数据量原因，推理准确率往往较低。同时，出于自身利益和数据合规性考虑，各机构难以直接通过数据共享的形式，将数据集中起来形成完整的知识图谱，进而进行推理。通过隐私计算与知识图谱技术的集成应用，弥补现有隐私计算技术对于非结构化数据的处理能力的不足，知识图谱推理方法协同分类准确率远超单节点准确率，接近集中化分类准确率（见图7－18）；在训练与推理中只传输抽象后的知识表示向量，在不泄露彼此数据的前提下，对多个参与方知识进行抽象，完成联邦融合和协同知识联邦推理，保证各参与方数据安全及隐私。

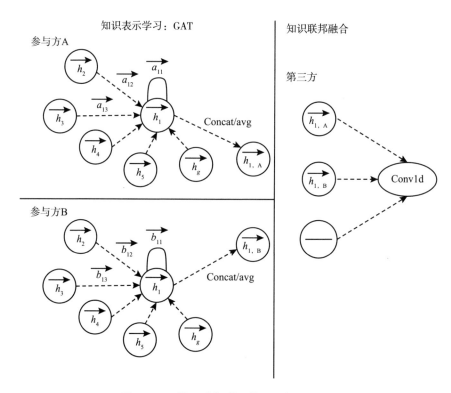

图7－18　基于联邦学习的知识推理方法

资料来源：相关资料整理所得。

第四，隐私计算 + 自然语言处理技术。自然语言处理（NPL）是研究人与计算机交互中的语义理解问题的技术，解决人机交互中"听得懂"问题。自然语言处理算法高度依赖于文本信息、文档及其标签、问题和选择的答案等用户的本地数据，这些数据既可能位于个人设备上，也可能位于不同机构更大的数据仓库中。在真实的场景中，用户的自然语言数据是敏感的，里面可能有一些隐私内容，很难训练出一个"健壮"的模型来造福用户。隐私计算的联邦学习与 NLP 中各种流行的文本分类、序列标记、对话系统和语言建模等任务结合，可以开发一些隐私保护、个性化的语言模型，每一台移动设备从服务器下载共享模型并基于用户输入的内容训练共享模型，再通过安全协议上传至服务器，服务器从移动设备收集更新、聚合这些更新并以此改良共享模型，直到模型收敛为止。

第五，隐私计算 + 机器视觉技术。深度神经网络模型是现代机器视觉的主流技术，支持深度神经网络模型的一个重要的因素是海量的高质量标注数据，而获得这些数据的成本往往是高昂的，因为对数据的筛选和标注需要大量的人力和物力成本，解决高质量标注数据难以获得的问题依赖于数据共享。然而，由于用户隐私、监管风险、缺乏诱因等原因，许多企业并不愿与其他企业直接共享数据。联邦学习是替代数据共享，实现知识共享的一种新的学习范式。在联邦学习中各个参与方（移动设备，企业或机构）的自有数据不出本地，通过在加密机制下的参数（模型参数或计算中间结果）交换方式，各个参与方能够在不违反数据隐私的法律法规情况下，协同地建立一个联邦模型。联邦学习可以结合各种迁移学习技术来消除或者减弱参与方之间的数据异构性，使联邦学习可以应用于更广的业务范围。将联邦学习与迁移学习结合为联邦迁移学习，已经广泛应用于联邦学习中各个场景。

7.5　本　章　小　结

本章运用机制设计原理重点研究了金融科技与监管科技协同创新的组织形成机制、工作运行机制、利益协调机制、数据共享机制、网络治理机制等重要机制，为推进金融科技与监管科技协同创新、平衡金融科技创新的效率提升与风险管控提供了重要的机制保障。其中组织形成机制运用演化博弈探讨了协同创新网络由被组织到自组织的形成过程，以及创新主体加入协同创新网络的决策依据、创新网络吸纳创新主体进入的决策依据和组织饱和状态的一般均衡；协同创新的工作运行机制重点探讨了协同创新的业务流程、业务边界、成本收益和工作激励等内容；协同创新的利益协调机制进一探讨了创新主体间公平合理的创新绩效分配问题；数据共享机制重点探讨了通过隐私计算技术实现协同创新中的数据共享和隐私保护；网络治理机制探讨了协同创新组织网络的社会共治问题。

第 8 章

研 究 结 论 及 政 策 启 示

科学技术是第一生产力，但也是一把"双刃剑"。以现代数字技术为代表的新兴科技运用于金融服务，在提升金融服务效率的同时会加剧金融风险和加大监管难度，但通过监管科技与金融科技的协同创新，可以实现包容审视监管与守正高效创新水涨船高、协同共进，取得金融效率提升与金融风险控制的高水平动态平衡。作为研究报告结尾部分，本章归纳总结本书研究的主要结论及其政策启示，为金融业务部门的金融服务创新和监管部门的金融监管创新提供决策参考。

8.1 研 究 结 论

基于金融科技创新提升金融服务效率和金融风险认识，按照"以科技规范科技创新"的思路推进金融科技与监管科技的协同创新，本书获得以下一些研究结论。

（1）金融科技是技术驱动的金融创新。金融科技的本质仍然是金融，是新兴科技赋能传统金融的帕累托改进。金融科技的底层技术包括人工智能、区块链、云计算、大数据、物联网、电子商务等现代数字技术，金融科技创新是这些新兴技术对金融产品、渠道和金融基础设施的全面改造。成本优势是金融科技最显著的竞争优势，新技术应用能显著降低金融运营成本、人力成本、管理成本和交易成本，为数字普惠金融推广普及创造条件。金融科技先后经历电子化、数字化和智能化三个主要发展阶段，目前正处于全面智能化推进阶段，典型标志是大数据、云计算、人工智能、区块链等新技术与金融深度融合释放产能，在信息采集、投资决策、风控等方面带来传统金融的变革，出现大数据征信、智能投顾、供应链金融等，实现了资管、信贷、支付、风控、监管等方面与各种新兴科技集成创新的深度融合，并在客服、营销、催收、运营、理赔、投顾、投研等金融业务上表现出明显的降本增效提升客户体验等赋能作用。当然，金融如何创新，风险也如何创新，金融科技创新也增加了风险的传染性、隐蔽性、破坏性和系统性，需要"以技术之道还治技术之险"，促进金融科技健康可持续发展。

（2）金融科技能全面提升金融服务效率。金融科技依托新兴技术，突破传统金融单纯的线下审核与信用增进模式，激发传统金融与新金融良性竞争，完善金融生态功能，提升资源配置效率。金融科技具有边际成本递减和边际效益递增特点，能够降低长尾市场的信息不对称和信任风险，为长尾用户参与金融市场活动提供了便利，导致金融要素不断从传统金融机构转出，给传统金融机构带来"经济压力"和"业绩压力"，倒逼传统金融机构创新服务体系，提升运营效率，降低金融门槛，拓展业务边界，重视中小微实体企业金融服务，提高金融服务实体经济效率。金融科技还可通过降低企业套利动机、提升实体企业资产收益率、增强企业创新投资意愿等方式引导资金由金融业、虚拟行业和房地产流向实体企业，促进金融资源优化配置，提升金融服务实体经济效率。金融科技通过金融创新效应、金融中介效应和金融深化效应提升金融服务实体经济效率，这三大效应在金融科技创新提升金融服务实体经济效率中的价值贡献分别为 19.4%、15.5% 和 16.8%，异质性分析发现金融科技创新提升金融服务实体经济效率在经济发达的东部地区比经济欠发达的中、西部地区成效显著。

（3）金融科技存在风险外溢进而增加系统性金融风险。金融科技使传统金融传导的时空限制被打破，金融业务更加虚拟、不同行业之间相互渗透、行业边界逐渐模糊，风险规模和传播速度加快，系统性金融风险增加。从单个金融机构的系统性风险贡献度来看，系统性风险水平较高的机构集中在房地产行业，整个房地产业系统性风险也是最不稳定、波动最多的，对危机冲击的抵抗性也较差。从动态分析来看，房地产行业波动最多，证券房地产的动态相关关系最显著，市场信息对证券和银行的动态相关性冲击较大。四个部门之间主要是正相关关系，相互促进发展，但是房地产业的利好消息还是会存在对银行业与保险业利坏影响，对房地产的相关政策要更多方面考虑。保险业不管是否在危机时期都是风险的主要接收方，与证券银行业也会存在负相关关系，伤害证券与银行业的利益，监管部门不能忽视保险业的影响，降低监管效率。从风险传染渠道来看，证券业对外风险传染溢出较为严重，而在危机期间，房地产为风险输出方，不论何时，保险业都为系统内风险的接收方。各部门的风险传染是非对称性的，在危机期间，房地产和证券的风险溢出都有增强，房地产对各部门冲击的持续性也增强了，所以在新冠疫情期间，要重点关注房地产部门，控制各部门间的风险传导。大数据金融下中小微企业信用评估需要考虑企业财务信息、发展信息、企业信用、网络信息四个方面，同时每个方面又进一步考虑细化的影响因素，最终形成 24 个对中小微企业信用评估影响显著的因素。AHP - DEA 方法通过灰色关联理论将两者结合，对 AHP 方法和 DEA 方法取长补短，当判定结果与 AHP 方法存在差异时，AHP - DEA 方法的结果更优。构建基于 DNN - SMOTEENN - ExtraTrees 组合模型的信用风险评估，用于信用大数据爆发式增长环境下的个人信用风险评估。引入召回率、精确度、F1 值及 AUC 值作为模型性能评估指标，将组合模型与 BP 神经网络模型、Logistic 回归及支持向量机 SVM 比较，实证结果表明本书所构建的个人信用风险评估组合模型对样本分类预测效果更优异。

（4）平衡金融科技的效率与风险呼唤包容审慎监管。技术是中性的，应用得当能够给金融发展注入新动力，应用失当容易引发新的金融风险。在运用金融科技提升金融服务效率的同时实现金融风险可控，需要实施包容审慎的平衡监管，把创新与安全作用一个有机整体统筹考虑，管控好金融科技创新伴随的金融风险，又不过度附加安全措施影响金融科技提升金融服务效率的作用发挥，通过科技创新与监管科技协同创新统筹金融科技发展与安全。研究表明，金融科技公司创新意愿与创新收益、监管成本正相关，与创新成本和可能罚金呈正态分布关系；监管部门监管意愿与罚金、监管额外收益正相关，与创新收益负相关，与监管成本呈正态分布。金融科技创新应以合规经营为前提，通过技术、模式及产品的创新提高创新收益，通过多样化营销渠道降低创新成本；监管部门可通过监管科技来降低监管成本，且在金融科技创新意愿不强时采取多种措施来刺激或鼓励创新。

（5）技术孪生要求金融科技与监管科技必须协同创新。金融科技和监管科技是 ABCDI 等现代数字技术分别在金融机构端和金融监管端的集成创新。相同的底层技术依赖决定了监管科技和金融科技必须协同创新，实现彼此在技术应用上水涨船高、相互看齐，不然彼此各搞一套，技术标准不统一，接口不对接，应用不兼容。基于金融监管机构和金融机构的功能职责差异，在金融科技协同创新中，金融监管机构应创新监管工具，以监管规则为核心、数字化监管为手段，为金融机构破除金融发展瓶颈、创新金融产品、再造业务流程、提升服务质量、服务实体经济的金融科技创新提供一个底线清晰、适度宽松的发展环境；基于金融监管机构与金融机构的资源禀赋差异，在监管科技协同创新中，需要把金融监管机构的组织优势和金融机构及金融科技公司的技术优势结合起来，构建监管机构诱导金融机构讲真话的逆向选择干预机制和信任机制，确保不对称信息情形下监管机构通过分摊研发费用形式委托金融机构开展监管科技技术创新具有稳定性和可持续性。

（6）金融科技与监管科技协同创新网络是一种自组织机制。金融科技与监管科技协同创新是一项复杂的创新组织方式，是金融监管机构、金融机构及其金融科技公司等创新主体进行系统优化、合作创新的动态过程，涉及知识、技术、人力、资金等创新资源在组织系统中生成、流动和循环。早期的监管科技创新是金融机构及金融科技公司"通过创新技术的应用以更加高效的方式满足监管合规要求"，金融监管机构的介入只是为金融机构主导的合规科技创新注入影响力防止合规科技野蛮生长，那时的创新组织是被组织。但监管机构仅作为外部干预力量容易造成被组织内耗，干预过度会抑制创新，干预不足又容易加深监管部门与金融机构间信息不对称，易引起金融机构监管套利，有必要将监管机构从局外人身份转为系统的创新主体，将外力影响纳入系统与其他创新主体相互关联和作用，将监管科技创新系统从被组织演化为自组织。当外部主体加入协同创新网络的边际技术能力≥增加的边际交易费用，外部主体都愿意加入协同创新网络；随着外部主体不断加入，协同创新网络变得日益拥挤，内部成员间协调日益困难，交易费用不断增加，一旦达到加入协同创新网络获得的技术能力≤相应协调费用临界点，此时协同创新网络组织达到饱和状态，协同创新网络的组织边界趋于稳定。

（7）创新主体的创新努力是提高协同创新产出水平的关键。在监管科技协同创新中，创新参与主体的创新努力，特别是创新研发方的创新努力，能够提升监管科技协同创新产出水平。提升创新研发方在协同创新中的地位，赋予独立的第三方科技公司或金融机构旗下的金融科技公司更多话语权，能够有效提升协同创新任何一方创新参与主体的协同创新努力水平；无论在创新研发阶段还是成果应用阶段，提高创新研发方分享协同创新的收益，创新努力程度薄弱方都会加快提升创新努力水平缩小与努力水平高方的创新努力差距；在监管科技推广应用阶段，提高创新产出转化为市场利润的比例，成果应用方会有更大利益驱动提高创新努力水平、扩大技术创新成果的推广应用。提高创新研发方在协同创新中的地位和收益分配比例能鞭策不够努力的创新主体缩小与努力水平高的创新主体努力水平的差距，进而提高协同创新总体产出水平，将创新研发方的研发人员工资投入等内部管控信号和金融机构的合规成本、监管机构的监管成本变化等市场反馈信号写入成果应用方的委托代理合同能减少信息不对称，降低契约风险，激励创新研发方按照成果应用方的期望提高创新努力水平增加协同创新产出。

（8）利益调整机制是"分好蛋糕"促进"做大蛋糕"的希克斯改进。监管科技是"监管＋科技"的深度融合应用，是运用现代科技手段以更经济和高效的方式降低金融机构合规成本和监管机构监管成本，提升金融机构合规效率和金融机构监管效率，包括监管机构端的狭义监管科技和金融机构端的合规科技两个主要方面，需要通过恰当的利益安排调动金融机构、监管机构和科技公司三类创新主体协同参与。简单套用 Shapley 值法不能反映成员主体异质性的创新努力得到差异性的收益。通过提取成员主体创新投入成本、创新协同能力、知识吸纳能力、技术溢出能力和风险抵御能力及创新环境等影响创新绩效主要因子，构建成员主体创新努力水平评估矩阵和利益调节系数矩阵，对 Shapley 值法进行改进，能更加公平合理体现成员主体创新努力水平与创新绩效挂钩，实现监管机构与金融机构及科技公司激励约束相容，是一种"分好蛋糕"促进"做大蛋糕"的希克斯改进，对调动监管机构、金融机构及科技公司积极参与监管科技协同创新有重要意义。

（9）隐私计算是金融科技与监管科技协同创新理想的数据共享模式。金融业是数据驱动的产业，金融数据的价值在于共享。金融数据缺乏共享会导致信息孤岛和信息垄断，但不当的数据共享会导致信息安全和隐私泄露。金融数据共享的技术要求高，技术的问题还得依靠技术手段来落地落实。隐私计算技术通过提炼、融合原始数据隐私信息，叠加统计学和密码技术，达到不共享原始数据也能使用数据计算成果，且数据脱敏不可逆，使数据"可用而不可见、可算而不可识"，是金融科技与监管科技协同创新数据共享的理想选择。隐私计算主流技术手段包括同态加密、多方安全计算和联邦学习。硬件层面，隐私计算技术方案主要为可信执行环境。作为独立的处理环境，无论系统其他程序是否面对非法用户或恶意软件的攻击破坏，在可信环境中都可安全私密地执行程序，保证关键代码和机密数据的安全性与完整性。

8.2 政 策 启 示

为促进金融科技的守正创新和监管科技的包容审慎相互适宜的协同创新，从上述研究结论中可获得以下政策启示。

（1）坚持以"金融＋科技"的复合体来定义和推进金融科技创新。金融科技并非一个非"金融"即"科技"，而是兼顾彼此的存在，只有真正以金融和科技的特质来诠释金融科技才算是找到了诠释金融科技的正确方式和方法。背离"金融"和"科技"双元素来谈论金融科技，纵然是再创新的模式、再新潮的概念都很难逃脱互联网金融的覆辙。在金融科技时代，金融与科技深度融合，金融不再是传统意义的金融，金融的功能、特征和表现形式都发生了深刻而全面的改变。尽管如此，金融服务实体经济的本质始终未变，无论是站在"金融"角度，还是站在"科技"的角度，金融科技的意义都在于服务实体经济，回归产业、赋能产业。在这一过程当中，只有科技层面和金融层面的特质还远远不够，只有与实体经济、产业的融合才是金融科技可以真正进入一个全新发展阶段的关键所在。

（2）坚持科技向善引导金融科技守正创新全面提升金融服务效率。一是要充分发挥金融科技对实体产业的技术溢出效应。传统金融机构应积极融入金融科技浪潮，推动金融与科技创新融合，增强金融服务实体经济功能。增加金融科技研发费用，提升金融科技核心竞争力，金融科技创新坚持面向金融业务、面向实体经济、面向长尾客群，增加中国特色，对接国际技术标准，推进中国式金融现代化，提升我国金融科技核心竞争力。二是要加快中西部地区金融科技基础设施建设。中西部地区继续改善经济环境建设，夯实互联网硬件基础设施，补齐农村地区信息化设施短板。在提升金融科技基础设施基础上，积极鼓励地方性金融机构数字变革，拓展金融科技服务边界，提升金融要素流动性，立足于本地实体经济发展。三是要拓展金融服务和金融产品创新的边界。金融科技利用 ABCDI 等技术能缓解金融机构与实体企业之间的信息差，引导金融资源配置从"脱实向虚"向"由虚向实"回归正道。创新金融产品类目，降低金融科技产品使用门槛，丰富金融中介机构的产品结构，有序优化金融要素流动。四是要优化金融中介机构与金融科技的匹配度。金融和技术的深度融合能有效地提高储蓄转化为投资，金融中介机构要与地方产业结构相匹配，引导金融要素的有序有效流动。对于产业结构处于较低阶段的中西部地区，提升间接融资金融机构金融科技发展水平，促进产业结构转化优化升级。对于产业结构处于高发展阶段的东部地区，利用金融科技普惠性提升实体企业直接融资比例，激发资本市场活力，进一步释放金融科技创新提升金融服务实体经济效率的巨大潜能。

（3）坚持把金融科技风险溢出对系统性风险影响控制在可承受水平。一是要特别关注突发事件冲击导致的市场极端风险，避免短期风险传染演变为长期风险。在极端事件冲击下，金融机构和金融科技之间的风险联动性急剧上升，极易传染到整个金融系统乃至发生全球性金融恐慌。因此风险监管部门除了关注金融科技风险本身，还需重视不同机构之间的风险传递，特别是极端事件冲击下跨机构极端风险传染，健全金融体系风险监测系统，根据不同机构特点制定差异化风险防控策略。二是构建"可视化"金融风险监管预警系统，动态预测金融机构间风险传染效应。以新一轮国家金融监管体制改革为契机，提高金融科技风险的穿透式集中统一监管水平和时效，将金融科技风险管控重点由事后制止转变为事前预防，采用窗口法基于动态关联性或尾部相关系数作为依据实时把控风险溢出情况。建立同步风险指标检测系统，度量难以观测量化的风险指标，全面监控金融科技风险溢出水平，预设风险传染异常门槛阈值，一旦检测指数接近阈值立马采取灵活政策和舆情防控机制防止恐慌情绪在市场中蔓延，以此稳定金融交易市场秩序，防范系统性金融风险。三是要制定符合市场要求和未来发展趋势的金融科技发展战略规划，对金融科技的发展保持开放、包容态度，严格把控风险。一方面，加强金融科技创新顶层设计，明确监管主体责任，统筹规划监管体系、技术标准、保障措施等制度安排；另一方面，明确金融机构主体义务，划清经营业务界限，完善企业数据安全、信息披露、合规业务等法律法规。四是应针对不同的金融机构建立相应的监管制度，科技手段服务监管需求，实施穿透式监管，提高监管效率。尤其是证券机构和非银行机构要在创新产品与维持稳健之间取得平衡，防范某个机构波动引发系统性风险。

（4）坚持用科技规范和科技创新发展监管科技以平衡金融科技风险与效率。金融科技创新能降低金融服务门槛、提升金融服务效率、增强金融服务可获性和便捷性，但同时会加重金融风险的隐蔽性、滞后性和负外部性，需要及时有分寸的金融监管来减少或遏制金融风险的发生，推动金融科技行业的健康发展。监管过度或监管不足、监管超前或监管滞后，都不利于金融科技的发展。一是要以监管规则为核心、数字化监管为手段推进监管科技创新。监管科技创新应充分发挥数据、技术等生产要素的作用，采取自然语言处理、深度学习等智能手段实现监管数字化、程序化，实现金融科技监管的数据加持、科技武装。二是要破解"一管就死、一放就乱"困局，提高监管适用性。把创新与安全作为一个有机整体统筹考虑，既管控好金融科技创新带来的风险，又不过度附加安全措施影响金融科技创新提升金融服务效率。三是要摒弃"一刀切"的粗暴行为，增强监管包容性。适度监管是发挥监管效能的关键，力度过小易导致欺诈消费，力度过大会导致金融机构创新不足。四是要设置金融科技创新应用的"刚性门槛"，增强监管审慎性。严格落实金融持牌经营原则，严防打着"金融科技"的旗号从事非法集资、金融诈骗等违法犯罪活动。

（5）坚持金融科技与监管科技的协同创新确保两者技术水平相互看齐。金融科技与监管科技是一对互补品，相互间呈互惠共生关系，也具有水涨船高的剧场效应，决定了金融科技与监管科技须协同创新共同进步。由于监管科技与金融科技技术路线趋同，都是 ABCDI 等技术的集成创新应用，决定了监管科技和金融科技必须协同创新，不然彼此各搞一套，技术标准不统一，接口不对接，应用不兼容。在金融科技时代，金融创新与技术变革融合演进，金融数字化转型已是大势所趋。监管科技运用人工智能、大数据等手段穿透业务多层嵌套、风险交叉传染等表象，准确把握风险实质内容和关键所在，做到风险"看得见""辨得清""管得住"，有利于实现对创新风险的多渠道感知、综合性评估分析和差异化预警处置，强化跨市场、跨业态、跨区域风险联防联控能力，为金融科技创新提供一个底线清晰、适度宽松的发展环境，更好地适应金融风险复杂多变、产品日新月异等形势，为防范化解创新风险、增强金融监管效能提供基础支撑，增强对金融科技的引领、护航和孵化作用，推动技术创新成果更好地赋能金融。

（6）发挥市场和政府共同作用提高金融机构与监管机构协同创新意愿。在市场机制条件下，可通过低成本、高收益模式提高监管机构的监管科技创新意愿，让对金融科技需求更强烈的金融机构承担相对较多的成本，让渡部分创新收益吸引监管部门入局，等到金融科技与监管科技市场规模形成后，双方再进一步对收益成本分配进行讨论；可通过增加监管机构的金融风险承担系数，提高潜在的风险损失承担成本，约束监管机构的不作为行为，提高监管机构主动求变的意识。地方政府可通过创新成本补贴、创新成果奖励，或采取核减部门预算、降低经费支出等行政处罚手段对监管机构创新不作为行为进行惩罚，提升金融机构和监管机构参与金融科技与监管科技的协同创新意愿。

（7）建立顺应创新主体获取互补性资源或技术的协同创新自组织机制。协同创新网络为每个参与主体将协同创新伙伴的技术和能力内部化，通过技术共享、成本共摊降低研发成本、提高成功率、提高研发回报率。获得互补性技术是创新主体加入协同创新网络的根本动机，也是协同创新网络吸纳创新主体加入的决策依据。创新主体加盟协同创新网络的激励约束条件包括：一是从创新网络中获取创新优势，金融机构加入金融科技与监管科技协同创新网络是为了获得合规科技降低合规成本，监管机构加入则是为了获得监管科技提高监管效率；二是各创新主体的创新行为和技术能力得到有效的协调并产生协同效应；三是组织产生的创新效应和创新效应剩余与成员主体整体素质和组织化水平有关；四是组织运作的协调成本或交易费用与组织成员的技术互补性负相关。

（8）建立激发创新主体主动提升创新努力水平的协同创新工作运行机制。提升创新研发方在协同创新中的地位，赋予独立的第三方科技公司或金融机构旗下的金融科技公司更多话语权，提升协同创新参与主体的协同创新努力水平。提高创新研发方分享协同创新的收益，提高创新产出转化为市场利润的比例，缩小不同创新主体创新努力水平的差距。金融监管机构可同时在报酬合同写入参与技术创新的金融机构或科技公司的内部管控信号和市场反馈信号，通过降低风险成本和激励成本降低监管科技研发的代理成本。将创新研发方的研发人力资源投入作为内部管控信号写入报酬合同促使创新研发方提高创新努力水平、增加创新产出。将金融机构的合规成本变化、监管机构的监管成本变化等与协同创新收益相关的市场反馈信号写入报酬合同提高合同激励强度增加创新产出。

（9）建立公平合理的利益调节机制充分调动创新主体参与协同创新积极性。鉴于简单套用 Shapley 值法不能反映成员主体异质性的创新努力得到差异性的收益，可通过提取成员主体创新投入成本、创新协同能力、知识吸纳能力、技术溢出能力和风险抵御能力及创新环境等影响创新绩效主要因子，构建成员主体创新努力水平评估矩阵和利益调节系数矩阵，对 Shapley 值法进行改进。具体做法是先运用 Shapley 值法计算各成员主体的利益分配初始值，再根据创新绩效影响因子及权重建立成员主体创新努力水平评估矩阵和利益调节系数矩阵，最后通过利益调整系数矩阵对成员主体初始分配利益值进行调整得到改进后的成员主体最终利益分配值。

（10）发挥隐私计算数据"可用而不可见"的优势建立协同创新数据共享机制。鉴于隐私计算是近年才兴起的新兴技术，在金融领域的应用才刚刚起步，还有大量工作要做。一是加强隐私计算的市场教育，让越来越多的金融机构意识到隐私计算对风控的重要性。二是加快建立产业生态，明确定价数据资产，协同共建合理的激励机制，正确估计隐私计算参与者的数据流通收益，提升其积极性。三是提高产品成熟度，目前的隐私计算方案大多集中在数据的融合环节，其他环节缺乏研究及成熟的方案，需要在隐私计算各个环节都加强保护，减轻参与者顾虑。四是提高隐私计算效率，从而减少隐私计算中密码技术引致的性能降低，可通过资金投入和需求拉动不断提升性能和计算效率。五是提高互联互通能力。每一个隐私计算应用方都面临着与不同机构多方共同计算，需要互联互通实现信息交互减少浪费。

8.3 研究展望

统筹金融发展与安全，平衡金融创新的效率与风险，是金融业发展的永恒主题。本书将其置于金融科技与监管科技协同创新的宏大场景中，通过金融科技与监管科技的协同创新实现金融创新效率与风险的平衡，这是一项庞大的系统工程，自然需要有一整套体制机制进行保驾护航，包括协同创新中的沟通协调机制、组织形成机制、工作运行机制、利益协调机制、需求评审机制、数据收集机制、数据挖掘机制、数据共享机制、技术创新机制、成果评价机制、成果反哺机制、网络治理机制、外部合作机制、安全保密机制等方面。

本书为"平衡效率与风险的金融科技与监管科技协同创新机制研究"，理应将上述机制研究完备，但考虑到研究时限的要求和经费的限制，平衡研究深度与广度，避免"贪多嚼不烂"，在系统梳理和全景展示金融科技创新态势、实证分析金融科技创新对金融服务效率的提升和系统性风险的影响、研究平衡效率与风险的金融监管科技创新策略、基于监管科技与金融科技的技术孪生关系研究金融机构与金融监管机构的协同创新策略及意愿的基础上，重点选择金融科技与监管科技协同创新的组织形成机制、工作运行机制、利益协调机制、数据共享机制和网络治理机制进行了深入研究。

进一步的研究需要对金融科技与监管科技协同创新的沟通协调机制、需求评价机制、成果考核机制、成果反哺机制、安全保密机制等方面展开研究。其中沟通协调机制旨在建立包含金融监管机构、金融从业机构、金融科技公司以及学界等多方共同参与、平等对话的制度安排；需求评价机制旨在建立需求导向的研究选题，制定协同创新的需求评价标准、确立协同创新研究项目的优先顺序，严格把控业务创新需求质量；成果考核及反哺机制旨在对创新成果效能进行客观评价，对成果推广应用进行规划安排；安全保密机制是基于金融的特殊性，金融科技和监管科技的一切创新活动在未获得成果考核及推广应用许可之前都要在保密的环境中进行。这些问题，有待于在进一步的研究中予以重点关注。

附表　7家中小微企业数据信息

企业	A	B	C	D	E	F	G
营业收入（元）	579200	4214209	377548.4	1208289	3703952	353824.3	54087
营业成本（元）	533535.3	4132756	332414.6	1089993	3605442	308930	26818
营业利润（元）	33884.94	25818.9	65134.38	121635.7	86402.01	95301.21	6319
营业外收入（元）	11779.79	55634.36	−20000.6	−3339.44	12108.01	−50406.9	20950
营业外支出（元）	18168	5489	3860.8	312.05	1143	1729.17	237
利润总额（元）	29947.79	61123.36	−16139.8	−3027.39	13251.01	−48677.7	21187
流动资产（元）	147255.5	1152684	605025.3	480973.7	1264518	987400.9	18759
总资产（元）	147255.5	1158684	613745.9	2010974	1264518	987400.9	17805
流动负债（元）	141560.2	506476.8	114320.3	11824.94	746773.9	32170	328
总负债（元）	141560.2	506476.8	114320.3	11824.94	746773.9	32170	328
速动资产（元）	116859.4	1111112	523577.9	426883.8	855759.7	111000	18545
货币资金（元）	90985.67	83951.18	227436.6	180121.7	56475.85	67935	1583
平均应收账款（元）	8838	406866.2	33715.75	96336.19	536292.5	15180	2165
平均存货余额（元）	30396.13	41572	81447.39	54089.81	408758.6	876400.9	214
工作经历	100	100	50	50	80	80	80
高管资产	100	100	93	76	100	100	64

企业	A	B	C	D	E	F	G
高管信用	100	100	100	100	100	80	100
行业前景	80	60	60	80	80	60	80
员工素质	80	80	60	80	80	60	80
负面信息	100	80	80	100	100	80	100
债务偿还比	100	100	86	100	100	60	100
纳税比	100	100	78	84	100	76	100
产品信誉	100	100	60	100	100	60	100
财务信誉	100	100	80	100	100	80	100
商业信誉	100	100	60	80	100	80	80
关联企业	100	100	40	80	100	80	80
客户评价	97	95	68	72	80	56	93
订单状况	23	8	4	12	26	7	5

注：从营业收入到平均存货余额均来自被调研企业的财务数据，单位是元人民币；从工作经历到订单状况是根据被调研企业的非财务数据并结合表 4-10 赋值给出的具体分数。

参 考 文 献

［1］巴曙松，李妮娜，张兢．数字金融与企业绿色创新：排斥还是融合？［J］．财经问题研究，2022，469（12）：57－68.

［2］白雪梅，石大龙．中国金融体系的系统性风险度量［J］．国际金融研究，2014（6）：75－85.

［3］蔡岑，殷晓晴，陈选娟．金融科技创新路径选择与银行经营效率［J］．财经研究，2023，49（3）：19－33.

［4］蔡光辉，徐君，应雪海．基于GAS的混频Copula模型的投资组合风险预测［J］．系统工程理论与实践，2021，41（8）：2030－2044.

［5］蔡红兵，张国坤，龚雅娴．商业银行线上业务风险管理研究［J］．金融纵横，2021，511（2）：89－95.

［6］蔡则祥，武学强．新常态下金融服务实体经济发展效率研究——基于省级面板数据实证分析［J］．经济问题，2017（10）：14－25.

［7］曹齐芳，孔英．基于复杂网络视角的金融科技风险传染研究［J］．金融监管研究，2021，110（2）：37－53.

［8］陈建青，王擎，许韶辉．金融行业间的系统性金融风险溢出效应研究［J］．数量经济技术经济研究，2015，32（9）：89－100.

［9］陈菊花，厉竹萱，李宁研．金融生态环境、投资效率与企业股权违约风险［J］．会计之友，2023（4）：63－71．

［10］陈敏，高传君．金融科技发展与我国银行风险承担行为［J］．学习与实践，2022（1）：22－33．

［11］陈南旭，王林涛．中国制造业生产效率提升进程中技术溢出与自主创新的交互贡献［J］．数量经济技术经济研究，2022，39（5）：84－103．

［12］陈雨露．工业革命、金融革命与系统性风险治理［J］．金融研究，2021（1）：1－12．

［13］陈煜之，李心悦，方毅．基于频率分解的机器学习模型预测效果比较［J］．统计与决策，2024，40（12）：29－34．

［14］程炼．金融科技与金融稳定：基于系统性风险的视角［J］．社会科学战线，2024（6）：95－105．

［15］戴志锋，朱皓阳，尹华．我国石油、黄金、房地产和金融部门间系统风险动态溢出效应研究［J］．系统工程理论与实践，2022，42（10）：2603－2616．

［16］丁娜，金婧，田轩．金融科技与分析师市场［J］．经济研究，2020，55（9）：74－89．

［17］董俊峰．应对金融科技新挑战构建监管科技新设施［J］．金融电子化，2017（12）：33－35．

［18］董竹，蔡宜霖．金融科技助推实体经济的微观作用机制与路径研究［J］．软科学，2021，35（8）：57－62．

［19］方匡南，章贵军，张惠颖．基于Lasso－logistic模型的个人信用风险预警方法［J］．数量经济技术经济研究，2014，31（2）：125－136．

[20] 方明月，张雨潇. 僵尸企业、风险承担与资本配置效率 [J]. 世界经济文汇，2023（1）：83－101.

[21] 方意，荆中博，马晓. 中国房地产市场对银行业系统性风险的溢出效应 [J]. 经济学（季刊），2021，21（6）：2037－2060.

[22] 费方域. 金融科技与监管科技：生态的视角 [J]. 新金融，2018（5）：4－8.

[23] 傅盛阳，郭东平. 人工神经网络模型在小额信贷风控领域的应用——以 A 银行为例 [J]. 福建金融，2020，11：50－57.

[24] 高昊宇，方锦程，李梦. 金融科技的风险管理赋能：基于中国银行业的经验研究 [J]. 系统工程理论与实践，2022，42（12）：3201－3215.

[25] 官晓莉，熊熊. 波动溢出网络视角的金融风险传染研究 [J]. 金融研究，2020（5）：39－58.

[26] 官晓莉，熊熊，张维. 我国金融机构系统性风险度量与外溢效应研究 [J]. 管理世界，2020，36（8）：65－83.

[27] 顾海峰，卞雨晨. 科技—金融耦合协同提升了企业融资效率吗？——基于中国 755 家科技型上市公司的证据 [J]. 统计与信息论坛，2020，35（9）：94－109.

[28] 顾海峰，卞雨晨. 数字金融会影响银行系统性风险吗？——基于中国上市银行的证据 [J]. 中国软科学，2022（2）：32－43.

[29] 郭峰，王靖一，王芳，等. 测度中国数字普惠金融发展：指数编制与空间特征 [J]. 经济学（季刊），2020，19（4）：1401－1418.

[30] 郭景先，鲁营. 科技金融有助于企业创新效率提升吗？——兼论企业数字化转型的调节效应 [J]. 南方金融，2022

（9）：50 - 63.

[31] 郭丽虹，朱柯达．金融科技、银行风险与经营业绩——基于普惠金融的视角 [J]．国际金融研究，2021（7）：56 - 65.

[32] 郭晔，未钟琴，方颖．金融科技布局、银行信贷风险与经营绩效——来自商业银行与科技企业战略合作的证据 [J]．金融研究，2022，508（10）：20 - 38.

[33] 韩俊华．金融科技促进经济双循环发展及风险监管 [J]．科学管理研究，2022，40（1）：162 - 168.

[34] 韩莉，宋路杰，张杨林，等．金融科技如何助力小微企业融资——文献评析与展望 [J]．中国软科学，2021（S1）：287 - 296.

[35] 何枫，郝晶，谭德凯，等．中国金融市场联动特征与系统性风险识别 [J]．系统工程理论与实践，2022，42（2）：289 - 305.

[36] 何海锋，银丹妮，刘元兴．监管科技（Suptech）：内涵、运用与发展趋势研究 [J]．金融监管研究，2018（10）：65 - 79.

[37] 何剑，郑智勇，张梦婷．科技金融发展对系统性金融风险的影响研究——基于 SV - TVP - SVAR 模型的时变分析 [J]．软科学，2021，35（6）：9 - 14.

[38] 胡滨．金融科技、监管沙盒与体制创新：不完全契约视角 [J]．经济研究，2022，57（6）：137 - 153.

[39] 黄国平，孔欣欣．金融促进科技创新政策和制度分析 [J]．中国软科学，2009（2）：28 - 37.

[40] 黄锐，赖晓冰，唐松．金融科技如何影响企业融资约束？——动态效应、异质性特征与宏微观机制检验 [J]．国际金融研究，2020（6）：25 - 33.

[41] 黄卫东．互联网金融创新 [M]．北京：新华出版社，

2015.

[42] 黄玮强，庄新田，姚爽. 基于信息溢出网络的金融机构风险传染研究 [J]. 系统管理学报，2018，27（2）：235 – 243.

[43] 黄友珀，唐振鹏，周熙雯. 基于偏 t 分布 realized GARCH 模型的尾部风险估计 [J]. 系统工程理论与实践，2015，35（9）：2200 – 2208.

[44] 黄卓，王萍萍. 数字普惠金融在数字农业发展中的作用 [J]. 农业经济问题，2022（5）：27 – 36.

[45] 贾琳，李帅圻. 新一代信息技术对创新绩效和企业财务绩效的影响——基于上市制造业企业的实证 [J]. 信息系统学报，2024（1）：74 – 95.

[46] 蒋海，唐绅峰，吴文洋. 数字化转型对商业银行风险承担的影响研究——理论逻辑与经验证据 [J]. 国际金融研究，2023（1）：62 – 73.

[47] 蒋开东，詹国彬. 共生理论视角下高校协同创新模式与路径研究 [J]. 科研管理，2020，41（4）：123 – 131.

[48] 金波，牛华伟. 传统银行借贷、金融科技与中小企业融资 [J]. 运筹与管理，2024，33（3）：169 – 176.

[49] 景琦. 基于 AHP – DEA 的传媒业上市公司财务绩效评价研究 [J]. 统计与信息论坛，2017，32（3）：92 – 100.

[50] 李苍舒，沈艳. 风险传染信息识别——基于网络借贷市场的实证 [J]. 金融研究，2018（11）：32 – 41.

[51] 李成，马国校，李佳. 基于进化博弈论对我国金融监管协调机制的解读 [J]. 金融研究，2009（5）：186 – 193.

[52] 李海奇，张晶. 金融科技对我国产业结构优化与产业升级

的影响 [J]. 统计研究, 2022, 39 (10): 102 - 118.

[53] 李建军, 姜世超. 银行金融科技与普惠金融的商业可持续性——财务增进效应的微观证据 [J]. 经济学（季刊）, 2021, 21 (3): 889 - 908.

[54] 李杰, 郭栋炜, 杨芳, 等. 监管科技影响下互联网金融监管演化博弈研究 [J]. 系统工程学报, 2022, 37 (6): 721 - 735.

[55] 李俊青, 寇海洁, 吕洋. 银行金融科技、技术进步与银行业竞争 [J]. 山西财经大学学报, 2022, 44 (4): 44 - 56.

[56] 李敏. 金融科技的监管模式选择与优化路径研究——兼对监管沙箱模式的反思 [J]. 金融监管研究, 2017 (11): 21 - 36.

[57] 李明贤, 李琦娴. 金融科技发展对农村商业银行效率的影响 [J]. 湖南农业大学学报（社会科学版）, 2022, 23 (3): 19 - 27.

[58] 李琴, 裴平. 银行系金融科技发展与商业银行经营效率——基于文本挖掘的实证检验 [J]. 山西财经大学学报, 2021, 43 (11): 42 - 56.

[59] 李伟. 中国金融科技发展报告（2022）[M]. 北京: 社会科学文献出版社, 2022.

[60] 李文红, 蒋则沈. 金融科技发展与监管: 一个监管者的视角 [J]. 金融监管研究, 2017 (3): 1 - 13.

[61] 李政, 刘浩杰, 袁晨曦. 基于行业关联网络的中国系统性风险监控防范研究 [J]. 国际金融研究, 2022, 421 (5): 75 - 86.

[62] 李政, 鲁晏辰, 刘淇. 尾部风险网络、系统性风险贡献与我国金融业监管 [J]. 经济学动态, 2019, 701 (7): 65 - 79.

[63] 林娟, 吴春晓, 张明. 上海黄金是人民币汇率风险的对冲工具和安全港吗？——基于常量和动态 Copula 模型 [J]. 中国管理科

学，2023，31（5）：104－115.

[64] 刘程. 金融科技与信贷资金配置效率 [J]. 武汉金融，2021（11）：41－50.

[65] 刘方，祁迹，胡列曲. 金融科技与银行信贷配置效率——我国143家商业银行的经验证据 [J]. 哈尔滨商业大学学报（社会科学版），2022（4）：54－68.

[66] 刘芳，彭耿，廖凯诚. 家庭股票市场参与效率的影响因素研究——基于金融素养与风险偏好的比较分析 [J]. 技术经济与管理研究，2022（7）：79－83.

[67] 刘红忠，何文忠. 中国股票市场上的"隔夜效应"和"午间效应"研究 [J]. 金融研究，2012（2）：155－167.

[68] 刘孟飞. 金融科技与商业银行系统性风险——基于对中国上市银行的实证研究 [J]. 武汉大学学报（哲学社会科学版），2021，74（2）：119－134.

[69] 刘潭，徐璋勇，张凯莉. 数字金融对经济发展与生态环境协同性的影响 [J]. 现代财经（天津财经大学学报），2022，42（2）：21－36.

[70] 刘伟，夏立秋. 网络借贷市场参与主体行为策略的演化博弈均衡分析——基于三方博弈的视角 [J]. 中国管理科学，2018，26（5）：169－177.

[71] 刘向丽，成思危，汪寿阳，等. 基于ACD模型的中国期货市场波动性 [J]. 系统工程理论与实践，2012，32（2）：268－273.

[72] 吕劲松. 关于中小企业融资难、融资贵问题的思考 [J]. 金融研究，2015（11）：115－123.

[73] 马文婷，俞毛毛，范瑞. 银行金融科技发展能够降低企业

债务违约风险吗？［J］.现代财经（天津财经大学学报），2024，44
（6）：73 – 92.

［74］马亚明，胡春阳.金融强监管与非银行金融机构极端风险
的演化［J］.管理科学学报，2021，24（2）：75 – 98.

［75］马占新，苏日古嘎.基于前沿面修正的 DEA – Malmquist 指
数方法研究［J/OL］.中国管理科学，1 – 15.［2025 – 1 – 7］.https：//
doi. org/10. 16381/j. cnki. ssn1003 – 207x. 2022. 1888.

［76］孟娜娜，蔺鹏.金融科技对银行业竞争的影响：微观机制
与实证检验［J］.南方金融，2021（12）：3 – 17.

［77］彭正银，楚伯微，罗贯擎，等.数据专用性对平台包络的
影响效应研究［J］.经济管理，2024，46（5）：72 – 91.

［78］邱晗，黄益平，纪洋.金融科技对传统银行行为的影响——
基于互联网理财的视角［J］.金融研究，2018（11）：17 – 29.

［79］屈淑娟.地方政府参与金融监管的制度逻辑及构建路径
［J］.中国管理科学，2017，25（7）：18 – 27.

［80］邵学峰，胡明.金融科技有助于提升企业投资效率
吗？——基于中国 A 股上市企业的实证研究［J］.学习与实践，2022
（3）：38 – 46.

［81］申晨，李仁真.金融科技的消费者中心原则：动因、理论
及建构［J］.消费经济，2021，37（1）：78 – 86.

［82］盛天翔，邰小芳，周耿，等.金融科技与商业银行流动性
创造：抑制还是促进［J］.国际金融研究，2022（2）：65 – 74.

［83］宋弘，孙雅洁，陈登科.政府空气污染治理效应评估——
来自中国"低碳城市"建设的经验研究［J］.管理世界，2019，35
（6）：95 – 108，195.

［84］苏帆，许超．金融科技对企业投资效率的影响研究［J］．金融论坛，2022，27（11）：21－31.

［85］苏亚松，张旻昱，王宗水，等．我国风险评估研究的内容，方法与趋势——基于文献分析的视角［J］．科技管理研究，2019，9：205－214.

［86］苏治，卢曼，李德轩．深度学习的金融实证应用：动态、贡献与展望［J］．金融研究，2017，443（5）：111－126.

［87］孙国峰．从 FinTech 到 RegTech［J］．清华金融评论，2017（5）：93－96.

［88］孙国峰．中国监管科技发展报告（2020）［M］．北京：社会科学文献出版社，2020.

［89］孙中会，逯苗苗．数字化转型能提升商业银行效率吗？［J］．山东社会科学，2022（10）：128－137.

［90］谭中明，刘倩，李洁，等．金融科技对实体经济高质量发展影响的实证［J］．统计与决策，2022，38（6）：139－143.

［91］陶峰，万轩宁．监管科技与合规科技：监管效率和合规成本［J］．金融监管研究，2019（7）：68－81.

［92］汪莉，邵雨卉，汪亚楠．网络结构与银行效率：基于时变"银行—股东"网络的研究［J］．经济研究，2021，56（12）：60－76.

［93］王道平，刘杨婧卓，徐宇轩，等．金融科技、宏观审慎监管与我国银行系统性风险［J］．财贸经济，2022（5）：1－14.

［94］王菲菲，贾珂，张开宇，等．融合先验信息的整合财务预警模型研究［J］．统计研究，2024，41（5）：137－149.

［95］王磊，刘雨，刘志中，等．一种处理不平衡数据的聚类欠采样加权随机森林算法［J］．计算机应用研究，2020，38（4）：25－31.

[96] 王仁曾, 郭峰, 庄旭东. 大型科技公司金融科技与银行信用风险研究 [J]. 财经理论与实践, 2024, 45 (3): 19 - 26.

[97] 王修华, 周蓉. 数字金融助推金融强国建设的逻辑框架与政策理路——金融支持实体经济高质量发展视角 [J]. 湖南科技大学学报 (社会科学版), 2024, 27 (2): 72 - 80.

[98] 王秀贞, 丁慧平, 胡毅. 基于 DEA 方法的我国中小企业融资效率评价 [J]. 系统工程理论与实践, 2017, 37 (4): 865 - 874.

[99] 王旭霞, 王珊珊. 金融素养、风险态度与家庭投资效率——基于新疆地区的微观调查数据分析 [J]. 西部金融, 2022 (8): 26 - 35.

[100] 王亚君, 邢乐成, 李国祥. 互联网金融发展对银行流动性的影响 [J]. 金融论坛, 2016, 21 (8): 42 - 50.

[101] 王义中, 林溪, 孙睿. 金融科技平台公司经济影响研究: 风险与收益不对称视角 [J]. 经济研究, 2022, 57 (6): 119 - 136.

[102] 王昱, 夏君诺, 刘思钰. 产融结合对企业研发投入的影响研究 [J]. 管理评论, 2022, 34 (5): 56 - 68.

[103] 王正位, 李天一, 廖理. 网贷行业的竞争效应与传染效应: 基于问题平台大规模爆雷事件的实证研究 [J]. 中国管理科学, 2022, 30 (2): 14 - 26.

[104] 王致远. 互联网金融模式下的消费者权益保护 [J]. 山西财经大学学报, 2022, 44 (S1): 17 - 19.

[105] 王重仁, 王雯, 佘杰, 等. 融合深度神经网络的个人信用评估方法 [J]. 计算机工程, 2020, 46 (10): 308 - 314.

[106] 王竹泉, 谭云霞, 宋晓缤. "降杠杆" "稳杠杆" 和 "加杠杆" 的区域定位——传统杠杆率指标修正和基于 "双重" 杠杆率测

度体系确立结构性杠杆率阈值 [J]. 管理世界, 2019, 35 (12): 86 - 103.

[107] 吴昊, 杨济时. 小微企业融资支持方向——基于第三方电商平台的商业银行融资策略 [J]. 财经问题研究, 2015 (4): 47 - 53.

[108] 吴泓, 陈少晖. 国资经营预算支出结构与福利效应关系研究——基于 AHP 层次分析法 [J]. 技术经济与管理研究, 2020 (6): 74 - 78.

[109] 吴世农, 尤博, 王建勇, 等. 产业政策工具、企业投资效率与股价崩盘风险 [J]. 管理评论, 2023, 35 (1): 272 - 282.

[110] 吴晓求. 中国金融监管改革: 现实动因与理论逻辑 [M]. 北京: 中国金融出版社, 2018.

[111] 谢赤, 贺慧敏, 王纲金, 等. 基于复杂网络的泛金融市场极端风险溢出效应及其演变研究 [J]. 系统工程理论与实践, 2021, 41 (8): 1926 - 1941.

[112] 徐璐, 卢小宾, 卢瑶. 金融科技产业创新发展与建议研究 [J]. 中国软科学, 2022 (1): 31 - 39.

[113] 徐寿福, 张云. 金融科技能够抑制企业过度负债吗? [J]. 中南财经政法大学学报, 2024 (3): 15 - 28.

[114] 徐忠, 孙国峰, 姚前. 金融科技: 发展趋势与监管 [M]. 北京: 中国金融出版社, 2017.

[115] 许文彬, 赵霖, 李志文. 金融监管与金融创新的共同演化分析——一个基于非线性动力学的金融监管分析框架 [J]. 经济研究, 2019, 54 (5): 81 - 97.

[116] 许振亮, 王振, 高天艳. 基于层次分析法 - 德尔菲法的高价值专利筛选研究——以稀土永磁产业为例 [J]. 中国科技论坛,

2024（1）：62 – 71.

[117] 薛熠，张昕智. 数字经济时代金融科技推动金融业发展的机理研究 [J]. 北京师范大学学报（社会科学版），2022（3）：104 – 112.

[118] 薛莹，胡坚. 金融科技助推经济高质量发展：理论逻辑、实践基础与路径选择 [J]. 改革，2020（3）：53 – 62.

[119] 闫晓琴. 互联网小额贷款公司经营风险防范研究——以 A 公司为例 [D]. 广州：广东财经大学，2019.

[120] 杨东. 监管科技：金融科技的监管挑战与维度建构 [J]. 中国社会科学，2018（5）：69 – 91.

[121] 杨力，杨凌霄，张紫婷. 金融支持、科技创新与产业结构升级 [J]. 会计与经济研究，2022，36（5）：89 – 104.

[122] 杨杨，冯素玲. 网络借贷行业协同治理研究 [J]. 济南大学学报（社会科学版），2020，30（5）：110 – 117.

[123] 杨子晖，陈里璇，陈雨恬. 经济政策不确定性与系统性金融风险的跨市场传染——基于非线性网络关联的研究 [J]. 经济研究，2020，55（1）：65 – 81.

[124] 杨子晖，陈雨恬，谢锐楷. 我国金融机构系统性金融风险度量与跨部门风险溢出效应研究 [J]. 金融研究，2018（3）：19 – 26.

[125] 杨子晖，李东承. 系统性风险指标是否具有前瞻性的预测能力？[J]. 经济学（季刊），2021，21（2）：617 – 644.

[126] 易行健，周利. 数字普惠金融发展是否显著影响了居民消费——来自中国家庭的微观证据 [J]. 金融研究，2018，461（11）：47 – 67.

［127］余静文，吴滨阳．数字金融与商业银行风险承担——基于中国商业银行的实证研究［J］．产经评论，2021，12（4）：108－128．

［128］俞勇．金融科技与金融机构风险管理［J］．上海金融，2019（7）：73－78．

［129］郁培丽，石俊国，姜坤，等．考虑消费者需求特征的颠覆性创新与产业演化［J］．系统工程学报，2021，36（2）：256－263．

［130］苑莹，王海英，庄新田．基于非线性相依的市场间金融传染度量——测度2015年中国股灾对重要经济体的传染效应［J］．系统工程理论与实践，2020，40（3）：545－558．

［131］曾海舰，林灵．期限错配与互联网融资暴雷风险——来自P2P期限拆标的经验证据［J］．金融论坛，2022，27（6）：25－34．

［132］张冰洁，汪寿阳，魏云捷，等．我国影子银行的风险传导渠道及监管对策研究［J］．系统工程理论与实践，2021，41（1）：15－23．

［133］张飞鹏，徐一雄，邹胜轩，等．基于LGCNET多层网络的中国A股上市公司系统性风险度量［J］．中国管理科学，2023，1：1－12．

［134］张红伟，陈小辉，文佳，等．发展不平衡视角下地方监管沙盒竞争的演化博弈分析［J］．中国管理科学，2020，28（6）：211－221．

［135］张萍，张相文．金融创新与金融监管：基于社会福利性的博弈分析［J］．管理世界，2020（8）：167－168，183．

［136］张伟平，曹廷求．中国房地产企业间系统性风险溢出效应分析——基于尾部风险网络模型［J］．金融研究，2022（7）：94－

114.

[137] 张晓燕，党莹莹，姬家豪．金融科技与金融监管的动态匹配对金融效率的影响［J］．南开管理评论，2023，26（1）：43-56.

[138] 张烨宁，王硕．金融科技对商业银行数字化转型的影响机制——基于中介效应模型的实证研究［J］．武汉金融，2021（11）：30-40.

[139] 张宗新，陈莹．系统性金融风险动态测度与跨部门网络溢出效应研究［J］．国际金融研究，2022（1）：72-84.

[140] 赵林海，陈名智．金融机构系统性风险溢出和系统性风险贡献——基于滚动窗口动态 Copula 模型双时变相依视角［J］．中国管理科学，2021，29（7）：71-83.

[141] 赵晓鸽，钟世虎，郭晓欣．数字普惠金融发展、金融错配缓解与企业创新［J］．科研管理，2021，42（4）：158-169.

[142] 赵岳，谭之博．电子商务、银行信贷与中小企业融资——一个基于信息经济学的理论模型［J］．经济研究，2012（7）：99-112.

[143] 郑挺国，龚金金，宋涛．中国城市房价泡沫测度及其时变传染效应研究［J］．世界经济，2021，44（4）：151-177.

[144] 周佰成，曹启，李天野．中国股市与汇市间风险传染机制、测度与影响因素研究［J］．经济问题，2022（4）：66-74.

[145] 周昌发．科技金融发展的保障机制［J］．中国软科学，2011，243（3）：72-81.

[146] 周雷，张鑫，董珂．数字金融创新有助于促进实体经济高质量发展吗？——基于金融服务效率的机制分析与空间计量［J］．西安财经大学学报，2024，37（1）：60-72.

［147］周茜，陈收．公众媒体参与金融科技创新监管的双刃剑效应［J］．系统工程理论与实践，2022，42（7）：1782－1795．

［148］周孝华，陈九生．基于 Copula － ASV － EVT － CoVaR 模型的中小板与创业板风险溢出度量研究［J］．系统工程理论与实践，2016，36（3）：559－568．

［149］朱立龙，荣俊美，张思意．政府奖惩机制下药品安全质量监管三方演化博弈及仿真分析［J］．中国管理科学，2021，29（11）：55－67．

［150］诸竹君，袁逸铭，许明，等．数字金融、路径突破与制造业高质量创新——兼论金融服务实体经济的创新驱动路径［J］．数量经济技术经济研究，2024，41（4）：68－88．

［151］ACEMOGLU D，OZDAGLAR A，TAHBAZ － SALEHI A. Systemic Risk and Stability in Financial Networks［J］. American Economic Review，2015，105（2）：564－608．

［152］ACHARYA V，ENGLE R，RICHARDSON M. Capital Shortfall：A New Approach to Ranking and Regulating Systemic Risks［J］. The American Economic Review，2012，102（3）：59－64．

［153］ACHARYA V V，PEDERSEN L H，PHILIPPON T，et al. Measuring systemic risk［J］. Review of Financial Studies，2017，30（1）：2－47．

［154］ADRIAN T，BRUNNERMEIER M K. CoVaR［J］. American Economics Review，2016，106（7）：1705－1741．

［155］ASAI M，BRUGAL I. Forecasting volatility via stock return，range，trading volume and spillover effects：The case of Brazil［J］. North American Journal of Economics & Finance，2013，25（25）：202－213．

[156] BAESENS B, GESTEL T V, VIAENE S, et al. Benchmarking state-of-the-art classification algorithms for credit scoring [J]. Journal of the Operational Research Society, 2003, 54 (6): 627 – 635.

[157] BANULESCU G D, DUMITRESCU E I. Which are the SIFIs? A Component Expected Shortfall Approach to Systemic Risk [J]. Journal of Banking & Finance, 2015 (50): 575 – 588.

[158] BECKER M, MERZ K, BUCHKREMER R, et al. RegTech—the application of modern information technology in regulatory affairs: areas of interest in research and practice [J]. Intelligent Systems in Accounting Finance & Management, 2020, 27 (4): 161 – 167.

[159] BENOIT S, COLLIARD J E, HURLIN C, et al. Where the Risks Lie: A Survey on Systemic Risk [J]. Review of Finance, 2017, 21 (1): 108 – 152.

[160] BERGER A N, HUMPHREY D B. Efficiency of financial institutions: International survey and directions for future research [J]. Social Science Electronic Publishing, 1997, 98: 175 – 212.

[161] BHASKARAN S, KRISHNAN V. Effort, revenue, and cost sharing mechanisms for collaborative new product development [J]. Management Science, 2009, 55 (7): 1152 – 1169.

[162] BILLIO M, CAPORIN M. Market linkages, variance spillovers, and correlation stability: Empirical evidence of financial contagion [J]. Computational Statistics and Data Analysis, 2010, 54 (11): 2443 – 2458.

[163] BILLIO M, GETMANSKY M, LO A W, et al. Econometric Measures of Connectedness and Systemic Risk in the Finance and Insurance

Sectors [J]. Journal of Financial Economics, 2012, 104 (3): 535 – 559.

[164] BRADBURY M, HENS T, ZEISBERGER S. How Persistent are the effects of experience sampling on investor behavior? [J]. Journal of Banking and Finance, 2019, 98: 61 – 79.

[165] BROWNLEES C, ENGLE R. SRISK: A Conditional Capital Shortfall Measure of Systemic Risk [J]. Review of Financial Studies, 2016, 30 (1): 48 – 79.

[166] BUCHAK G, MATVOS G, PISKORSKI T, et al. Fintech, Regulatory Arbitrage, and the rise of shadow banks [J]. Journal of Financial Economics, 2018, 130: 453 – 483.

[167] CHARNES A, COOPER W W. Programming with linear fractional functionals [J]. Naval Research Logistics, 2010, 9 (3 – 4): 181 – 186.

[168] DIEBOLD F X, YILMAZ K. On the network topology of variance decompositions: Measuring the connectedness of financial firms [J]. Journal of Econometrics, 2014, 182 (1): 119 – 134.

[169] DRAGOMIRETSKIY K, ZOSSO D. Variational mode decomposition [J]. IEEE Transactions on Signal Processing, 2014, 62 (3): 531 – 544.

[170] ENGSTED T, TANGGAARD C. The Danish stock and bond markets: Comovement, return predictability and variance decomposition [J]. Journal of Empirical Finance, 2001, 8 (3): 243 – 271.

[171] FRIEDMAN D. Evolutionary games in economics [J]. Econometrica, 1991, 59 (3): 637 – 666.

［172］ GABOR D，BROOKS S. The digital revolution in financial in-clusion：international development in the fintech era ［J］. New Political Economy，2017，22（4）：1 – 14.

［173］ GENNAIOLI N，SHLEIFER A，VISHNY R. Neglected risks，financial innovation，and financial fragility ［J］. Journal of Financial Eco-nomics，2012，104（3）：452 – 468.

［174］ GIORGIO G. Risks and Opportunities of RegTech and SupTech Developments ［J］. Frontiers in Artificial Intelligence，2019，2：14 – 18.

［175］ GIRARDI G，ERGÜN A T. Systemic risk measurement：Mult-ivariate GARCH estimation of CoVaR ［J］. Journal of Banking & Finance，2013，37（8）：3169 – 3180.

［176］ GIUDICI P. Fintech risk management：A research challenge for artificial intelligence in finance ［J］. Frontiers in Artificial Intelligence，2018，1：12 – 29.

［177］ HAND D J，KELLY M G. Superscorecards ［J］. Ima Journal of Management Mathematics，2002（4）：273 – 281.

［178］ HAUTSCH N，SCHAUMBURG J，SCHIENLE M. Financial network systemic risk contributions ［J］. Review of Finance，2015，19（2）：685 – 697.

［179］ HE H，ZHANG W，ZHANG S. A novel ensemble method for credit Scoring：Adaption of different imbalance ratios ［J］. Expert Systems with Applications，2018，98：105 – 117.

［180］ HENLEY W，HAND D. A k-nearest neighbor classifier for as-sessing consumer credit risk ［J］. Statistician，1996，44：77 – 95.

［181］ HINTON G E，OSINDERO S，TEH，et al. A fast learning algorithm for deep belief nets [J]. Neural Computation, 2012, 18: 1527 – 1554.

[182] ISIK I, HASSAN M K. Technical, scale and allocative efficiencies of Turkish banking industry [J]. Journal of Banking & Finance, 2002, 26 (4): 719 – 766.

[183] KANE E J. Accelerating inflation, technological innovation, and the decreasing effectiveness of banking regulation [J]. Journal of Finance, 1981, 36: 355 – 367.

[184] KAVASSALIS P, STIEBER H, BREYMANN W, et al. An innovative RegTech approach to financial risk monitoring and supervisory reporting [J]. Journal of Risk Finance, 2018, 19 (1): 78 – 94.

[185] LI Z, TIAN Y, LI K, et al. Reject inference in credit scoring using semi-supervised support vector machines [J]. Expert Systems with Applications, 2017, 74 (15): 105 – 114.

[186] MEYER T, HENG S, KAISER S, et al. Online P2P lending nibbles at banks' loan business [J]. Deutsche Bank Research, 2007, 2 (1): 39 – 65.

[187] MUGANYI T, YAN L, YIN Y, et al. Fintech, regtech, and financial development: Evidence from China [J]. Financial Innovation, 2022, 8 (1): 1 – 20.

[188] PAMA D. Problems and suggestions in the protection of financial consumers' rights and interests in the internet background [J]. Journal of Global Economy, Business and Finance, 2021, 4 (4): 25 – 32.

[189] PAPANTONIOU A A. Regtech: Steering the regulatory spaceship in the right direction? [J]. Journal of Banking and Financial Technolo-

gy, 2022, 1: 1 – 16.

[190] PHILIP T. Financial regulation of Fintech [J]. Journal of Financial Perspectives, 2015, 3 (3): 14 – 32.

[191] PIERRE B, SOREN B. Bioinformatics: The machine learning approach [M]. MIT Press, 2001.

[192] SCHUMPETER J A. Theory of economic development [M]. Routledge, 1980.

[193] SHERMAN H D, GOLD F. Bank branch operating efficiency: Evaluation with data envelopment analysis [J]. Journal of Banking & Finance, 1985, 9 (2): 297 – 315.

[194] SILBER W L. The process of financial innovation [J]. American Economic Review, 1983, 73 (2): 89 – 95.

[195] SIMPSON J L, EVANS J P. Systemic risk in the major Euro banking markets: Evidence from inter-bank offered rates [J]. Global Fiance Journal, 2005, 87 (2): 125 – 144.

[196] TUFANO P. Financial innovation [J]. Handbook of the Economics of Finance, 2002, 1 (3): 2 – 7.

[197] TURKI M, HAMDAN A, CUMMINGS R T, et al. The regulatory technology "RegTech" and money laundering prevention in Islamic and conventional banking industry [J]. Heliyon, 2020, 6 (10): 12 – 27.

[198] WEST D, DELLANA S, QIAN J. Neural network ensemble strategies for financial decision applications [J]. Computers and Operations Research, 2005, 32 (10): 2543 – 2559.

[199] WIGINTON J C. A note on the comparison of logit and discriminant models of consumer credit behavior [J]. Journal of Financial and

Quantitative Analysis, 1980, 15 (3): 757 – 770.

[200] WILLIAMSON O E. Comparative economic organization: The analysis of discrete structural alternatives [J]. Administrative Science Quarterly, 1991, 2: 269 – 296.

[201] XU Y, BAO H. FinTech regulation: Evolutionary game model, numerical simulation, and recommendations [J]. Expert Systems with Applications, 2022, 211: 118 – 327.

[202] ZHANG Y, HUANG Y, YANG H. Empirical research of local corporate financial institutions interest rate pricing ability evaluation system based on the index system design and application of analytic hierarchy process (AHP) [J]. Financial Theory and Practice, 2011, 10: 57 – 63.